MW01701092

LA GESTIÓN DE PERSONAS EN LAS ORGANIZACIONES

Sergio Kirberg

LA GESTIÓN DE PERSONAS
EN LAS ORGANIZACIONES

Implementación, aplicaciones y casos prácticos

Sergio Kirberg

CAPÍTULO ESPECIAL:

LA GESTIÓN DE PERSONAS

EN ÉPOCA DE PANDEMIA

LA GESTION DE PERSONAS EN LAS ORGANIZACIONES

Enero, 2021

sergiokirberg@gmail.com

Copyright © 2021 Sergio Kirberg, All rights reserved.

ISBN : 978-956-402-566-7

Inscripción de Propiedad Intelectual de Chile: 2020-A-9854

- Autores Editores: http://www.autoreseditores.com/libro/
- Amazon (edición electrónica) : https://www.amazon.com

Todos los derechos reservados.

Esta publicación no puede ser reproducida o escaneada, ni en todo ni en parte, ni registrada en o transmitida por un sistema de recuperación de información, en ninguna forma ni por ningún medio, sea mecánico, electroóptico, por fotocopia, a través de redes sociales, o cualquier otro medio, sin el permiso previo del autor.

SERGIO KIRBERG *es Ingeniero Comercial, Contador Auditor y Licenciado en Ciencias Económicas de la Universidad de Chile.*

Tiene un Magister en Gestión del Capital Humano y ha asistido a cursos de especialización en Administración de Recursos Humanos en la Universidad de California, Los Angeles (UCLA) y a talleres y seminarios en otras instituciones especializadas en el extranjero.

En Santiago de Chile ha ejercido como académico de Gestión de Personas en la Universidad del Desarrollo, y de Comportamiento Organizacional en la Universidad Andrés Bello.

Autor de varios libros sobre Capital Humano.

Posee una extensa y exitosa trayectoria laboral como alto ejecutivo en el área de Gestión de Personas, en empresas multinacionales de gran prestigio, tanto en Chile como en otros países de Sudamérica.

Dedicado a mi querida esposa Helen y a mi querido hijo Alexander.

A la bendita memoria de mis amados e inolvidables Samuel y Gabriela.

ÍNDICE DE MATERIAS

6 SELECCIÓN E INDUCCION

- Proceso de selección, sus etapas y enfoques en alineamiento con la estrategia organizacional
- Entrevista preliminar y de selección, sus condiciones para la efectiva cvaluación de potencial.
- Ventajas de una buena selección
- Resumen sobre cómo mejorar el proceso de selección
- Entrevistas de selección: ¿por qué y cómo hacerlas?
- Elementos claves a considerar en las entrevistas
- Tipos generales de entrevistas según cómo se estructuran
- Métodos de entrevistas de selección según número y tipo de entrevistadores
- El programa de inducción y socialización

7 EVALUACION DEL DESEMPEÑO Y GESTION DE TALENTOS

- ¿Qué es la Evaluación del desempeño?
- Cómo efectuar la evaluación del desempeño
- Cinco etapas del proceso de evaluación
- Establecer objetivos y metas anuales y trimestrales
- ¿Cómo deben ser los objetivos?: 6 características
- Algunas técnicas de evaluación del desempeño
- Escalas de Calificación
- Tareas del jefe en el proceso de evaluación de desempeño
- Evitar errores en la evaluación del desempeño
- Gestión de Talentos - planes de carrera
- Actividades que Gestión de Personas debe realizar en planes de carrera
- Objetivos, cobertura y etapas para establecer un plan de carrera

8 CAPACITACION Y DESARROLLO

- Definición del proceso de entrenamiento, capacitación y desarrollo
- Objetivos prácticos de entrenamiento, capacitación y desarrollo
- Resultados esperados del entrenamiento, capacitación y desarrollo
- La capacitación implica un proceso de cuatro etapas
- Detección de Necesidades de Capacitación
- Programa de Capacitación
- Evaluación de la Capacitación
- Qué puede fallar para que las capacitaciones no sean bien evaluadas
- Resumen: beneficios de capacitar
- Métodos modernos de capacitación
- Mentoring y Coaching

9 COMPENSACIONES Y VALUACION DE CARGOS

- Definición de Remuneraciones
- Equidad y Remuneraciones
- Factores que inciden en las Remuneraciones
- Políticas y Sistemas de Remuneraciones
- Remuneraciones y Presupuesto Financiero
- Gestión de Personas y el proceso de Administración de Remuneraciones
- Escala de Remuneraciones
- Política de Ajustes de Remuneraciones
- Qué es y para qué fines se utiliza la valuación de puestos
- Algunos métodos para evaluación de puestos
- Compararse con empresas similares
- Estructurar una Escala de Remuneraciones
- Remuneraciones y Evaluación del Desempeño

10 INCENTIVOS Y BENEFICIOS

- Planes de incentivos y reconocimiento
- ¿Por qué se otorgan incentivos?
- Remuneraciones Fijas en comparación con Remuneraciones Flexibles
- Ventajas de las Remuneraciones Fijas
- Incentivos monetarios y no monetarios: Planes de incentivos y reconocimiento
- Actividades relativas a Incentivos
- Remuneraciones e Incentivos a altos ejecutivos
- ¿Cuándo es recomendable diseñar un plan de incentivos?
- ¿Cuándo un plan con incentivos es más interesante y atractivo?
- Beneficios Adicionales al Sueldo
- Motivos para otorgar Beneficios Adicionales al Sueldo

11 SEGURIDAD Y SALUD EN EL TRABAJO

- ¿Qué entendemos por Higiene Laboral?
- Responsabilidades de los trabajadores
- Asesoría legal y de prevención
- Aspectos Claves para lograr la Seguridad y la Higiene Laboral
- Ocho factores de riesgo laboral
- Algunos Problemas de Salud en las Empresas
- Elementos de estrés en el entorno
- Programa Básico de Prevención de Accidentes
- Costos Directos e Indirectos de los Accidentes del Trabajo
- Medidas para proteger la salud y seguridad de los empleados

12 RELACIONES LABORALES Y ENTRE EMPLEADOS

- Aspectos que inciden en las relaciones laborales
- Tipo de empresa y relaciones laborales
- Liderazgo y relaciones laborales

- Estilos de liderazgo e influencia
- Lo que debe hacer un líder
- Incidencia de la gestión de personas en relaciones laborales
- Importancia de las comunicaciones
- Relaciones con sindicatos y organizaciones de trabajadores
- Políticas de relaciones sindicales
- Acciones para promover buenas relaciones laborales con sindicatos

13 ENCUESTAS DE CLIMA LABORAL

- Necesidad de saber qué siente y opina el personal
- Objeciones a las encuestas y excepciones
- Requisitos indispensables de una encuesta
- Temas para consultar
- Algunos ejemplos de preguntas
- Encuesta de clima laboral para el área de ventas
- Reuniones de retroalimentación sobre la encuesta

14 GESTION POR COMPETENCIAS Y LIDERAZGO

- Desafíos altamente exigentes
- Las personas como fuente de diferenciación
- El enfoque de competencias
- Pruebas de inteligencia y Competencias
- Definiciones y enfoques de Competencias
- Competencias y habilidades
- Base para programas de Gestión de Personas
- Beneficios del Empleo de las Competencias
- Desarrollando un Modelo de Competencias

15 REESTRUCTURACIONES, FUSIONES Y ADQUISICIONES

- Cambios de propiedad

- Reestructuración
- Fusión
- Adquisición

16 CONTROL DE GESTION Y AUDITORIA

- Identificar las diferentes opciones de auditoría para el área funcional
- Aspectos principales de la evaluación de la Gestión de Personas por la gerencia
- Algunos ejemplos de Indicadores para evaluar gestión de personas
- Medición de los procesos claves en la Gestión de Personas
- Resultados de los análisis de eficiencia de los procesos claves en la Gestión de Personas
- Control de Recursos Humanos
- Controles e indicadores que se utilizan para evaluar la Gestión de Personas
- Importancia de contar con indicadores
- Utilización de indicadores: análisis y conclusiones

17 EXCELENCIA EN GESTION DE PERSONAS

- Un plan para lograr la excelencia en la gestión de personas
- Evaluación cualitativa
- Evaluación cuantitativa
- Factores que contribuyen a una Gestión de Personas de excelencia
- Oportunidades para crear una diferencia

18 LA GESTION DE PERSONAS EN EPOCA DE PANDEMIA

- Impacto de la pandemia
- Cambios y tendencias laborales que estarán presentes en el futuro
- El surgimiento e impacto del Teletrabajo

- La automatización
- Mayor énfasis a las habilidades blandas y digitales
- Desempleo de dos dígitos
- Empleos que desaparecen y otros que se transforman
- La brecha generacional
- Las nuevas reglas para conseguir un trabajo en la era del Covid

19 RESPUESTAS Y COMENTARIOS A LAS CONSULTAS Y CASOS

- Este capítulo contiene las respuestas a las preguntas planteadas en cada capítulo y los comentarios y sugerencias que pueden efectuarse acerca de los casos presentados en cada materia tratada en esta publicación

- **BIBLIOGRAFIA**

INTRODUCIÓN A ESTA PUBLICACIÓN

INTRODUCCIÓN A ESTA PUBLICACIÓN

Numerosas organizaciones y empresas, grandes y pequeñas, públicas y privadas, se enfrentan periódicamente a problemas que afectan a sus operaciones, tales como la inexistencia o escasez de personal calificado para realizar apropiadamente las tareas claves; o una alta rotación de personal, ya sea por constantes despidos o renuncias; o la ausencia de motivación en los empleados claves o en importantes grupos de trabajo; o malas relaciones interpersonales entre jefes y subordinados o entre colegas de una misma área; o personal que no se adapta a los cambios organizacionales o laborales; mucha o escasa autoridad y/o falta de delegación; molestias en los trabajadores por no tener claros los sistemas de evaluación y de compensación de la empresa.

La lista de dificultades de este tipo, sin duda, puede ser muy extensa.

Detrás de todos estos problemas, casi con seguridad, hay una deficiente aplicación de estrategias y procesos relativos a la gestión de personas o, como algunos la llaman, administración de recursos humanos.

Un equipo humano débil, desmotivado y poco preparado es un camino directo para el fracaso de una organización. Por el contrario, contar con personas comprometidas, motivadas, bien orientadas y eficientes en su trabajo es un factor fundamental para que a una empresa alcance sus metas, trabajando con eficiencia y ordenadamente.

Esta publicación pretende entregar a directores, gerentes, jefes y encargados de las tareas de gestión de personas o administración de recursos humanos, todas las herramientas necesarias para lograr el éxito en sus organizaciones, a través de las soluciones más adecuadas para cada caso.

La gestión del capital humano no es fácil, puesto que depende de muchos factores y de diversas circunstancias, entre las cuales están el tipo y tamaño de la organización, las actividades que dicha organización realiza, la cantidad y características del personal necesario para llevar a cabo los trabajos que dicha empresa realiza, las facilidades y regulaciones legales que puedan afectar a dichas actividades, la situación del mercado laboral, entre otros factores.

Una buena estrategia para la gestión del capital humano en una organización deberá considerar todos dichos factores, agregando algunos otros, que pueden ser ocasionales o específicos, pero relevantes para una entidad en particular.

Y cuando hablamos de estrategia, la relacionamos con el análisis de las fortalezas, debilidades, amenazas y oportunidades que una organización tiene, y, en nuestro caso, hacemos un vínculo directo entre dicha estrategia con el capital humano necesario para desarrollar los planes, ejecutarlos y poder cumplir con los objetivos de una organización.

La gestión de personas busca atraer a la gente más adecuada para trabajar en una organización; desarrollar el talento de los trabajadores que tienen potencial para crecer en lo profesional, en lo técnico o en lo personal; y adoptar las medidas necesarias para retener en la organización a las personas con mejor desempeño y potencial de desarrollo, y que son claves para lograr el éxito de una empresa.

En esta publicación se busca cubrir las estrategias, actividades y procesos que, en relación con la gestión del capital humano o gestión de personas, debieran ponerse en práctica en todas las empresas para lograr los fines antes mencionados. Las estrategias y procesos deben adaptarse obviamente a la estructura, tamaño, actividades, posibilidades materiales y el entorno externo de cada organización.

Esta publicación se ha escrito durante la pandemia del coronavirus (covid-19) que comenzó en 2020 y ha impactado fuertemente la salud, la economía, la vida y el trabajo de las personas en todo el mundo.

Al final incluimos un capítulo especial sobre el impacto que esta pandemia podría tener en las modalidades de trabajo y en los procesos relativos a las personas en las organizaciones, considerando que han surgido nuevos desafíos para la fuerza laboral.

Como resultado de la pandemia, muchas organizaciones enfrentarán un escenario económico con alto desempleo y bajo crecimiento; en diversas empresas se requerirá de personal con nuevas competencias o habilidades para desempeñarse en un ambiente de mayor automatización y digitalización de diversas tareas, incluyendo el tema del teletrabajo o trabajo a distancia.

Todos estos cambios en el entorno externo e interno de las organizaciones no modificarán sustancialmente los procesos claves de gestión de personas que describiremos en los diversos capítulos de este libro.

Las empresas necesitarán, como siempre, reclutar, seleccionar, evaluar, capacitar y pagar remuneraciones a las personas, ya sea que trabajen en forma presencial o a distancia con teletrabajo.

En esta publicación queremos enfatizar que con una buena gestión de personas y con líderes bien preparados es posible enfrentar con éxito las situaciones difíciles y los conflictos en las relaciones laborales entre distintos tipos de empleados, ejecutivos, trabajadores o colaboradores.

Con unidad de propósitos, con buena coordinación y con jefes que sepan criteriosamente cómo conducir hacia las metas, es totalmente posible encontrar las fórmulas para que el lugar de trabajo, en donde los empleados permanecen durante muchas horas diariamente, sea un espacio acogedor, atractivo, productivo, estimulante y respetuoso.

Si se cuenta con una buena gestión del capital humano, ésta fortalecerá y mantendrá los puntos fuertes de la organización y mejorará los puntos débiles. Es por ello que hay muchas empresas, de todo tipo, en las cuales el personal trabaja feliz, motivado y con una idea clara de lo que se espera de cada uno en su trabajo.

Encontramos también muchas empresas en donde el clima laboral es solo parcialmente positivo, o a veces es muy conflictivo. En esos casos, el rol de la gestión de personas y del liderazgo de la organización es fundamental para encontrar el rumbo necesario, detectando los errores y problemas existentes, ejecutando procesos y procedimientos adecuados, planteando soluciones, fortaleciendo los aspectos buenos y solucionando otros, que deben mejorarse paulatinamente.

En otras palabras, nuestro mensaje es positivo y optimista: lo que anda bien en una organización se puede mantener, reforzar y fortalecer; y lo que no funciona como se espera se puede mejorar, paso a paso, con paciencia, trabajo, talento, buena actitud y constancia.

Las máximas autoridades de una organización, sus líderes en cada división y en cada área funcional, tienen la responsabilidad de comunicar las políticas de personal más necesarias, y de enfatizar y priorizar una buena gestión del capital humano. Es sin duda una responsabilidad que no pueden eludir y que deben asumir.

Dar relevancia a la gestión del capital humano dependerá de quién o quiénes dirigen a la organización: el propietario, el gerente general en conjunto con otros gerentes y jefes, etc., dependiendo de la estructura que tenga cada empresa, ya sea grande, mediana o pequeña.

Tratándose de una corporación de gran tamaño, nos referimos al directorio, al gerente general y a los gerentes divisionales o funcionales.

Tanto en las organizaciones pequeñas como grandes, de propiedad pública o privada, ya sean industriales, mineras, agrícolas, de servicios, comerciales o financieras, en todas ellas es esencial disponer del capital humano adecuado, o sea de un equipo humano calificado, preparado y motivado, con el compromiso, habilidades, conocimientos y experiencia necesarios para desempeñarse con eficiencia dentro de su organización. Es un factor clave e indispensable para tener éxito y conseguir los objetivos a los cuales se aspira.

Cuando una empresa dedica días y semanas a planificar un proyecto de alta tecnología, a organizar un proceso de producción, a analizar un plan de comercialización, a discutir un proyecto de mejoras en el servicio al cliente, o a elaborar un presupuesto financiero, los que realizan dichos trabajos, importantes y estratégicos para la organización, no son máquinas ni computadores, sino las personas encargadas de hacerlos.

Es decir, detrás de cada trabajo está siempre el ser humano que lo analiza, lo planifica, lo revisa y aplica un criterio determinado para ver si lo que se está realizando está bien hecho, es lógico, es práctico, es coherente con las estrategias de la empresa, etc. La capacidad y la inteligencia de las personas son únicas, necesarias e irreemplazables.

Es por ello que una empresa, de cualquier actividad y tamaño, debe cuidar y potenciar a su capital humano. Si no lo hace, difícilmente logrará sus propósitos productivos, comerciales o financieros.

Las estrategias, actividades y procesos de gestión de personas que describimos en este libro, adaptados a la estructura, tamaño y posibilidades materiales de cada organización, son altamente recomendables y debieran ser implementados en toda empresa, dado que son un medio esencial para lograr los objetivos organizacionales.

CAPÍTULO 1

INTRODUCCION A LA GESTIÓN DE PERSONAS

CAPÍTULO 1

INTRODUCCION A LA GESTIÓN DE PERSONAS

¿Dónde se aplica la Gestión de Personas?

La Gestión de Personas se aplica en toda organización.

Mientras más grande y compleja es una organización, indudablemente la Gestión de Personas tendrá más tareas y mayor complejidad.

Hay muy diversos tipos de organizaciones:

- Centro de Padres de una escuela
- Club Deportivo
- Ministerio de Educación
- Instituto de Enseñanza Profesional
- Supermercado
- Corredora de Bolsa de Valores
- Banco

A cualquier grupo de personas coordinadas, con un fin, con cierta jerarquización y permanencia en el tiempo, le podemos llamar organización. Empresa: una organización económica con recursos, fin de lucro, etc. Hay organizaciones no necesariamente económicas.

DEBATE: ¿SON ORGANIZACIONES?

- ¿Los espectadores de una película 3D?
- ¿Los que asisten a un partido de fútbol?

RESPUESTAS EN CAPÍTULO 19

Una organización solo existe cuando:

- Hay personas que se juntan y son capaces de comunicarse
- Dichas personas están dispuestas a contribuir en una acción conjunta
- Ellas pretenden alcanzar un objetivo común

Las organizaciones son unidades sociales o agrupaciones humanas intencionalmente construidas para el logro de fines específicos. Son organismos sociales vivos y sujetos a cambios constantes.

¿Cómo podemos definir una organización?

Una organización es un sistema del cual forman parte a lo menos dos personas, las cuales planificada y coordinadamente realizan actividades, mediante la colaboración entre ellas, logrando así que funcione la organización.

Elementos Básicos una Organización

Para el estudio del comportamiento de una organización es necesario subdividirla en varios elementos que son:

- Personas
- Grupos/Equipos
- Organización o estructura

Y considerar la influencia de

- la tecnología y
- el ambiente o entorno

Elementos Básicos una Organización

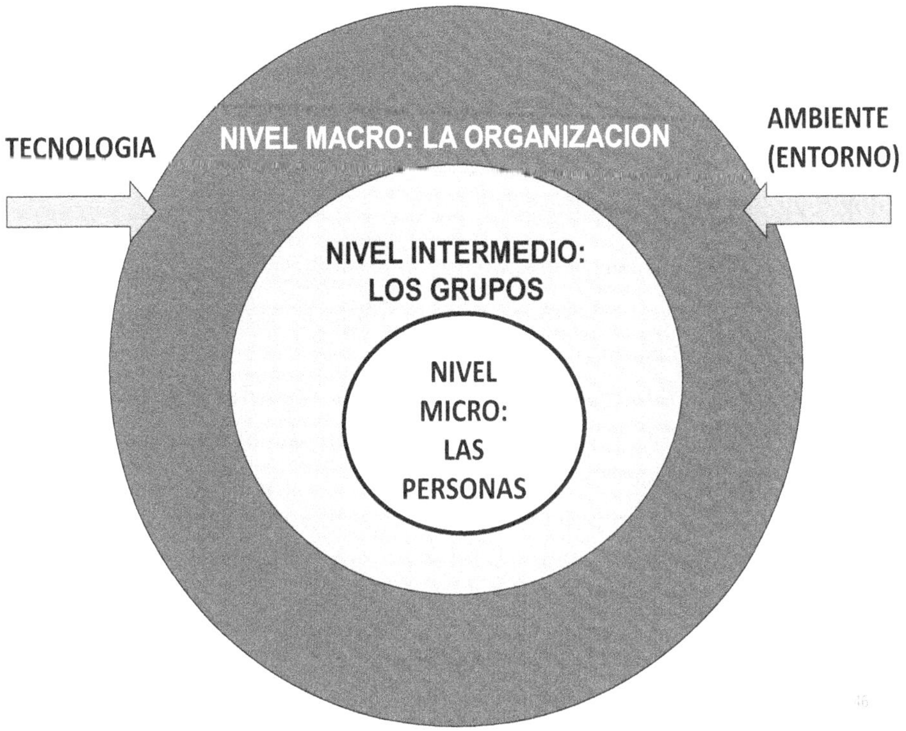

LAS ORGANIZACIONES (I.Chiavenato, Capítulo 1)

Qué son	Qué tienen	Qué hacen
Personas	Comportamiento Humano	Satisfacen necesidades, desarrollan grupos, crean acciones organizadas
Organizadas	Estructura Organizacional	Nacen, crecen, se transforman
Realizan alguna actividad	Procesos Organizacionales	Producen bienes o servicios, contribuyen al bien de la sociedad

La forma en que se dividen, agrupan y coordinan los trabajos queda definida en una estructura organizacional.

Se refieren a seis elementos claves existentes en una organización desarrollada: especialización del trabajo, departamentalización, cadena de mando, extensión del control, centralización/descentralización y formalización.

Tecnología en la Organización

- La tecnología aporta recursos con que trabajan las personas e influye en las tareas que realizan. Con tecnología se construyen edificios, se diseñan maquinas, etc.
- La tecnología también afecta de manera significativa las relaciones laborales: los trabajadores de una fábrica de aviones se comportan distinto que los de un restaurante.
- El gran beneficio de la tecnología es permitir que las personas trabajen más rápido y de mejor manera, si bien las restringe en diversas formas. O sea, tiene tanto costos como beneficios.

Las Organizaciones y su Entorno o Ambiente

Todas las organizaciones funcionan en el contexto de un ambiente interno y otro externo. Son parte de un sistema más grande que abarca otros elementos, como el gobierno, las familias y otras empresas e instituciones.

Ninguna empresa puede escapar a la influencia de su ambiente externo. Este afecta las actitudes de las personas y las condiciones de trabajo, además de generar competencia por los recursos y el poder.

Ambiente Interno de una Organización

Es el que se da dentro de la organización, y se refiere a la relación entre personas, grupos y estructura.

Las organizaciones han de adaptarse a su ambiente interno si quieren sobrevivir; deben percibir los cambios y hacer los ajustes que vayan exigiendo las circunstancias.

Los ambientes muy cambiantes provocan incertidumbre en las personas si la dirección no está en condiciones de predecir qué rumbo seguirá el ambiente y de reducir al mínimo el influjo de esa inseguridad ambiental.

Ambiente Externo de una Organización

Es todo lo que está fuera de la organización propiamente dicha.

El ambiente externo está integrado por las instituciones o fuerzas que afectan a su desempeño, pero sobre las cuales no tiene mucho control.

Entre esas instituciones fuerzas se cuentan: los proveedores, clientes, competidores, organismos reguladores del gobierno, etc.

Factores del entorno que influyen en Gestión de Personas

Político – Legal: Si hay desempleo y bajo crecimiento del país las personas sin trabajo buscan tener un ingreso trabajando por cuenta propia.

Tecnológico: Tecnología disponible permite trabajar de otra forma o emprender

Competencia: Cuando la competencia es débil, hay espacio para crecer y para emprender

Social: Valoración de las personas de la flexibilidad laboral

Ambiental: Regulaciones sobre impacto ambiental, congestión vehicular, costo del combustible impactan en decisiones de las empresas.

En este gráfico podemos visualizar todos los grupos o factores que pueden ejercer algún tipo de influencia o impacto al interior de una organización. Esta influencia dependerá del tipo de organización y del área de actividad en el que opera.

Las empresas financieras deben prestar mucha atención a lo que ocurre en el mercado de capitales y en las agencias reguladoras estatales. Las compañías comerciales y las manufactureras estarán más atentas a lo que ocurre con sus clientes y proveedores.

Y la propia organización deberá también estar siempre al tanto de lo que ocurre con las personas que trabajan en la empresa: jefes, asistentes, técnicos, profesionales, gerentes, directores.

¿Dónde se aplica la Gestión de Personas?.... En el mundo de las organizaciones

- Existen numerosos tipos de organizaciones.
- En cada una de ellas, los objetivos, la estructura organizacional y el comportamiento de las personas son **específicos y diferentes.**
- Las jerarquías, relaciones de autoridad, estilos de trabajo y metas **varían totalmente** entre estas organizaciones, pero en todas ellas se aplica una Gestión de Personas.

En una empresa están presentes diversos tipos de recursos:

Las personas son indispensables, tienen un comportamiento único y especial, y le dan un estilo de trabajo a cada organización

Las personas son las que "mueven" las empresas

Cuando una empresa dedica días y semanas a planificar un proceso de producción, a analizar un plan de comercialización, o elaborar un presupuesto financiero, los que realizan dichos trabajos, importantes y estratégicos, no son máquinas ni computadores, sino las personas encargadas de hacerlos.

Detrás de cada trabajo está siempre el ser humano que lo analiza, lo planifica, lo revisa y aplica un criterio determinado para ver si lo que se está realizando está bien hecho, es lógico, es coherente con las estrategias de la empresa, etc.

La capacidad y la inteligencia de las personas son únicas, necesarias e irreemplazables.

El comportamiento de cada individuo y de cada grupo de individuos influye en las actividades de una organización

Uno de los pilares fundamentales de toda empresa son las personas que allí trabajan.

El comportamiento de cada individuo es de gran importancia para cada organización.

La suma de estos comportamientos individuales es vital para que una empresa pueda alcanzar sus metas, … o definitivamente fracasar.

En la gestión de personas se planifican, coordinan, implementan y supervisan diversos procesos y actividades que permiten que los individuos y los equipos humanos pueden actuar exitosamente y contribuir al logro de las metas de la empresa.

La Gestión de Personas en un ambiente competitivo

En un ambiente de fuerte competencia, gran innovación tecnológica, globalización de mercados, cambios demográficos y culturales, las organizaciones deben ser ágiles y contar con recursos humanos calificados.

Ante ello se requieren políticas y prácticas eficientes de recursos humanos.

Un rol importante de la Gestión de Personas es ser un área que facilite crear organizaciones exitosas, eficientes, proactivas y competitivas, evitando que una organización sea inflexible y funcione con rigidez, porque esa inamovilidad la llevará al fracaso.

Objetivo y Rol de Gestión de Personas

Objetivo: atraer, desarrollar y retener el capital humano de una empresa.

Rol: actuar como socio estratégico, gestor de los procesos propios del área de RR.HH., ser un agente de cambio y actuar como "abogado" de los empleados.

La Gestión de Personas es tarea de todos los jefes

La administración o gestión de personas es una responsabilidad de línea y una función de staff.

Por ello es necesario que todos los gerentes y jefes cuenten con información consistente y actualizada sobre su personal y participen en todos los procesos de la gestión de personas.

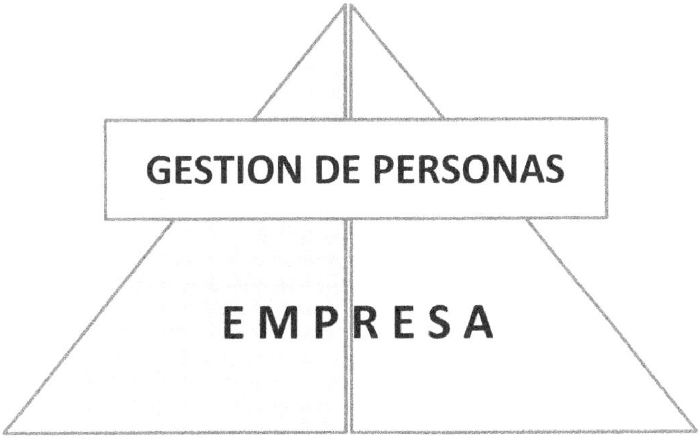

Todos los gerentes y jefes participan de alguna forma en todos los procesos de la gestión de personas.

La Gestión de Personas se relaciona con Técnicas para el manejo de gente.

La Gestión de Personas se relaciona, entre otras, con

- Seleccionar gente
- Evaluar desempeño
- Estimular a las personas (con dinero u otros medios)
- Capacitar a los que lo necesitan

¿Quiénes aplican la Gestión de Personas?

¿Dónde se aplican las Técnicas?

- Gerentes de una empresa
- Profesionales y Técnicos de un proyecto
- Emprendedores
- El Rector de una Universidad
- El Director de una Orquesta Musical
- La Entrenadora del Equipo de Hockey Femenino

La Gestión de Personas ineficaz puede traducirse en

Conflictos entre personas

Fracaso en planes comerciales

Mala calidad de servicios

Derrotas deportivas

Un emprendimiento que no logra sus objetivos

UN CASO PRACTICO: TRASLADAR UNA EMPRESA

El Comité de Gerentes delega al Gerente de Recursos Humanos y su equipo de asistentes planificar y ejecutar todo el proceso de traslado de una empresa desde una comuna del sur de Santiago a un nuevo local, que será construido en un terreno comprado en la zona norte de Santiago.

- Un mes después del traslado, el Gerente de Ventas reclama que su área de trabajo y la de sus vendedores es muy pequeña y falta un par de puestos de trabajo.
- El Gerente de Marketing se queja de que el Show Room para exhibir los productos está mal iluminado y mal ubicado.
- El Gerente General piensa que las dos salas de reuniones habilitadas son poco cómodas y muy estrechas.

- Muchas personas dicen que la movilización es escasa en la zona.

¿Cómo evalúa el proceso?

¿Cómo debiera haberse hecho?

RESPUESTAS EN CAPITULO 19

Relaciones positivas entre personas en una organización

Las relaciones al interior de una empresa entre distintos tipos de empleados, trabajadores, por naturaleza no tienen que ser ni conflictivas ni antagónicas.

Todos unidos y coordinados debieran buscar las fórmulas para que el lugar en donde trabajan sea acogedor, atractivo, productivo y respetuoso.

Hay muchas organizaciones en las cuales el personal trabaja feliz, motivado, y con una idea clara de lo que se espera de cada uno en su trabajo.

Lograr una buena Gestión de Personas

Hay también muchas empresas en donde el clima laboral es solo parcialmente positivo.

Con una buena gestión de personas, ésta fortalecerá y mantendrá los puntos fuertes y mejorará los puntos débiles.

Este enfoque es esencialmente positivo y optimista: lo que anda bien, se puede mantener y fortalecer; y lo que anda mal se puede mejorar, paso a paso, con paciencia, trabajo, buena actitud y constancia.

Priorizar una buena gestión de personas es una responsabilidad que deben asumir las máximas autoridades de una organización.

Tanto en las organizaciones grandes como pequeñas es esencial disponer de las personas adecuadas, con el compromiso, los conocimientos y experiencia necesarios para desempeñarse con eficiencia dentro de su organización.

Necesidad de cuidar y potenciar a las personas

Una empresa debe cuidar y potenciar a sus personas. Si no lo hace, difícilmente logrará sus propósitos productivos, comerciales o financieros.

En este curso nos referiremos a las actividades y procesos que en relación con la gestión de personas debieran ponerse en práctica en todas las empresas, adecuando dichas tareas a la estructura, tamaño y posibilidades de cada organización.

Un equipo humano débil, desmotivado y poco preparado es una carta casi segura para el fracaso; contar con personas comprometidas, motivadas y eficientes en su trabajo es un factor fundamental para que a una empresa le vaya bien.

Evolución histórica de la Gestión de Personas

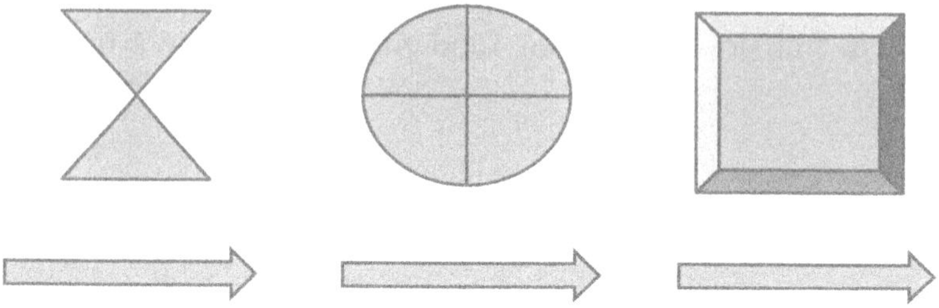

Evolución histórica de la Gestión de Personas

Diversos enfoques, diversos términos

La gestión de personas ha tenido a lo largo del tiempo diversas denominaciones: relaciones industriales, relaciones laborales, administración de personal, administración de recursos humanos, gestión del capital humano, gestión de personas.

"Relaciones industriales" era el término más usado hasta mediados del siglo XX y se refería a las relaciones entre las jefaturas de una empresa, típicamente industrial o extractiva, y los numerosos obreros o trabajadores de dicha faena.

Era un término bastante restrictivo, centrado solo en las relaciones entre un pequeño número de jefes y una gran cantidad de obreros, y restringido básicamente a labores de producción o extracción.

"Relaciones laborales" se restringe a interacciones entre una jefatura de personal con grupos de trabajadores o sindicatos, que reducen esta materia a temas propios de una negociación, tales como remuneraciones, beneficios y trato de los jefes a los trabajadores.

Posteriormente se utilizó el término "administración de personal", siendo éste mejor, pero bastante genérico y neutro

"Administración de recursos humanos" es un avance. Muy utilizado en las últimas décadas, aunque es bastante materialista, ya que los recursos humanos vienen a ser la otra cara de los recursos financieros, productivos y tecnológicos que una empresa requiere para operar.

Las personas son el capital humano de una organización

El uso en el siglo XXI del término "capital humano" es un avance importante.

Le otorga un mejor significado y una valoración especial a todo ese grupo de personas, de todos los niveles jerárquicos y de todas las capacidades individuales, que trabajan en una organización y sin cuyo esfuerzo los recursos materiales no podrían movilizarse en beneficio de la compañía.

Capital Contable y Capital Humano

Las empresas disponen de dos tipos de capital.

El capital contable y financiero, que es el valor que emana del balance de activos y pasivos.

El capital humano: el grupo de personas que trabaja en la empresa. Y en este caso incluimos a todos aquellos que forman parte de la organización, sea cual fuere el cargo, el nivel jerárquico y las responsabilidades que tengan.

Todos ellos, todas estas personas, suman un todo que integra el capital humano con el que una empresa dispone para funcionar.

En contrapartida al capital financiero-contable, el capital humano está compuesto por las personas, que aportan su riqueza intelectual, su experiencia y su motivación para que una organización logre sus objetivos estratégicos y originados en la misión y visión definida para la empresa.

La gestión del capital humano es en definitiva la gestión de las personas que integran una organización.

Las personas serán de mejor calidad y tendrán mayor incidencia en el éxito de una empresa en la medida que estén:

- bien seleccionadas
- adecuadamente entrenadas, orientadas y motivadas
- trabajen en un ambiente laboral de compromiso y confianza
- con normas de evaluación, procedimientos y objetivos claros
- con buenas comunicaciones, y
- se adapten bien a la realidad de la empresa y su entorno

Las organizaciones del siglo XXI han tomado conciencia de que las personas son un factor diferenciador tan importante que son ellas, prácticamente, quienes definen el éxito o el fracaso de una empresa.

La diferencia la hacen las personas de una empresa

Los avances en los procesos de producción, los procesos de comercialización y en la tecnología, generalmente pueden ser de alguna manera similares y hasta adquiridos y replicados en todas las empresas que operan en mercados parecidos.

Lo que verdaderamente hará la diferencia entre las empresas es la calidad, compromiso y experiencia de sus personas: el liderazgo de los gerentes que las conducen, la preparación de sus profesionales, las habilidades y compromiso de sus vendedores, la capacidad y empuje de los técnicos y operarios, etc.

O sea, el capital humano de la organización.

El carácter multivariado del área de Gestión de Personas

Numerosas áreas y diferentes disciplinas aportan ideas y conceptos a la Gestión de Personas. Entre otras:

- Derecho laboral

- Medicina del trabajo
- Psicología industrial y organizacional
- Sociología organizacional
- Ingeniería industrial
- Estadísticas
- Ingeniería de sistemas
- Etc.

Los temas que se tratan en esta área se relacionan con múltiples campos del conocimiento:

- Salud de los trabajadores, nutrición y medicina
- Seguridad en el área de trabajo
- Planes de vida y de carrera laboral
- Aplicación e interpretación de entrevistas psicológicas
- Técnicas de aprendizaje y capacitación
- Remuneraciones e incentivos
- Cambios organizacionales
- Satisfacción y motivación en el trabajo
- Eficiencia y productividad
- Liderazgo
- Etc.

Planificación Estratégica de Gestión de Personas

Gestión Estratégica

La definición de las estrategias de una empresa moderna va más allá de definir las tácticas de ventas, las técnicas de producción, o las formas de financiamiento, también se proyecta más allá de los índices financieros, productivos y comerciales.

Existen actividades y procesos que son parte de la gestión estratégica de mediano y largo plazo, y que son fundamentales para controlar los resultados en el corto plazo, permitiendo cambiar de planes para corregir el rumbo, si fuese necesario.

Secuencia Básica de Actividades Estratégicas

Al definir la Misión, la Visión y los Valores se pueden establecer las estrategias que se seguirán y los planes concretos y las medidas específicas que serán necesarias para llevar a cabo dichas estrategias.

Este conjunto de planes y estrategias proporcionan coherencia y coordinación a todas las unidades que forman parte de una empresa.

Traducir las estrategias y planes definidos a los objetivos de cada división es vital para coordinar y alinear adecuadamente todos los esfuerzos de la empresa.

Es primordial aterrizar las grandes metas, integrando los planes y estrategias con los presupuestos operacionales, comerciales y financieros, de forma tal que éstos apoyen las estrategias, y se definan en detalle los procesos, las responsabilidades y metas, a lo largo y ancho de la empresa.

Secuencia Básica de Actividades Estratégicas

A partir del plan estratégico se pueden visualizar los objetivos estratégicos de una compañía. Estos objetivos comprenden todas las áreas de una organización, considerando que cada área funcional debe tener metas por alcanzar, las cuales deben ser totalmente coherentes con los objetivos estratégicos.

Es decir, las diversas áreas, al cumplir con sus metas, contribuirán a los grandes objetivos.

Si se logran las metas de compras a un determinado costo, de ventas a un determinado precio, de participación de mercado en determinados productos y áreas geográficas, de indicadores de servicio al cliente, de ratios de liquidez, de índices de endeudamiento, de rotación de personal, de horas de capacitación, etc., todo ello será una contribución importantísima e indispensable para alcanzar las metas estratégicas de la empresa.

Es decir, la suma de los cumplimientos de metas parciales, departamentales o sectoriales, permitirá en definitiva llegar a lograr las metas claves y estratégicas de una organización.

PREGUNTAS SOBRE METAS Y ESTRATEGIAS

¿Puede dar dos ejemplos de metas relacionadas con la gestión de personas que a su vez contribuyan al logro de las metas de la empresa?

¿Podría explicar de qué forma concreta contribuyen dichas metas a las metas de la organización?

RESPUESTAS EN CAPITULO 19

CUESTIONARIO (SOBRE MATERIAS DEL CAPÍTULO 1)

1.-Una organización puede definirse como un grupo de personas con ciertas características:

a) Coordinadas, solidarias, con adecuada supervisión y con permanencia en el tiempo.
b) Coordinadas, con un objetivo, con jerarquización y con permanencia en el tiempo.
c) Coordinadas, competitivas, bien seleccionadas y con permanencia en el tiempo.
d) Coordinadas, con un objetivo, estructuradas y comprometidas con la sociedad.

2.-El ambiente externo de una organización está integrado por diversas instituciones, fuerzas u organizaciones, que influyen en la organización, entre las cuales las más habituales son:

a) Proveedores, clientes, competidores, gerentes y jefes de la organización.
b) Accionistas, compradores, consultores, técnicos y profesionales.
c) Proveedores, clientes, importadores, contadores y vendedores.
d) Proveedores, clientes, competidores y organismos reguladores.

3.-El objetivo de Gestión de Personas es:

a) Planificar, organizar, desarrollar y retener al capital humano.
b) Atraer, desarrollar y retener al capital humano.

c) Atraer, seleccionar, coordinar, remunerar y motivar al capital humano.
d) Atraer, seleccionar, motivar y controlar al capital humano.

RESPUESTAS EN CAPÍTULO 19

CAPÍTULO 2

ESTRATEGIAS Y PROCESOS DE GESTIÓN DE PERSONAS

CAPÍTULO 2

ESTRATEGIAS Y PROCESOS DE GESTIÓN DE PERSONAS

Procesos de Gestión de Personas

Es esencial efectuar adecuadamente los procesos de gestión de personas en una organización para así asegurar una buena selección, contar con un buen equipo, lograr una adecuada motivación del personal y conseguir un excelente desempeño laboral.

Para planificar y ejecutar estos procesos, se deben definir indicadores, tanto cuantitativos como cualitativos, que permitan realizar mediciones y así evaluar y determinar la eficacia de la gestión de personas.

Problemas y soluciones estratégicas

Indudablemente, cuando en una organización se lleva a cabo una mala gestión de recursos humanos, ello traerá como consecuencia una baja contribución de las personas a los objetivos claves de dicha organización, lo cual puede implicar en definitiva no poder lograr las metas de ventas, no alcanzar los objetivos de producción o los de calidad de servicio, etc.

Es por estas razones que está demostrada la necesidad de planificar, organizar e implementar una gestión de tipo estratégico respecto de las personas de una empresa. Esta estrategia debe tener como característica que las actividades y conductas de las personas de la empresa estén apropiadamente coordinadas y alineadas, tanto hacia el logro de los objetivos departamentales como hacia los fines estratégicos generales de la compañía.

Gestión de Personas: encargados, desafíos, metas

Encargados de Gestión de Personas y la Gerencia

Es imprescindible que los profesionales a cargo de la gestión de personas estén capacitados, preparados, utilicen estadísticas, gráficos e informes analíticos, y que dominen los procesos de gestión y los indicadores de eficiencia de los procesos de gestión de personas. Así podrán influir decisivamente en las estrategias de la empresa y resaltar la importancia de las personas.

Si la alta gerencia comprende la importancia de una buena selección, una eficiente evaluación del desempeño, etc., será aliada y colaboradora activa en la gestión de personas, lo cual irá en beneficio de la empresa y de su grupo humano. La creación de valor por parte de las personas será indiscutible.

Lo que debe tener en cuenta la Gestión de Personas

Actividades claves son planificar, asesorar, recomendar y controlar.

Los recursos humanos son complejos, diversos, variables.

Las personas están en todas las áreas de una organización y en todas las jerarquías desde gerentes a asistentes.

Puede promoverse la eficiencia de las personas, pero los resultados nunca pueden asegurarse.

Lo que debe tener en cuenta la Gestión de Personas

- Gestión de Personas debe ser capaz de adaptarse, transigir, negociar, flexibilizar de acuerdo con cada caso.
- Es importante supervisar y ver evolución de la gente desde su ingreso a la empresa, ya que va cambiando con el tiempo.
- Cada persona es una fuente de creatividad, de ideas, de entusiasmo, si se la sabe guiar.
- Es clave juzgar con criterio el desempeño de cada persona y saber orientarla.

Desafíos claves de una gestión estratégica de personas

- Comunicar el plan estratégico definido por la empresa;
- Convencer sobre la importancia de la gestión de personas para el logro de las metas estratégicas;
- Efectuar adecuadamente los procesos básicos (selección, capacitación, evaluación) y los procesos de soporte;
- Medir objetivamente el resultado de dicha gestión;

- Asegurarse de que todos los esfuerzos en capital humano están alineados y contribuyen con los objetivos estratégicos.

Objetivos esenciales de la gestión estratégica de personas son:

Asegurar que una empresa cuente con un excelente equipo humano, que le permita alcanzar plenamente sus objetivos.

Adoptar medidas que hagan atractivo el ingresar y permanecer trabajando en la empresa, motivadamente y con compromiso, a personal calificado y potencial de desarrollo.

Proporcionar a las personas que trabajan en una compañía un entorno de trabajo de alta calidad, que logre un nivel de eficiencia que permita a la compañía ser competitiva con las otras empresas del mercado.

Importancia de los procesos de gestión de personas

En este curso sobre la gestión de personas pretendemos destacar los procesos y actividades que deben realizarse eficientemente, para que el capital humano sea potente y comprometido, y así lograr exitosamente las metas claves de la organización.

Entre otras actividades específicas, que desarrollaremos detalladamente más adelante, podemos señalar:

Efectuar un reclutamiento y una selección de personas que cumplan con requisitos predefinidos de estudios, experiencia y competencias, según requerimientos de cada posición, y pensando en el potencial de desarrollo de las personas.

Contar con un procedimiento claro y eficaz de evaluación del desempeño y de desarrollo de habilidades, para que una persona pueda ir mejorando sus competencias y cumpliendo los objetivos que se le establecieron.

Llevar a cabo acciones de reconocimiento asociadas al desempeño de las personas, al cumplimiento de metas y al desarrollo de competencias tales como iniciativa, adaptabilidad, compromiso, trabajo en equipo, etc.

Estrategia y Gestión de Personas

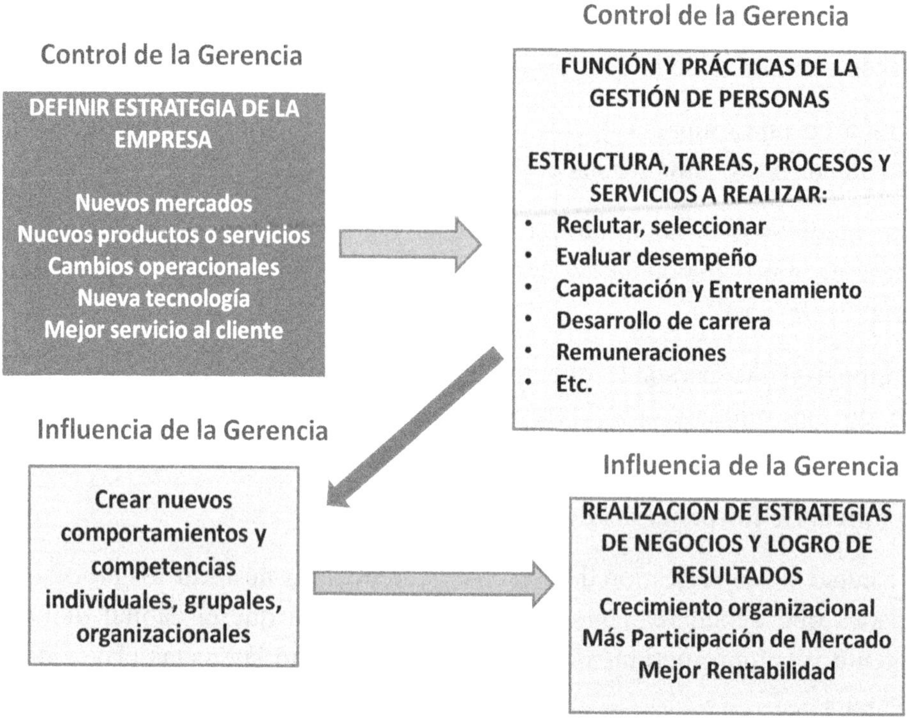

Chiavenato, Capítulo 4, figura 4.2

Las Personas como Socios Estratégicos de la Empresa

Las personas son la principal fuente de desarrollo de la empresa. Son una importante fuente de ventaja competitiva en un mundo en el cual el acceso a los recursos no es tan limitado. Son el elemento básico para la creación de capacidades. No es suficiente tener gente; a las personas hay que dirigirlas, comprenderlas, capacitarlas, desarrollarlas, compensarlas e incentivarlas, y así se transforman en un factor altamente estratégico en una organización.

Es fundamental para la Gestión de Personas que las personas sean efectivamente un socio estratégico. Desde ese punto de vista, los ejecutivos a cargo de recursos humanos deben:

- Aceptar, entender y apoyar la estructura establecida en la organización.

- Hacer todos los esfuerzos para que los trabajadores apoyen la misión de la empresa.
- Apoyar a la alta dirección, y coordinarse con ella para implementar los proyectos y alcanzar las metas establecidas en los planes.
- Evaluar y desarrollar las capacidades estratégicas de los empleados.
- Comprender las actividades de la empresa desde un punto de vista operativo.
- Tener flexibilidad y capacidad de adaptación ante los movimientos constantes que se producen tanto estructuralmente como operacionalmente.
- Ante los cambios y necesidades que surgen, saber participar, aportar y ser receptivos.

En la dinámica del mundo actual, se debe dedicar recursos a la gestión de personas ya que las cosas cambian rápidamente, hay mayor acceso a la información, mayor competitividad, preocupación por el medio ambiente y comunidades, etc. Y todo ello impacta en la relación con las personas y de ellas con el medio.

Tienen gran importancia los recursos humanos como un socio estratégico del negocio dado su aporte profesional y técnico en todas las áreas de la empresa.

Tareas claves de Gestión de Personas

- Reclutar y seleccionar al personal adecuado para la organización.
- Desarrollar nuevas capacidades y habilidades en los trabajadores.
- Implantar sistemas para evaluar objetivamente el trabajo desempeñado.
- Rol clave en la transición y cambio.
- Preparar y acompañar a los líderes de la empresa para enfrentar las crisis y los cambios, en su rol práctico de liderazgo.
- Desarrollar el liderazgo, distribuido a través de todas las áreas de la organización.
- Preparar a la empresa para la reconversión de cargos y tareas, que cambiarán o desaparecerán con los impactos externos del entorno y de la tecnología.

Actividades y Procesos en la Gestión de Personas

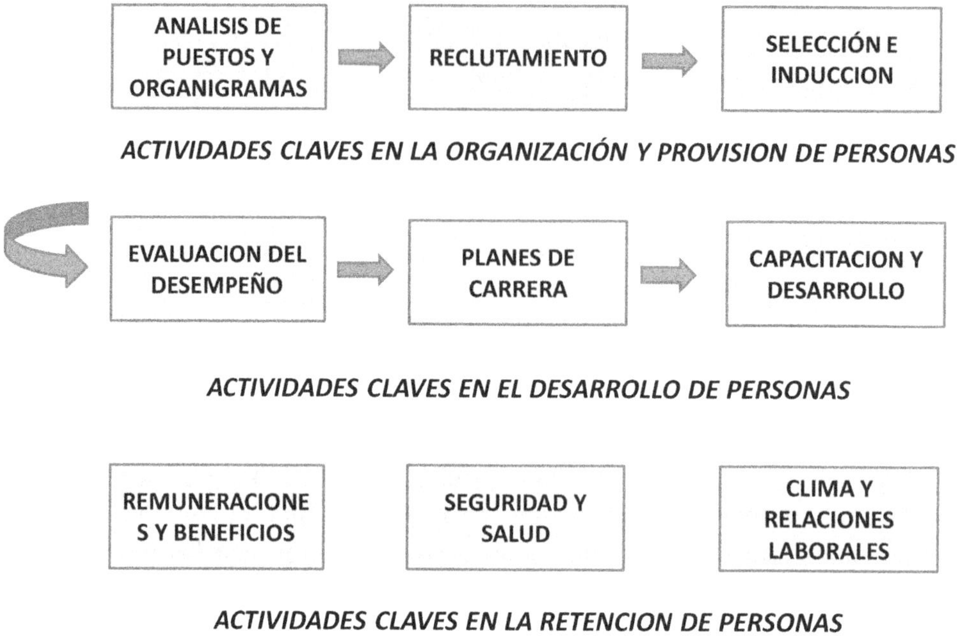

1 Actividades de Organización y Provisión de Personas

- Mantener una organización eficaz y una dotación equilibrada, que se ajuste a las necesidades de la empresa en cada uno de sus niveles, divisiones y secciones. Es clave revisar periódicamente y junto con la plana gerencial la estructura de la organización, hacer análisis y descripciones de cargos, y planificar el número de empleados asignados a cada sección.
- Efectuar adecuados procesos de reclutamiento, selección e inducción, para dotar a la empresa de personas calificadas, productivas y motivadas, según las necesidades de dotación de la empresa.

2 Actividades de Desarrollo de Personas

- Establecer diversas formas de medición y control, para ir evaluando el desempeño de las personas, las áreas fuertes y débiles, y así poder enfocarse en mantener las fortalezas y enfrentar lo que no se está haciendo bien.

- Diseñar planes de carrera para las personas con potencial de desarrollo, para retenerlas y que estén motivadas por su futuro en la empresa.
- Tener buenos programas de capacitación y entrenamiento, elaborados según las necesidades detectadas en la evaluación del desempeño y en los planes de carrera.

3 Actividades de Soporte y Retención de Personas

- Tener un nivel competitivo de remuneraciones y beneficios: administrar los sueldos en forma equitativa y eficaz, armonizando el tema remuneraciones con: motivación del personal – necesidades de control de gastos - disponer de gente capaz - facilitar ascensos y traslados entre áreas.
- Proporcionar un ambiente seguro y saludable de trabajo, que evite accidentes y enfermedades laborales.
- Mantener continuamente un adecuado clima interno en la organización, en el cual prevalezcan el respeto, la clara y oportuna comunicación, la colaboración, buenas relaciones laborales, procedimientos claros, etc.

PREGUNTA – PLANIFICAR Y ORGANIZAR LOS TRABAJOS

Un nuevo Jefe de Contabilidad asume en una empresa.

A los tres meses se da cuenta de lo siguiente:

1.-Que los trabajos están casi siempre atrasados.

2.-Que el personal de Contabilidad (10 contadores) a veces no entiende sus instrucciones.

3.-Que en estos tres meses renunciaron dos contadores.

Decide reunirse con el Gerente de Gestión de Personas.

¿Qué debiera comentarle y solicitarle respecto a cada punto?

RESPUESTAS EN CAPITULO 19

7 Problemas originados en una deficiente gestión de personas:

1. Falta de personal calificado para las tareas claves
2. Alta rotación, por despidos o renuncias
3. Ausencia de motivación
4. Malas relaciones interpersonales
5. Personal que no se adapta a los cambios
6. Mucha o escasa autoridad y/o falta de delegación
7. Exceso o escasez de dotación

Tecnología, Informática, Internet y Gestión de Personas

- Las herramientas tecnológicas o informáticas pueden, sin duda, contribuir a agilizar, ordenar y perfeccionar la gestión de personas.
- Un currículum enviado por correo electrónico u otros medios vía internet, o publicado en páginas web de reclutamiento
- Una entrevista a través de video conferencia,
- Una evaluación del desempeño respondida por medios electrónicos, uso de archivos digitales,
- Registros de personal en nubes, pendrives, etc. etc.,
- Hay múltiples ejemplos que demuestran que las herramientas de Internet y/o de la informática pueden cooperar a una buena gestión del capital humano.

GESTIÓN DE LA DIVERSIDAD

La diversidad surge cuando consideramos cualquier tipo de diferencia entre las personas. Esta diferencia puede originarse en elementos tales como edad, orientación sexual, origen geográfico, religión, raza, estilo de vida, y cualquier otra diferencia relevante.

La Gestión de Personas debe admitir que la diversidad existe y por lo tanto su rol es tomar las medidas y asegurarse de que exista respeto, tolerancia y no discriminación por la diversidad.

Esto implica permitir, aceptar y fomentar el desarrollo de empleados que son diversos; trabajar con personas y grupos que son diversos, pero que laboralmente tienen todos como finalidad aportar a la organización y lograr una productividad máxima.

Ejemplos de una fuerza de trabajo diversa

Padres solteros

Madres solteras

Presencia femenina en los negocios y en altos cargos

Trabajadores de minorías raciales o religiosas

Empleados de tercera edad

Inmigrantes

Personas con discapacidades

Diversidad sexual

Jóvenes con educación deficiente

Etc.

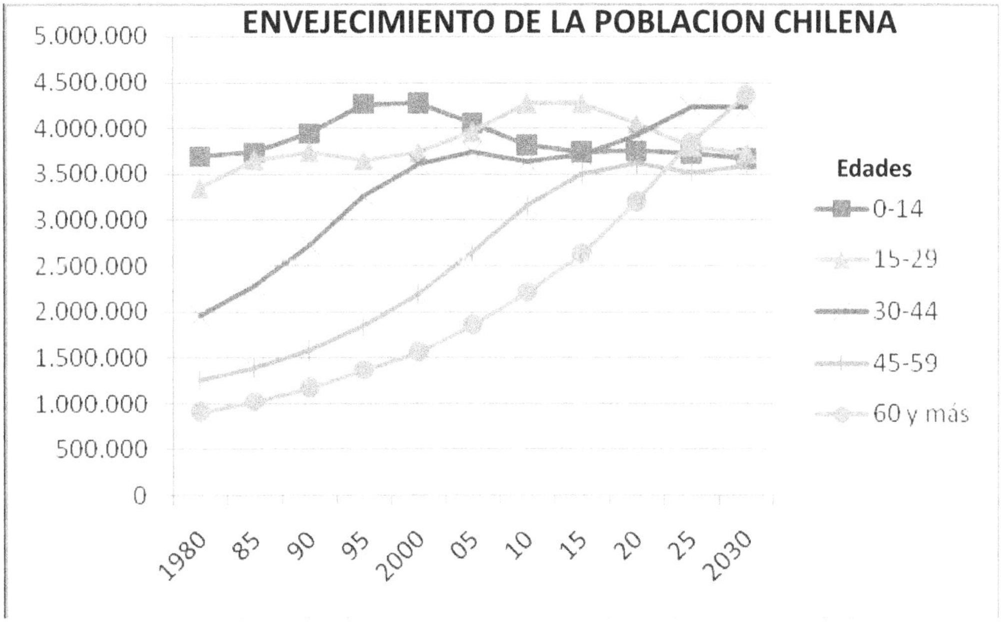

Fuente: SENAMA, según datos INE-CEPAL.

El único grupo cuya población aumenta permanentemente es el de 60 años y más, superando la población de las otras categorías etarias hacia el año 2030

Si las organizaciones quieren ser competitivas, la diversidad de las personas debe ser parte de las metas estratégicas.

Una empresa donde se respeta la diversidad podemos asociarla con la existencia de una cultura que considera las habilidades, aportes y capacidad de cada persona, y que toma en cuenta tanto las necesidades como las costumbres y aspiraciones de cada empleado, sin discriminar en forma alguna por raza, origen, género, religión u otros factores de diferenciación.

Establecer y fomentar una cultura inclusiva es algo prioritario en la gestión de la diversidad en grupos humanos.

El propósito es valorar la calidad del trabajo y asegurarse que cada persona se sienta bien al interior de la organización.

La promoción de la diversidad puede ser una estrategia que conduzca a lograr reputación como buena empresa para trabajar.

Discriminación en la Gestión de Personas

El proceso de gestión de personas implica un trato directo con seres humanos, y adoptar decisiones respecto de personas de muy diferentes características y atributos.

En gestión de personas se puede discriminar considerando atributos laborales personales, tales como educación, experiencia y competencias de cada persona (iniciativa, esfuerzo, liderazgo, etc.)

Pero hay discriminaciones que no son aceptadas en la mayoría del mundo occidental: entre otras, las de tipo racial, religioso, político, sexual, de condición social, de género, de edad, etc. y son ampliamente rechazadas desde un punto de vista ético.

OBLIGACIONES ÉTICAS DE LA GESTIÓN DE PERSONAS

Son obligaciones fundamentales y éticas de la gestión de personas:

a). -educar y promover el respeto a la no discriminación en la empresa, en todos sus niveles jerárquicos.

b). - vigilar que no exista discriminación alguna en procesos de selección, evaluación, compensaciones, planes de carrera, ascensos, traslados, despidos, etc.

c). - establecer canales abiertos, y si es necesario confidenciales, para recibir denuncias fundamentadas en casos de discriminación por parte de una persona hacia otra, en cualquier nivel o sección de la organización.

CONFLICTOS DE INTERÉS

Las personas que trabajan en una empresa deben tener presente la posible existencia de conflictos de interés.

Hay empresas que prohíben contratar a parientes directos de empleados vigentes, o que no permiten incorporar personas que tengan algún pariente directo trabajando en una empresa de la competencia.

Otro caso se da cuando un ejecutivo o profesional de una organización es al mismo tiempo socio, o tiene alguna relación comercial o legal con una empresa de la competencia.

PREGUNTAS SOBRE CONFLICTOS DE INTERÉS

- ¿Por qué los conflictos de interés de un empleado o ejecutivo pueden ser complicados para una empresa?
- ¿Podría dar un ejemplo concreto de conflicto de interés?

RESPUESTAS EN CAPITULO 19

CUESTIONARIO

1.-Mencionar 3 de los problemas originados en una deficiente gestión de personas

2.-Una Gestión de Personas ineficaz desde el punto de vista estratégico puede implicar:

a) Una baja contribución de las personas a los objetivos claves de dicha organización.
b) Una baja motivación de las personas para capacitarse en dicha organización.
c) Una baja contribución de las gerencias en el proceso de reclutar personal calificado.
d) Una deficiente coordinación del desarrollo del capital humano.

3.-Algunas de las diferencias contempladas dentro del concepto de diversidad son:

a) Edad, raza, orientación sexual, personalidad y valores.
b) Edad, raza, religión y origen geográfico.
c) Raza, religión, adaptación cultural, desempeño y comportamiento laboral.
d) Edad, raza, adaptación cultural, desempeño y personalidad.

4.-La gestión de personas es una responsabilidad de línea y una función de staff. Esto implica que:

a) Los gerentes deben planificar sus recursos humanos según el talento existente en cada área de la empresa.
b) Los gerentes tienen información actualizada del personal y participan en todos los procesos de la gestión de personas.
c) Gestión de Personas debe participar activamente en la coordinación, motivación y retención del personal.
d) Todo proyecto de inversión debe contemplar adecuadamente a qué personas de la empresa debe involucrarse.

5.-Para que los recursos humanos se conviertan en un socio estratégico, ¿qué debe hacer el área de Gestión de Personas?

a) Los ejecutivos de esa área deben coordinar y ejecutar adecuadamente los procesos de desarrollo de personas.
b) Los ejecutivos de esa área deben planificar la dotación de personal calificado, según las estrategias corporativas.
c) Los ejecutivos de esa área deben trabajar con la alta gerencia para el logro de planes y resultados concretos.
d) Es necesario dar a los gerentes una capacitación que se relacione con los objetivos estratégicos de la empresa.

CAPÍTULO 3

DESCRIPCIONES Y ORGANIGRAMAS

CAPÍTULO 3

DESCRIPCIONES Y ORGANIGRAMAS

Análisis de Puestos, Descripciones y Organigramas

Una Organización requiere Análisis de Puestos y Organigramas

Una organización adecuadamente estructurada y definida por áreas es esencial para alcanzar los objetivos estratégicos de una empresa.

La organización debe facilitar el trabajo, con cargos bien especificados, atribuciones claras y líneas de dependencia conocidas y eficaces para satisfacer las metas de la organización.

Preparar análisis de puestos y cuadros organizacionales y mantenerlos actualizados es un elemento indispensable en la gestión de personas. Dichas tareas contribuyen a que todos sepan qué deben hacer y con quién relacionarse.

Temas propios del Análisis de Puestos

Cuando se realiza un análisis de puestos, pretendemos resolver interrogantes tales como:

- ¿Cómo implementa la persona el trabajo que se le ha asignado?
- ¿Cuáles son las labores físicas que debe ejecutar el trabajador en su puesto?
- ¿Cuáles son los trabajos intelectuales que debe realizar el empleado?
- ¿Qué logros o metas se consiguen mediante la realización de este trabajo?
- ¿En qué lugar o ubicación dentro de la compañía se efectúa el trabajo?
- ¿Qué cualidades y conocimientos se requieren para llevar a cabo la tarea?
- ¿Qué riesgos y potenciales problemas tiene el trabajo?
- ¿Con cuáles áreas debe relacionarse y con qué personas se comunica diariamente?

Es necesario el Análisis de Puestos

El análisis de puestos sirve para determinar los conocimientos, capacidades y deberes necesarios para llevar a cabo un trabajo en la empresa.

En la dinámica de las empresas, hay puestos cuyas responsabilidades en el tiempo aumentan, o disminuyen, o se modifican por otras.

Para analizar un puesto generalmente se utilizan las entrevistas a quien lo ejerce y a su jefe directo.

Métodos de Análisis de Puestos

Cuestionarios: se estructuran para ser respondidos por jefes y empleados, identificando las tareas del puesto.

Observación: un analista de puestos presencia el desempeño de cada trabajador y registra sus observaciones.

Entrevistas: el analista entrevista al que ejecuta el cargo y luego verifica con el supervisor respectivo.

Registros del empleado: el propio trabajador va registrando por escrito y diariamente lo que realiza, incluyendo actividades y tiempo destinado.

Pueden utilizarse uno o varios métodos combinados para evitar sobredimensionar o subdimensionar un puesto.

Hacer un análisis completo de un cargo o puesto nos permite realizar una descripción de dicho cargo en forma detallada.

La descripción del puesto es un documento que brinda información acerca de las tareas, deberes y responsabilidades esenciales de un puesto, y también las cualidades mínimas que una persona debe tener para efectuar un trabajo, que están en la especificación del puesto.

Para llevar a cabo una descripción se siguen una serie de pasos concretos que veremos a continuación.

Descripciones de puesto o cargo: 9 pasos a seguir

En una descripción de cargo deben completarse una serie de antecedentes y datos relevantes sobre el cargo en cuestión.

1.-Al iniciar la descripción deben señalarse el **título completo o nombre del cargo**, la fecha en que fue creado, y el área de la empresa a la cual pertenece.

2.-Luego va su **ubicación en la organización**, indicando las relaciones de dependencia: cuál es el cargo correspondiente a su jefatura directa y cuáles son los cargos de los colaboradores que le reportarán en forma directa (solo se indica esto si el cargo tuviese colaboradores). Es decir, en esta parte se indican las relaciones de autoridad.

3.-Señalar, en uno o dos párrafos, **la misión general del cargo**, incluyendo, de forma general, las características principales y objetivos fundamentales del cargo en relación con la misión y la estrategia de la empresa.

4.-Se detallan con precisión los **trabajos específicos que debe ejecutar** la persona que ocupe el cargo. Habitualmente este listado contendrá como mínimo entre seis y diez trabajos que se deben llevar a cabo.

5.-Se describen, para las tareas antes señaladas cuáles son los **resultados esperados**, tratando de ordenarlos por orden de importancia. Es decir, los trabajos específicos representan el "qué hacer", mientras los resultados esperados son el "para qué" se realiza cada tarea.

6.-Se reseñan las **principales relaciones laborales internas** que tendrá en la empresa, ya sea de su área o de otros, así como también una muy breve descripción sobre las **principales relaciones laborales externas**, como por ejemplo con proveedores, clientes, servicios profesionales externos, etc.

7.-Especificación del puesto: **Educación profesional, técnica** o de otra índole que se define como necesaria para desempeñar el cargo, incluyendo los títulos o certificados de las carreras necesarias para el cargo.

8.-**Experiencia laboral** requerida para desempeñar el cargo. Aquí se pueden indicar los tipos de empresa o negocios en donde sería deseable que la persona haya trabajado y los conocimientos laborales necesarios para el cargo.

9.-Finalmente, atendidas las características de cada cargo, en una descripción de este se pueden definir las **principales habilidades personales o competencias** requeridas para el puesto, las cuales variarán de acuerdo con el cargo que se trate.

Por ejemplo, para un ejecutivo del área comercial podrían listarse las siguientes competencias:

- Liderazgo
- Planificación y Organización
- Análisis
- Atención al Detalle
- Juicio o Criterio
- Habilidad de Trabajo en Equipo
- Negociación
- Comunicación Escrita y Hablada
- Iniciativa

Estas competencias requeridas para un cargo deberán ser de alguna forma evaluadas en las entrevistas de selección y en los exámenes psicológicos que deban enfrentar los postulantes.

Resumen de pasos a seguir en una descripción de cargos:

1. Nombre del cargo, fecha de creación, y área de la empresa
2. Ubicación en el organigrama, relaciones de autoridad
3. Misión general del cargo
4. Trabajos específicos para ejecutar
5. Resultados esperados
6. Relaciones laborales internas y externos
7. Educación profesional o técnica requerida
8. Experiencia laboral necesaria
9. Competencias o habilidades requeridas para el cargo

Con todos los antecedentes señalados, la empresa tendrá una descripción completa del trabajo que debe realizarse en un cargo determinado, los desafíos y resultados esperados, y cuáles son los requisitos que deben cumplir quiénes ocupen dicho cargo.

La descripción de puestos o cargos es tan útil para el proceso de reclutamiento y selección como para clarificar a cada empleado(a) qué debe hacer en su trabajo y lo que se espera de él o ella.

UN EJEMPLO DE DESCRIPCION DE CARGO:

Nombre del Cargo: Gerente de Merchandising

Fecha de Creación: 11 de enero de 2017

Este cargo pertenece al área comercial de la empresa.

FUNCION FUNDAMENTAL

- Responsable de la óptima exhibición de los productos de la compañía en los puntos o locales de venta. Encargarse de que el punto de venta luzca como lo pide el Gerente de Producto de cada línea.
- Responsable del servicio que ofrecemos a nuestros clientes, vía los empleados de terreno asignados, que mantienen nuestros exhibidores y aseguran la reposición de nuestros productos en los puntos de venta.
- Administrar los servicios de merchandising, asegurando control de la eficiencia del personal, y la oportuna documentación/pago de los servicios de merchandising.
- Mantener buena y constante comunicación desde y hacia la fuerza de ventas y marketing hacia los empleados de terreno, retroalimentando la información. Asegurar una rápida respuesta a los problemas/oportunidades detectados por los empleados de terreno.
- Desarrollar y controlar el presupuesto de reponedores de mercaderías a nivel nacional, y mantener los gastos dentro del presupuesto.

TRABAJO ESPECIFICO A REALIZAR

- Trabajar con la agencia externa de Merchandising para definir, implementar y controlar los servicios a lo largo del país, con estrictos controles y documentación de los gastos incurridos.

- Diseñar un programa de merchandising que maximiza el valor percibido de nuestro servicio al cliente.
- Hay que asegurar que el punto de venta maximiza el impacto visual de nuestros productos a los ojos del consumidor, cumpliendo con los planogramas entregados por Marketing.
- Ser la conexión entre ventas en terreno y los mercaderistas para asegurar un efectivo trabajo de todo el equipo en la calle.
- Crear oportunidades de entrenamiento e incentivos para los empleados de terreno para asegurar su motivación y compromiso.
- Supervisar actividades en el campo que requieren promotoras en el punto de venta (definiendo la actividad, seleccionando candidatas, entrenando, supervisando la implementación de la actividad, post-evaluando la actividad).
- Trabajar con la secretaria departamental para la oportuna emisión de las órdenes de compra.
- Llevar una adecuada documentación de los servicios de las agencias de merchandising, manteniendo actualizados los contratos respectivos.
- Licitar cada dos años los servicios de Merchandising para asegurarnos que estamos contratando servicios al mejor precio/calidad.

RESULTADOS ESPERADOS

- Optimizar en todos los puntos de venta y exhibición el impacto visual de nuestros productos a los ojos del consumidor, cumpliendo 100% con los planogramas entregados por Marketing.
- Asegurar un efectivo trabajo de todo el equipo en la calle, logrando una excelente evaluación del desempeño de dichas personas.
- Dar entrenamiento mensual e incentivos trimestrales para los empleados de terreno
- Llevar una adecuada, clara y ordenada documentación física y electrónica de los servicios prestados por la agencia externa de merchandising.
- Lograr una excelente y beneficiosa licitación cada dos años de los servicios de Merchandising para asegurarnos servicios al mejor índice precio/calidad.

Relaciones laborales internas: se relaciona preferentemente con los jefes y profesionales de marketing y ventas de la empresa para desarrollar sus tareas de merchandising.

Relaciones externas: Trabaja con la agencia externa de Merchandising para implementar los servicios a lo largo del país, con controles y documentación de los gastos incurridos.

SUPERVISION A RECIBIR Y DAR

Es supervisado directamente por el Gerente Comercial y supervisa a los tres asistentes de merchandising.

EDUCACION:

Idealmente Título Universitario o Técnico, preferiblemente Ingeniero Comercial con especialización en comercialización o ventas.

Habilidades computacionales (Buen nivel de Word, Excel, Power Point)

EXPERIENCIA

Mínimo de 5 años en empresas comerciales, con significativa experiencia en ventas a nivel calle.

Mínimo 2 años de experiencia supervisando personal.

IDIOMA:

Deseable leer y escribir en inglés.

COMPETENCIAS RECOMENDADAS PARA ESTE CARGO

Competencias principales	*Grado de prioridad*
Liderazgo	*1*
Planificación y Organización	*1*
Análisis	*1*
Atención al Detalle	*1*
Juicio	*1*
Habilidad de Trabajo en Equipo	*2*
Negociación	*2*
Comunicación Escrita y Hablada	*2*
Iniciativa	*2*

Necesidad de tener las Descripciones de Puestos

Es necesario para una empresa establecer formalmente descripciones de todos los puestos o cargos.

Ello implica ventajas evidentes en cuanto a

- detallar un cargo a una persona nueva en la empresa
- a aquellos que han sido promovidos
- han sido trasladados a otra función
- para aquellos que, podrían tener dudas sobre su trabajo
- conocer su dependencia jerárquica
-

Las descripciones de puesto o cargo ¿dónde son utilizadas?

La información que contienen las descripciones de cargo es útil en prácticamente todos los procesos de Gestión de Personas.

Las descripciones de puesto o cargo son utilizadas:

- En los procesos de reclutamiento;
- En los procesos de selección de personal, para determinar el perfil de los postulantes y apoyar en las entrevistas;

- En los procesos de evaluación del desempeño, para establecer objetivos y medir conductas y resultados;
- En los procesos de capacitación y desarrollo: se detallan las habilidades necesarias para ejercer un cargo.
- Para determinar la dotación de personal: una planeación eficaz de dotación requiere conocer los requisitos de cada puesto;
- En las escalas de remuneraciones: valor de cada puesto;
- En seguridad y salud: requisitos de cada trabajo.

Organigramas

Junto a las descripciones de cargos: ...los organigramas

Es muy recomendable que el personal conozca bien la estructura de la organización de la empresa, las tareas de todos y las relaciones de dependencia.

- Son tareas de la gestión de personas, en conjunto con las respectivas gerencias:
- Establecer formalmente los análisis de puestos y las descripciones de cargos existentes en todos los niveles.
- Graficar los organigramas generales y detallados por área en todos los niveles.
- Revisar y actualizar periódicamente las descripciones y los organigramas.

Los cuadros organizacionales u organigramas especifican la posición de cada persona en la empresa, las jefaturas directas, los subalternos y los colegas de otras áreas. Los organigramas pueden ser uno o dos, o muchos más, dependiendo del tamaño y complejidad de la organización. En una empresa muy grande, el primer organigrama incluye al gerente general, los gerentes de cada división y, en algunos casos, las subgerencias y jefaturas de cada área. Los demás cuadros organizacionales se presentan por área o función, desde el máximo cargo hasta los niveles menores en el organigrama.

ORGANIGRAMA A NIVEL DE GERENCIAS Y JEFATURAS

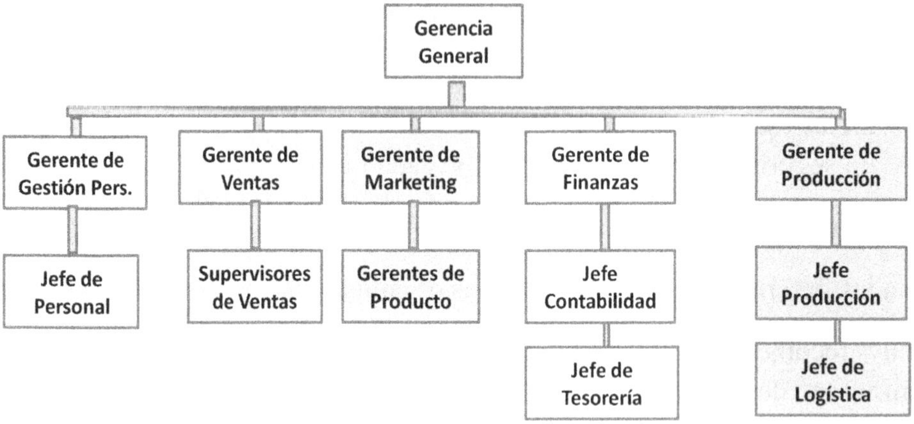

Importancia de tener organigramas

Lo importante es que en cada área o función esté claro el organigrama, con sus jefaturas y relaciones verticales y los niveles paralelos.

Tanto las descripciones como los organigramas mejoran las comunicaciones y contribuyen al conocimiento y claridad de todos los integrantes de una empresa, al especificarse en dichos documentos qué deben hacer y con quién relacionarse.

EJEMPLO DE ORGANIGRAMA DE UNA GERENCIA COMERCIAL:

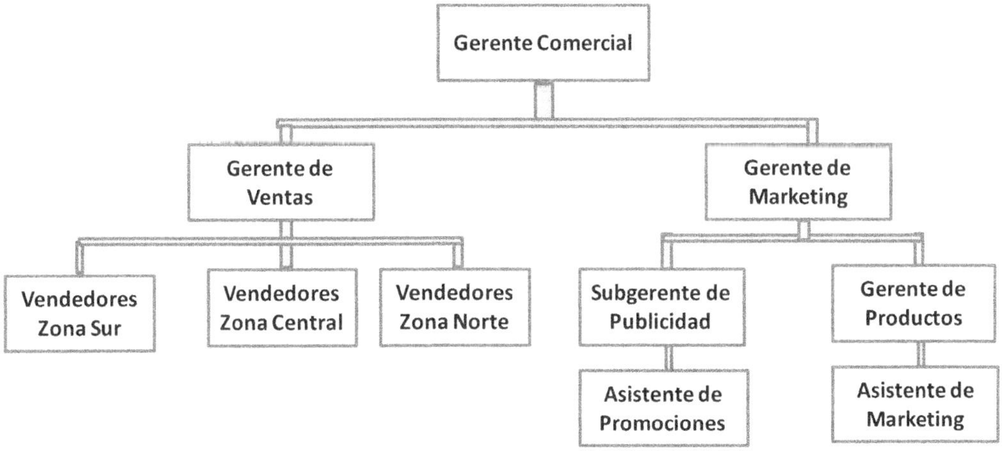

¿VERDADERO O FALSO?

a) Los conceptos incluidos en el análisis de un cargo pueden ser muy distintos a los incluidos en una descripción de ese mismo cargo.

b) Los organigramas no son aplicables en empresas que cambian continuamente su organización o tienen alta rotación de empleados.

c) Las descripciones de cargos incluyen datos sobre las labores a realizar, pero no son útiles para evaluar al postulante a un cargo.

d) En las descripciones de cargos, la sección de "resultados esperados" tiene directa relación y se detalla de acuerdo con la educación y experiencia del ocupante del cargo.

RESPUESTAS EN CAPITULO 19

PREGUNTA

Tres de los métodos más comunes para efectuar el análisis de puestos son:

a) Observaciones, tasa de traslados y evaluación del trabajo realizado.

b) Cuestionarios, estadísticas de contrataciones y medición del tiempo destinado a realizar cada labor.

c) Registros del empleado, observación del trabajo y cuestionarios.

d) Entrevistas sobre desempeño, evaluación del trabajo realizado y análisis organizacional.

RESPUESTA EN CAPITULO 19

CAPÍTULO 4

PLANIFICACION DE LA DOTACIÓN

CAPÍTULO 4

PLANIFICACION DE LA DOTACIÓN

Importancia de la Planificación de Recursos Humanos

Es trascendente para una empresa contar con las personas adecuadas a sus necesidades, en calidad y cantidad. Esa cantidad adecuada es lo que llamamos dotación

Un grupo humano numeroso, pero de baja calidad difícilmente podrá triunfar en el mercado: sobrarán manos y faltará talento.

Es por ello que cuando decimos que una empresa debe contar con las personas adecuadas a sus necesidades, estamos hablando de un equilibrio entre cantidad y calidad.

Pronosticar las necesidades de recursos humanos

Diversos estudios y autores han señalado lo útil que es preparar pronósticos relativos a las necesidades presentes y futuras de recursos humanos en una empresa, para lo cual la disponibilidad de información operacional y las bases de datos permiten proyectar razonablemente la cantidad necesaria de empleados con respecto a los puestos disponibles.

Es necesario estimar las cantidades y tipos de empleados requeridos para alcanzar las metas.

¿Tenemos los empleados con las habilidades necesarias?

Exceso de Recursos Humanos

Si existe un exceso de trabajadores, se pueden adoptar varias medidas:

- despidos por reorganización de funciones;
- restringir o prohibir nuevas contrataciones;
- racionalizar trabajos para evitar horas extraordinarias;
- reasignar trabajadores a otras sucursales, plantas o ciudades, si ello fuera posible.

Escasez de Recursos Humanos

Si hay escasez de trabajadores, se requiere:

- acelerar el reclutamiento;
- capacitar a los trabajadores actuales en nuevos conocimientos;
- dar incentivos especiales a los trabajadores actuales.

¿Cómo pronosticar las necesidades de recursos humanos en una empresa, considerando las disponibilidades existentes y futuras?

Pronóstico de Necesidades y Pronóstico de Disponibilidades

Elementos del pronóstico de necesidades y del pronóstico de disponibilidades que una empresa debería considerar para una correcta planeación de su dotación de personal

Pronóstico de Necesidades: estimar la demanda de servicios y/o productos del sector al que pertenece la empresa, las tasas de rotación, los tiempos promedio de reclutamiento y selección.

Pronóstico de Disponibilidades: la cantidad de empleados que la empresa tiene en la actualidad, estadísticas poblacionales (estimación del mercado laboral potencial), ajuste por la participación de mercado de la competencia.

Planeación de Recursos Humanos

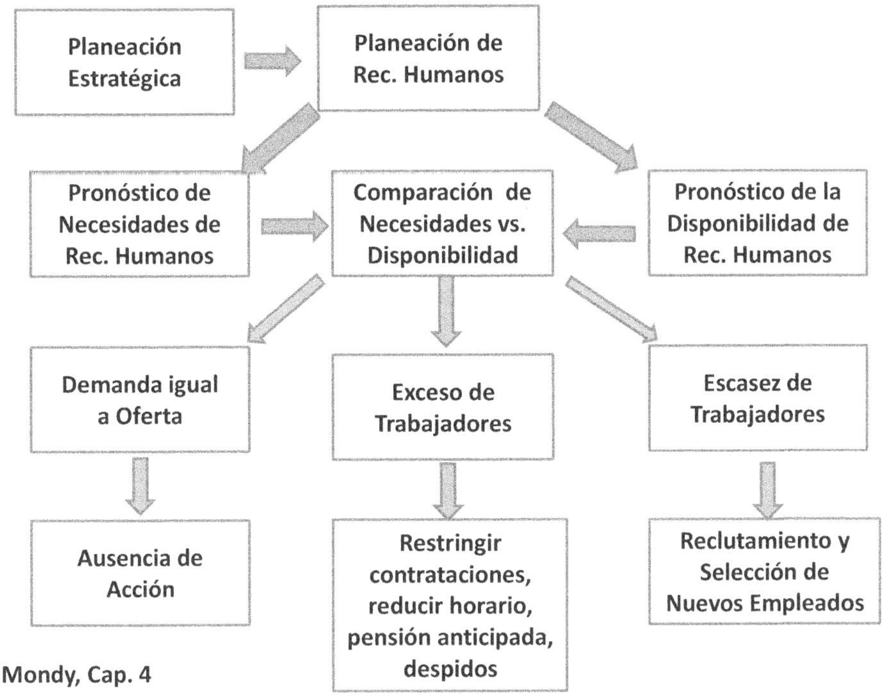

Wayne Mondy, Cap. 4

Planeación de dotación

Aspectos o variables que se deben considerar para tener una buena planeación de la dotación que necesita una empresa:

- Dotación actual, competencias y proyección
- Demanda proyectada de bienes o servicios
- Indicadores (KPI) de productividad, rendimiento productivo de actuales y nuevos trabajadores.
- Tasa de rotación de personal
- Posibilidades de mejora tecnológica
- Impacto de leyes laborales

Modelos de Planeación de Recursos Humanos

La planeación de personal es una identificación de necesidades de recursos humanos a corto, mediano y largo plazo.

Esta actividad es permanente e incluye todas las áreas de la empresa.

Idalberto Chiavenato menciona cinco modelos relacionados con las necesidades de personal:

- Modelo basado en la demanda estimada del producto/servicio
- Modelo basado en segmentos de puestos
- Modelo de sustitución de puestos claves (carta de reemplazo)
- Modelo basado en el flujo de personal
- Modelo de planeación integrada

1-Modelo según demanda estimada

- Las necesidades de personal se proyectan según la demanda de nuestros productos o servicios.
- Esa relación está influenciada por variaciones de productividad, nueva tecnología, disponibilidad de recursos financieros y disponibilidad de personas en la empresa.
- Nueva tecnología y mayor productividad pueden llevar a disminuir las necesidades de personal.
- Pero mayor productividad puede implicar bajas en precios, mayores ventas y necesidad de incrementar personal.
- Este modelo puede afectarse por imprevistos tales como estrategias de competidores, falta de materia prima, etc.

2-Modelo basado en segmentos de puestos

- Se elige un factor estratégico, tal como nivel de ventas o volumen de producción, para cada área de la empresa; es decir, un factor organizacional que afecta las necesidades de personal.
- Se establecen niveles pasados y futuros de cada factor.
- Se determinan niveles históricos de personal en cada área.

- Se proyectan los niveles futuros de personal de cada área en relación con la proyección de los niveles pasados y futuros del factor estratégico correspondiente (nivel de ventas, volumen de producción, etc.)

3-Modelo de sustitución de puestos clave

(carta de reemplazo)

- Las cartas de reemplazo son una representación gráfica de quién sustituye a quién en la eventualidad de una vacante futura en la organización.
- Este modelo debe contar con una amplia base de datos de todos los recursos humanos disponibles y considera el estatus de los posibles candidatos.
- El estatus de los posibles reemplazos depende de su desempeño histórico y de las estimaciones de éxito futuro en nuevos puestos.
- También se consideran educación, experiencia, carrera interna y aspiraciones de cada posible reemplazante

4-Modelo basado en el flujo de personal

- Este modelo describe el flujo de personas hacia el interior, dentro y hacia fuera de la organización.
- Ese flujo histórico, que incluye transferencias, ascensos, despidos, renuncias, etc. permite predecir las necesidades de personal en un corto plazo.
- Es un modelo simple, basado en crecimiento vegetativo, y que solo es adecuado para organizaciones estables y sin planes de expansión.

5-Modelo de planeación integrada

Este modelo de planeación es el más amplio e incluyente.

Toma en cuenta cuatro factores relevantes:

- Volumen planeado de producción y ventas
- Cambios tecnológicos que modificarán la productividad
- Estudio de oferta y demanda en el mercado competitivo

- Planeación de carrera dentro de la empresa

PREGUNTAS SOBRE NECESIDADES DE PERSONAL

- **En una empresa se pide a todos los gerentes una lista de necesidades de personal para los próximos doce meses,** separada en personas para reemplazos y personas para los planes de expansión, incluyendo características deseables. **¿Qué deben hacer dichos gerentes?**
- Los gerentes de una empresa donde trabajan 500 personas hacen un análisis de las proyecciones de ventas y un estudio detallado de personas, área por área, y **determinan que la organización tiene aproximadamente unas 50 personas en exceso. ¿Qué le parece el análisis? ... ¿Qué podría hacer dicha empresa con las 50 personas que según los gerentes estarían demás?**

RESPUESTAS EN CAPITULO 19

RESUMEN DE ANALISIS DE PUESTOS

Los elementos esenciales del análisis de puestos y planeación de recursos humanos son:

1.- Para desempeñar un determinado trabajo, es básico saber cuáles son las capacidades requeridas, los conocimientos necesarios y las labores que se deben efectuar. Para esto, es fundamental en cada empresa llevar a cabo un proceso formal y permanente de análisis de puestos.

2.- Para evitar confusiones, se debe comunicar con precisión a todos los trabajadores las razones por las cuales se realiza el análisis de puestos y su utilidad.

3.- Determinar con claridad las habilidades técnicas y profesionales necesarias para ejecutar una labor es clave en este proceso.

4.- Definir título del puesto, detallar los deberes, hacer entrevistas al empleado, conversar con el supervisor, etc., son obligaciones de quienes realizan un análisis de puestos

RESUMEN SOBRE PLANIFICACION ESTRATEGICA DE PERSONAS

1.- La Gestión de Personas debe planificar las necesidades de la fuerza de trabajo, considerando a los empleados actuales y los proyectos futuros. Debe encargarse de seleccionar e incorporar a personas capaces, acogerlas, motivarlas y fomentar su desarrollo.

2.- Las metas claves de la compañía, las estrategias y tácticas para alcanzarlas, forman parte de la planeación estratégica definida por la alta dirección. Este proceso y sus alcances involucra a todos los niveles de la organización. El plan estratégico es por su parte el insumo básico para la planificación estratégica de recursos humanos.

3.- Un pronóstico de necesidades de personal puede definirse como una proyección del número de personas necesarias en una organización para hoy y para el futuro, incluyendo las características y requisitos de los trabajadores que serán necesarios para alcanzar las metas.

4.- Gestión de Personas debe tener buenas bases de datos de los empleados, contar con un sistema tecnológico de información de recursos humanos, con todos los datos de los trabajadores: educación, experiencia, antecedentes, logros, puestos ocupados, capacitación, evaluaciones, ascensos, traslados, etc.

5.- Es siempre fundamental preparar planes y acciones concretas para cuando las actividades y resultados nos lleven a concluir que estamos ante un exceso o ante una escasez de personas.

6.- Deben comunicarse claramente al personal las políticas de reemplazos, de reducción de personal y también las políticas que se implementarán en caso de emergencia financiera o ante desastres naturales que pueden afectar a la empresa.

CUESTIONARIO SOBRE MATERIAS DEL CAPÍTULO 4

1.- Mencione tres elementos claves para efectuar un pronóstico de necesidades de personal.

2.-Mencione cuatro medidas que puede tomar una empresa ante un pronóstico de exceso de empleados.

RESPUESTAS EN CAPÍTULO 19

CAPÍTULO 5

RECLUTAMIENTO Y SELECCIÓN

CAPÍTULO 5

RECLUTAMIENTO Y SELECCIÓN

El proceso de reclutamiento

El reclutamiento de candidatos es un proceso para atraer y obtener candidatos en cantidad suficiente y oportuna y con las capacidades necesarias para lograr las metas de la compañía.

Se incluyen en este proceso: definir el tipo de reclutamiento de candidatos que se utilizará, y utilizar la descripción del cargo, incluyendo las competencias necesarias para ejercerlo.

El Reclutamiento y la Gestión de Personas

Es un paso clave de cualquier gestión de personas, ya que consiste en realizar las actividades que permitan disponer de las personas adecuadas para trabajar en la empresa.

Para ello, se necesita ejecutar a la perfección el reclutamiento de candidatos y realizar luego la mejor selección posible, siguiendo con un programa de inducción.

Ambiente externo en el proceso de reclutamiento

Es muy relevante la demanda y oferta de habilidades específicas en el mercado laboral.

El reclutamiento se simplifica cuando la tasa de desempleo es alta.

Si la demanda en el mercado laboral de una determinada profesión es alta en relación con la oferta, el reclutamiento se hará más difícil.

En ciertos momentos, hay exceso o escasez de determinados profesionales o técnicos, según la situación económica puntual de un país.

Definiciones en el proceso de reclutamiento

El proceso de reclutamiento de candidatos es una búsqueda de personal que se inicia con la decisión de la empresa de llenar una vacante de un puesto existente, o debido a la creación de un puesto nuevo.

Debe tenerse en cuenta:

- Descripción del trabajo a desarrollar
- Posición en el organigrama
- Requisitos de estudios y experiencia necesarios
- Habilidades personales necesarias
- Objetivos de la persona seleccionada al asumir su puesto,
- Sueldo y beneficios que la empresa ofrecerá de acuerdo con el nivel del cargo.

PREGUNTA SOBRE AVISO

Un emprendedor que lleva trabajando un año en su pequeña empresa de 10 personas publica un aviso en Internet que dice:

Necesito un Encargado de Contabilidad para pequeña organización. Requisito: experiencia en Contabilidad. Enviar Currículum a: emprendedor95@xmail.com

Este emprendedor recibe más de 300 currículums por vía electrónica.

¿Qué debiera hacer con ellos?

¿Tiene errores el aviso?

RESPUESTAS EN CAPITULO 19

Reclutamiento interno y externo

El primer paso para iniciar un proceso de reclutamiento es lograr la autorización de la gerencia.

Reclutar personas implica aumentar la cantidad de trabajadores o reemplazar a personas que van a dejar la empresa. Al ser una decisión relevante, requiere de la aprobación gerencial.

En todo proceso de reclutamiento es importante considerar que los requisitos del cargo y lo que la empresa ofrece deben ser claramente comprendidos y tenidos en cuenta por quienes participarán en el reclutamiento y en las entrevistas de selección, es decir por los entrevistadores y por los postulantes al cargo.

Se abren básicamente dos opciones: recurrir al reclutamiento interno de postulantes, es decir entre los trabajadores vigentes en la empresa, o intentar el reclutamiento externo, que consiste en buscar candidatos en forma externa, o sea en el mercado.

Una tercera opción es un reclutamiento mixto, aquel que incluye el interno y el externo en forma simultánea.

Flujo de Reclutamiento de Personal

Chiavenato, Capítulo 5, figura 5.10

RECLUTAMIENTO INTERNO

Métodos de Reclutamiento Interno

- La gerencia debe identificar a los empleados actuales que sean capaces de ocupar las vacantes cuando se presentan.
- Los cuadros de reemplazo, la planeación de la sucesión y las bases de datos son fundamentales.
- Las políticas de promoción son positivas para el clima organizacional: son un premio al mérito y a la carrera destacada.
- Un buen trabajador que es promovido cuenta con la gran ventaja de conocer a los demás empleados y jefes, las políticas internas y las estrategias de la empresa.

¿Cuándo se recomienda el Reclutamiento Interno?

El reclutamiento de tipo interno se recomienda solo si se dispone de candidatos que están trabajando en la empresa y que cumplan con el perfil necesario y requisitos definidos para ocupar el cargo disponible (traslado o promoción).

Si ello no es posible, debe recurrirse al reclutamiento externo.

Si, tras un análisis, se determina que existen candidatos internos capacitados para el cargo disponible es bueno alentarlos a que participen en el proceso de selección.

Dudas en el Reclutamiento Interno

Cuando una empresa no tiene dudas de que un(a) empleado(a) interno(a) vigente puede ocupar un cargo vacante, o un cargo recién creado, debiera ofrecérselo sin mayor dilación, pudiendo ser un pase lateral o un ascenso.

Si hay dudas, es bueno ser transparente y decirle que puede participar en el proceso, pero que se enfrentará con rivales externos, y solo si en el proceso es evaluado como el mejor, será el elegido.

Franqueza en el Reclutamiento Interno

Se presentan casos en que personas de una organización, sin tener las capacidades para un cargo, se ofrecen para ocuparlo.

En esas situaciones se necesita mucha claridad y franqueza, para explicarles que no van a ser considerados por razones muy objetivas, ya que no cumplen con el perfil definido en cuanto a educación, experiencia y competencias personales.

Y a aquellos interesados que no cumplen todos los requisitos, pero se estima que tienen habilidades personales, se les puede ofrecer un programa de entrenamiento o capacitación, para desarrollar sus conocimientos y permitirles postular en futuros procesos de selección.

RECLUTAMIENTO EXTERNO

Reclutamiento Externo Tradicional

Se pueden solicitar candidatos a través de:

- Instituciones educacionales
- Institutos de capacitación
- Empresas de headhunters
- Ferias de empleo
- Organizaciones gremiales
- Empresas de outplacement
- Por contactos o referencias personales
- Archivos de postulantes previos
- Recomendaciones de los propios empleados

También se puede publicar avisos en:

- Periódicos formales, nacionales o regionales
- Revistas de gran circulación o
- Revistas especializadas en algún tema y que van dirigidas a un segmento profesional o empresarial.

Reclutamiento Externo por Internet

El reclutamiento externo de candidatos se puede efectuar a través de diversos medios de internet, tales como:

- Publicación de avisos directamente en sitios especializados de internet
- En páginas web de agencias de reclutamiento, contratando avisos o pagando por acceso a bases de datos (Ejemplo: Laborum, Trabajando.com, Buscajobs, Jobomás, Pegas Con sentido, etc.)
- Avisos en Facebook
- LinkedIn
- Twitter

- Otros

Ventajas del Reclutamiento en línea

- En general es menos costoso que el reclutamiento tradicional, siendo a veces gratuito.
- Se llega a un público más amplio, contactando un número más variado de postulantes.
- Los tiempos de respuesta son bastante más rápidos que en un esquema tradicional.
- El aspecto más complejo, según sea el caso, es el manejo de la confidencialidad, al tratarse muchas veces de sitios web abiertos a todos.

Reclutamiento con Headhunters

La contratación de una empresa de headhunters está habitualmente destinada a obtener candidatos de perfil alto, es decir postulantes a supervisores, jefes o gerentes, o a profesionales expertos en alguna materia compleja.

En este caso el costo de un headhunter puede ser relevante, pero la ventaja es que estas empresas cuentan con buenas bases de datos y contactos, y realizan una preselección de candidatos, presentando generalmente una terna, lo cual lleva a compensar el costo del headhunter con el ahorro de tiempo y con la calidad de los candidatos preseleccionados.

El Reclutamiento: primer paso en la Gestión de Personas

Un adecuado reclutamiento de personas es un primer gran paso relevante de la organización para poder lograr sus metas estratégicas.

Reclutando a los mejores postulantes se facilita la posterior selección, y se cuenta con personas con potencial para asumir cargos superiores en el futuro, y así se contribuye al logro de las metas estratégicas de la empresa.

¿VERDADERO O FALSO? – TEMAS DE RECLUTAMIENTO

- A una empresa externa de reclutamiento, con amplia experiencia en el mercado laboral, ¿puedo solicitarle postulantes al cargo de Jefe de Marketing sin necesidad de aportarle más información?
- En el reclutamiento interno, ¿puedo dejar de lado la descripción del cargo, dado que ya conozco a los postulantes?
- Si me contacto con una buena empresa de Headhunters, el acceso a una base de datos de postulantes atractivos para el puesto ¿puede ser más rápido y efectivo comparado con usar un portal de empleos de internet?

RESPUESTAS EN CAPITULO 19

Ventajas y desventajas del reclutamiento externo

Ventajas:

- el universo de reclutados es más amplio y diverso;
- las personas reclutadas pueden aportar ideas nuevas y prácticas positivas de otras empresas.

Desventajas:

- no siempre se da una buena señal a los demás trabajadores;
- puede ser más lento, y más costoso;
- las personas reclutadas no conocen la cultura organizacional;
- no se conocen bien sus aptitudes y debilidades, lo que puede implicar costos de capacitación.

Ventajas y desventajas del reclutamiento interno

Ventajas:

- se da una buena señal a los demás trabajadores;
- es estimulante dar oportunidades;
- puede ser más rápido y no tener costos;

- las personas reclutadas conocen la cultura organizacional y a los colegas de trabajo;
- se conocen bien las aptitudes y debilidades del postulante, con lo cual los requerimientos de capacitación podrían ser acotados.

Desventajas:

- el universo de reclutados es más restringido y menos diverso;
- las personas reclutadas son parte de la empresa y les será más difícil aportar ideas nuevas y prácticas positivas de otras empresas.

PROCESO DE SELECCIÓN

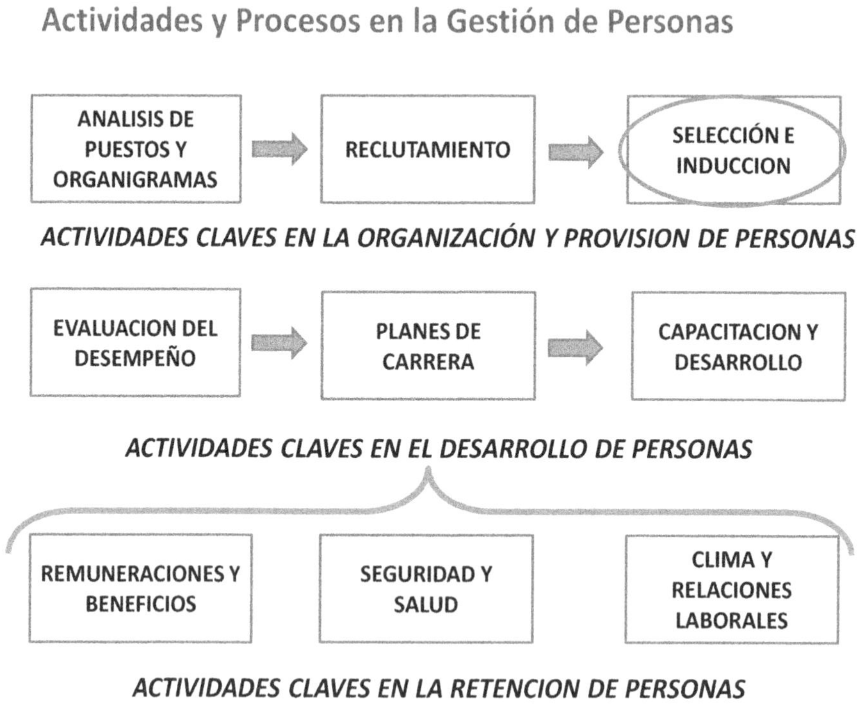

La selección también es un proceso clave

Una adecuada selección de personas es un paso clave y muy relevante de la empresa para alcanzar sus objetivos estratégicos.

Seleccionando a los mejores postulantes la empresa incorporará personas con capacidad para realizar su trabajo con excelencia y asumir cargos superiores en el futuro, y todo ello contribuirá al logro de las metas estratégicas de la empresa.

Definición y elementos para considerar

La selección es un proceso en el cual, a partir de un grupo de candidatos, la empresa debe elegir a la persona que cree que será la más adecuada para realizar una determinada labor.

Elementos para considerar en un proceso de selección:

- Aspectos legales (¿qué tipo de contrato se hará?
- Rapidez de la toma de decisiones (¿hay un plazo?)
- Jerarquía organizacional (¿quiénes decidirán?)
- Reserva o confidencialidad de candidatos
- Tipo de organización que está contratando
- Período de prueba (¿plazo fijo o plazo indefinido?

Selección Adecuada e Inadecuada

La selección adecuada nos permitirá contar con un grupo de personas competentes, de muy diversas características, con mayor o menor experiencia, con distintas edades, sexo, religión, raza, etc.

Este grupo muy diverso de personas constituirá el capital humano de una compañía, y por ello es vital hacer una buena selección, para encontrar las personas adecuadas para cada cargo.

Una selección inadecuada será fuente de conflictos, mal desempeño, costos adicionales, y problemas de diverso tipo.

Una buena selección de personas es vital, ya que da grandes posibilidades a una organización para lograr sus metas estratégicas.

Seleccionando al mejor postulante se obtendrán buenos resultados en su rendimiento laboral, serán menores las necesidades de capacitación, se contará con personas con potencial para asumir cargos superiores, disminuirá la rotación, y todo ello contribuirá a un mejor clima laboral.

9 actividades para abordar adecuadamente los procesos de reclutamiento, selección e inducción

1.-Detección de la necesidad de llenar una vacante existente o de crear un puesto nuevo (por ejemplo, por un mayor volumen de negocios o por cambios en la estructura organizacional) todo ello según el plan estratégico de la empresa

2.-Definición concreta de la descripción del cargo.

- Misión del cargo
- Trabajos específicos
- Resultados esperados
- Educación y experiencia requeridas
- Competencias necesarias para el cargo
- Etc.etc.

3.-Definición acotada del perfil educacional, la experiencia y habilidades o competencias indispensables de las personas que participarán en el proceso.

4.-Organizar y supervisar los métodos de reclutamiento de candidatos, definiendo si habrá reclutamiento interno, externo o mixto.

5.-Determinar quiénes de los gerentes y jefes participarán en las entrevistas individuales y/o grupales, además del área de gestión de personas, y cómo y quiénes tomarán la decisión final.

6.-Decidir si se efectuarán exámenes psicológicos, físicos o de otra índole, como por ejemplo el dominio de idiomas.

7.-Comunicar y enfatizar a los entrevistadores los criterios de las entrevistas: debe basarse en la calidad profesional, en las competencias personales, educación, experiencia anterior, en la capacidad de adecuarse al cargo y a las estrategias de la empresa, y en el potencial del postulante para asumir nuevos cargos en el futuro.

8.-Poner énfasis en que los nuevos empleados seleccionados, por sus características, estén alineados de alguna forma con la cultura organizacional de la empresa.

9.-Establecer un programa de inducción para la persona elegida.

Etapas del proceso de reclutamiento, selección e inducción

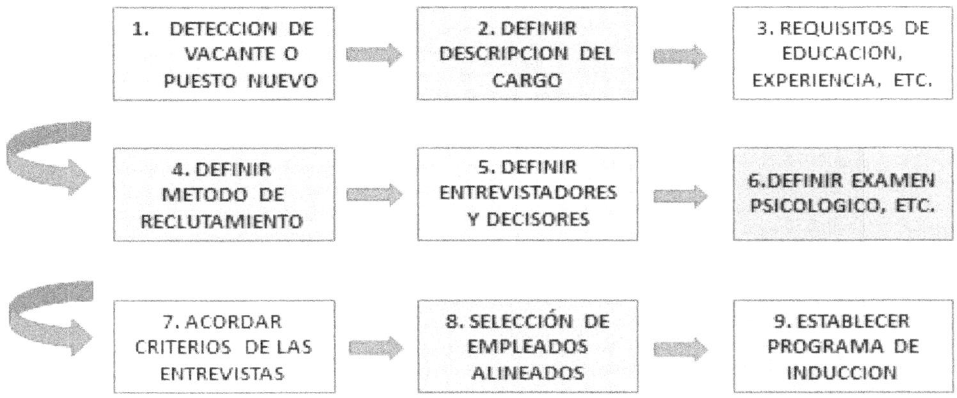

Las personas seleccionadas deben ser capaces de adecuarse y contribuir a las estrategias y objetivos claves de la compañía

TEMA DE DISCUSIÓN: RECLUTAMIENTO Y SELECCIÓN DE JÓVENES

- ¿Ventajas y desventajas de reclutar y seleccionar personal joven (25 a 30 años)?

Ventajas:

- ¿son más idealistas?;

- ¿están más comprometidos con causas solidarias y sociales?;
- ¿muchos son proclives a compensaciones no económicas?;
- ¿son más flexibles en diversos aspectos?

Desventajas: ¿tienen poco compromiso de Largo Plazo?

- D E B A T E

Generación	Tradicionalista	Baby Boomer	Generación X	Millennial
Edad actual	Más de 65 años	46-64	34-45	13-33
Liderazgo por	Jerarquía	Consenso	Competencia	Participación y conciliación
Actitud	Práctico	Optimista	Escéptico	Colaborador
Actitud frente al trabajo	Dedicado	Enfocado	Busca balance	Busca libertad
Actitud frente a la autoridad	Respeto	Amor / odio	Distancia y autonomía	Cuestionamiento
Relación en la organización	Sacrificado	Gratificación personal	Poco dispuesto al compromiso	Ganar-ganar
Aspiración vital	Sobrevivir	Vivir mejor	Tener "vida personal"	Encontrar sentido a la vida

Formalización de este proceso de selección:

Es fundamental establecer un proceso formal a través del cual:

- Los postulantes seleccionados en el reclutamiento llenan una Solicitud de Empleo.

- Las áreas actúan coordinadas con Gestión de Personas, que habitualmente realiza la Entrevista Preliminar
- Se establece secuencialmente quiénes por el lado de la empresa participarán en el proceso (siguientes entrevistas)
- Se reafirman los objetivos del cargo al que se postuló
- Se fijan los exámenes y antecedentes que se solicitarán a cada postulante
- Se determina quiénes aprobarán la contratación y remuneración del candidato(a) elegido(a)

¿VERDADERO O FALSO? – TEMAS DE SELECCIÓN

- En un proceso de selección de candidatos(as) externos(as), las recomendaciones y referencias de los(as) candidatos(as) son menos relevantes que considerar la descripción del cargo.

- Seleccionar a un(a) candidato(a) interno(a) tiene la ventaja de que no será necesario capacitar al trabajador seleccionado(a), dado que ya conoce la empresa.

- Al llegar a un acuerdo de reclutamiento con una empresa de Headhunters no es necesario especificar el sueldo que se ofrecerá a los postulantes, ya que esa es una materia confidencial que será informada cuando se entreviste individualmente a cada persona.

RESPUESTAS EN CAPITULO 19

¿Cuánto cuesta una mala selección?

Le cuesta mucho dinero a una compañía. Esto queda representado por ejemplo en:

- Salarios y beneficios pagados a la persona mal seleccionada
- Gasto y tiempo empleado en entrenamiento
- Gastos de todo el proceso de reclutamiento y selección
- Proyectos mal realizados dentro de las labores de la persona inadecuada

- Atrasos en los trabajos

- Servicio ineficiente a clientes
- Conflictos laborales y personales por ineficiencias
- Etc.

C A S O P R A C T I C O - C A N D I D A T O S Y E N T R E V I S T A S

La Empresa Comercial RTM le solicita a una Agencia de Selección de Personal que le envíe tres candidatos para el puesto de Jefe de Investigación de Mercados. Luego de las entrevistas hechas por Gerentes de la empresa, ningún candidato resultó aprobado.

¿Qué debe hacer la Empresa Comercial RTM?

RESPUESTAS EN CAPITULO 19

Caso Práctico de Reclutamiento:

Administradora de Inversiones Proyección

Administradora de Inversiones Proyección había sido fundada hacía veinte años y en ese período había captado a numerosas personas que la habían elegido para invertir sus ahorros. Administradora de Inversiones Proyección tenía una muy buena participación de mercado. A sus inversionistas los atendía en diversas sucursales y por internet.

Daniela, Gerente de Finanzas, tenía a su cargo varios departamentos, entre los cuales estaba el área de Análisis de Inversiones de la Administradora de Inversiones Proyección, que contaba con diez empleados: un jefe de análisis de inversiones, una supervisora, cuatro analistas de inversiones y cuatro analistas del mercado de renta variable y renta fija.

Mauricio, el jefe de análisis de inversiones, a mediados de año, presentó su renuncia voluntaria ante Daniela, la Gerente de Finanzas, argumentando que había recibido una excelente oferta económica de un gran banco, en el cual su remuneración sería considerablemente superior a la actual. La renuncia se haría efectiva dentro de treinta días.

Algo sorprendida por el aviso, Daniela procedió a aceptar la decisión de Mauricio, y le comentó que iniciaría de inmediato una búsqueda para reemplazarlo.

La actual supervisora de análisis de inversiones era Mariana, quien reportaba directamente al renunciado Mauricio. Cuando se enteró de la renuncia de su jefe pensó que tal vez ella sería una buena alternativa para reemplazarlo. Había trabajado allí desde hacía cinco años y conocía bien las operaciones financieras y las estrategias de inversión de Administradora de Inversiones Proyección.

Mariana se había desempeñado al principio, durante dos años, como asistente de análisis de inversiones en Administradora de Inversiones Proyección y en los últimos tres años ocupaba el puesto de supervisora del departamento, siendo la mano derecha de Mauricio, a quien reemplazaba en sus vacaciones, permisos o ausencias. Mariana, quien era titulada de Ingeniería Comercial, tenía además la plena confianza de la Gerente de Finanzas, la cual en muchas ocasiones le consultaba directamente sus dudas o le pedía opiniones financieras y económicas.

Ante la renuncia presentada, Daniela solicitó una reunión y se juntó para comentar el tema con Santiago, el Gerente General, y Ricardo, Gerente de Gestión de Personas. Les manifestó que, a su juicio, la supervisora de área, Mariana, conocía bien el trabajo que hacía Mauricio y podría asumir en ese cargo. Pero Santiago le dijo que tenía muchas dudas, ya que creía que Mariana era un poco tímida y que su liderazgo ante el grupo podría ser muy débil. El Gerente General le dijo que prefería contratar a un jefe proveniente del mercado, o sea de otra empresa, para lo cual le dijo a Ricardo que había que contactar a PRO-SELECT, una agencia de reclutamiento y selección de personal con la cual trabajaban habitualmente.

En una conversación formal, Daniela, la Gerente de Finanzas, le dijo a Mariana que, ante la próxima partida de Mauricio, necesitaba como siempre de todo su apoyo en el trabajo del área, especialmente en este período de transición, y le

comunicó también que por orden del Gerente General se había iniciado un proceso de reclutamiento y selección con una agencia externa de selección, para encontrar un nuevo jefe, y que esperaba tener un reemplazo para Mauricio dentro de un mes como máximo.

El seleccionado por la empresa de selección externa para el cargo de jefe de análisis de inversiones fue Esteban, quien posteriormente fue entrevistado y aprobado por la Gerente de Finanzas y por el Gerente General de Administradora de Inversiones Proyección. Esteban tenía una trayectoria laboral en los últimos seis años como subjefe de inversiones en una Corredora de Bolsa y anteriormente estuvo tres años en el cargo de subjefe de Finanzas en una compañía de seguros de vida. Para Esteben este cambio implicaba un cargo más alto y un sueldo más alto.

En los primeros meses, Mariana, junto con los trabajos del día a día, dedicó una parte importante de su tiempo a informar a Esteban, su nuevo jefe, sobre las particularidades y procedimientos que se seguían en las inversiones en Administradora de Inversiones Proyección. Sin embargo, al realizar dicha tarea de apoyo al nuevo jefe, Mariana se preguntaba, con cierta frustración, por qué razón la Gerente, Daniela, no la había promovido a ella a ese cargo, considerando su trayectoria, sus amplios conocimientos y sus buenas evaluaciones de su desempeño.

PREGUNTAS:

1. **¿Qué le parece el proceso de reclutamiento realizado en la empresa?**
2. **¿Cómo evalúa lo que hizo en este caso la Gerente de Finanzas, Daniela?**
3. **¿Qué opina del rol, participación y decisiones del Gerente General y del Gerente de Gestión de Personas?**

CAPÍTULO 6

SELECCIÓN E INDUCCION

CAPÍTULO 6 : SELECCIÓN E INDUCCION

Ventajas de una buena selección

Ventajas de una buena selección

Aumento de la eficiencia y la productividad. El trabajador más eficiente es dos o más veces más productivo que el menos eficiente. La organización se beneficiará al contratar buenos colaboradores.

Se consigue un tiempo de entrenamiento y capacitación reducido. El entrenamiento y capacitación son complicados y costosos, por ello la velocidad con la que un individuo aprende su nuevo cargo es cada vez más importante.

Aumento del tiempo de los jefes para analizar, planificar y dirigir. Un gerente debe planear, organizar y controlar su área. Esto es más difícil cuando se debe pasar apagando incendios ocasionados por el mal desempeño.

Disminución de la rotación de personal. Hay un gran costo detrás de la rotación de personal. Una buena selección nos garantiza la disminución de la rotación.

Resumen sobre cómo mejorar el proceso de selección

Para ser exitosos, es muy relevante efectuar las siguientes actividades:

- Definir bien y formalmente la descripción y el perfil del cargo.
- Ser rigurosos y criteriosos en el sistema de entrevistas.
- Entrenar a los entrevistadores y clarificarles los objetivos.
- Reforzar el concepto de profesionalismo en la selección.
- Recalcar las áreas y requisitos más importantes del cargo.
- Utilizar una guía de entrevista.

Entrevistas de selección: ¿por qué y cómo hacerlas?

Conocer directamente a los postulantes es imprescindible.

Una reunión personal, cara a cara, con quien es candidato a un cargo, no puede reemplazarse con fotografías, videos, correos electrónicos, referencias u otros medios electrónicos.

Dichos medios no reemplazan a las entrevistas en persona. Una reunión personal permite al entrevistador conocer mucho más a los postulantes, observar su forma de expresarse, sus convicciones, sus sueños y temores, sus gestos, escuchar su voz, etc.

Es importante que en las entrevistas participe el jefe directo de quien ingresará, el gerente general y/o el de la función correspondiente (ventas, finanzas, etc.), el área de Gestión de Personas y eventualmente algún otro Gerente de la empresa que pueda dar una visión externa al proceso mismo.

Se aconseja que las entrevistas sean presenciales y técnicas y que permitan determinar las reales habilidades de la persona y completar el proceso con un examen psicológico y con referencias laborales de otras empresas donde haya trabajado el postulante.

Entrevistas de selección: ¿qué preguntar?

Las entrevistas no deben ser impertinentes.

Debe respetarse a todos los candidatos.

Enfocarse en:

Si su educación y estudios son aplicables al trabajo ofrecido

Conocimientos que posee para desempeñar el cargo

Experiencia laboral relacionada con la labor que realizará

Comportamiento anterior frente a problemas específicos

Habilidades o competencias para el puesto que ocupará

Aspiraciones de carrera

Elementos claves a considerar en las entrevistas:

Elementos claves a considerar en las entrevistas:

Es crucial identificar los requisitos más importantes del puesto

Las competencias son las habilidades indispensables para desempeñar un cargo.

Es clave identificar cuáles son las competencias más importantes del cargo, con el fin de poder hacer preguntas de comportamiento acerca de esas habilidades específicas y determinar si el postulante cumple con los requisitos.

¿ES SIEMPRE NECESARIO ENTREVISTAR?

Dos egresadas de Ingeniería Comercial, aficionadas a la gastronomía, deciden abrir un par de locales de comida para llevar a domicilio. Una amiga, que lleva cuatro años en este negocio, y dice conocer el mercado, les dice que, para partir, les ofrece contactarlas con dos personas que le han recomendado para atender público y con otras dos personas que ella dice conocer bien para trabajar en la cocina.

En este caso, tratándose de una microempresa, que recién comienza, **¿es necesario entrevistar a dichas personas? ¿sería útil o innecesario un proceso de reclutamiento y selección? ¿por qué?**

RESPUESTAS EN CAPITULO 19

Tipos Generales de Entrevistas según cómo se estructuran

Según R. Wayne Mondy, los tipos de entrevistas pueden clasificarse en tres tipos:

- Entrevistas No Estructuradas
- Entrevistas Estructuradas
- Entrevistas Conductuales

Entrevista no estructurada:

El entrevistador hace preguntas abiertas y de sondeo: Cuénteme sobre usted; dígame sus fortalezas principales, etc.

Es amplia y se motiva al candidato a que se explaye.

Son entrevistas de mayor duración.

Se obtienen informaciones y resultados diferentes a partir de distintos candidatos.

Al tratarse temas muy amplios, se puede caer en problemas de discriminación involuntariamente.

Entrevista estructurada:

El entrevistador hace la misma serie de preguntas relacionadas con el trabajo a todos los candidatos a un puesto en particular.

Este tipo de entrevistas aumenta la confiabilidad y la objetividad, reduciendo aspectos subjetivos o inconsistentes.

Tipos de preguntas: situacionales, de conocimiento del puesto, de simulación y de requisitos del empleado.

Tipos de preguntas en entrevistas estructuradas:

1 preguntas situacionales: plantean una situación típica de empleo para determinar cómo actuó el candidato en una situación similar.

2 preguntas de conocimiento del puesto: averiguar los conocimientos del candidato para desempeñar el puesto: educación que ha tenido, enseñanza científica, de economía o de administración de empresas, etc.

3 preguntas de simulación de una muestra del trabajo: el candidato debe responder concretamente sobre cómo realizar las tareas.

4 preguntas de requisitos del puesto: preguntar al candidato si está dispuesto a trabajar en tareas repetitivas, o muy agotadoras, o si está dispuesto a mudarse de ciudad, etc.

ENTREVISTA A UN CANDIDATO A GERENTE DE FINANZAS

¿Qué tipo de pregunta es...?

- **¿Por qué le interesa este trabajo?**
- **¿Qué habilidades tiene usted para desempeñarse bien en esta empresa?**
- **¿En qué consiste un portafolio equilibrado de inversiones?**
- **¿Qué tipo de puesto le interesaría desempeñar en el futuro?**
- **¿Qué ha hecho usted frente a un flujo de caja negativo?**
- **¿A dónde ha viajado este último año?**

RESPUESTAS EN CAPITULO 19

Conveniencia o no de incorporar una entrevista estructurada en un proceso de selección.

A favor: entrega más antecedentes, permite sondear experiencias pasadas y relación con clientes (orientación al cliente), y como gran ventaja permite comparar distintos postulantes.

En contra: Tiempo y costo para diseñar los cuestionarios, se deben identificar y acordar los temas o criterios relevantes que deben incorporarse en el cuestionario, lo que hace más complejo el proceso de selección.

Entrevistas conductuales:

Una entrevista conductual es de tipo estructurado.

Se pide a los candidatos que relaten incidentes reales de su pasado laboral que sean relevantes para el puesto al cual postulan.

El comportamiento pasado es un buen instrumento de predicción del comportamiento futuro.

Se centra en hechos y experiencias concretas, más que en pedir opiniones o hablar de sí mismos.

Se diseñan preguntas para probar las habilidades de los candidatos para trabajar bajo presión, para trabajar en equipo y para resolver conflictos.

Preguntar sobre el comportamiento pasado

Cuando hacemos preguntas de comportamiento, nosotros debemos buscar en las respuestas del candidato aquellas que:

Conducirán a conocer las acciones desarrolladas por el candidato

Explicarán por qué actuó así

Permitirán colocar la acción en un contexto

Conoceremos los pasos que tomó para completar un trabajo

Cambios que las acciones del candidato causaron en las situaciones o tareas

Se comprenderá si las acciones fueron eficaces o no

Si se lograron resultados positivos y/o negativos

Métodos de Entrevistas de selección según número y tipo de entrevistadores

Entrevista personal: entrevista típica de un candidato ante un entrevistador.

Entrevista de panel: varios representantes de la empresa entrevistan a un postulante.

Entrevista grupal: varios postulantes son entrevistados simultáneamente por dos o más representantes de la compañía.

Entrevistas múltiples: los postulantes son entrevistados por futuros compañeros de trabajo, por futuros jefes y subordinados. Estas entrevistas deben ser muy bien organizadas. Empresas como Amazon, IBM y Motorola las han utilizado con éxito.

Ejemplo de selección grupal

1 se cita a cuatro o cinco postulantes a la misma hora y se les ubica en una sala de reuniones, sentados en torno a una mesa tipo directorio.

2 en la misma sala, a cierta distancia de la mesa, estarán presentes los observadores.

3 se le entregan diversos periódicos o informes impresos, por ejemplo, con noticias económicas o financieras, a cada uno de los postulantes y se les pide que elijan una noticia o tema, lo lean durante unos diez minutos y luego hagan una exposición oral de cinco minutos ante los demás postulantes, y ante los observadores, acerca de lo que leyeron y su análisis.

4 a continuación se entrega una hoja con un caso acerca de una empresa que ha adoptado diversas estrategias, pero ha fracasado repetidamente. Se les da diez minutos a los candidatos para leer el caso y luego se inicia una discusión libre entre todos ellos, en la cual deben argumentar qué falló y qué debiera hacer esa empresa para resolver su problema.

5 terminadas estas dos etapas, los observadores deliberan y proceden a elegir a los dos mejores candidatos, a los cuales podrán hacerles una entrevista individual para conocer más acerca de ellos.

Las ventajas de este proceso grupal son:

Permitirá ahorrar tiempo de entrevistas al hacer participar simultáneamente a varios entrevistadores. Y permitirá a los observadores conocer y comparar de inmediato las conductas y habilidades de cada candidato.

Reunión de entrevistadores

Después de que todos los entrevistadores han hablado con los candidatos, se realiza una reunión de todos ellos. En esta reunión se hace lo siguiente: Cada entrevistador da su opinión sobre cada uno de los candidatos, ventajas y desventajas de cada uno, y una calificación para cada competencia o habilidad. Se analizan las diferencias de opiniones entre los entrevistadores.

Por último, se hace un perfil de los aspectos más positivos y negativos de los postulantes.

¿VERDADERO O FALSO? - Entrevistas de Selección

- Un profundo análisis de los estudios universitarios y otros cursos a los que ha asistido un(a) candidato(a) nos permiten predecir la capacidad que tendrá para adaptarse a nuestra empresa.
- Una entrevista no estructurada permite explayarse a las personas y así poder conocer mejor cómo reaccionará para enfrentar los problemas que tendrá en su futuro puesto en la empresa.

RESPUESTAS EN CAPITULO 19

Exámenes físicos, psicológicos y de otros tipos

Hay empresas que incorporan en el proceso de selección los exámenes físicos y/o psicológicos pertinentes al cargo.

En ningún caso la selección debiera basarse exclusivamente en los exámenes físicos o psicológicos.

Las entrevistas presenciales son insustituibles: los ejecutivos, gestión de personas y el futuro jefe directo son quienes mejor pueden determinar el postulante más adecuado para el cargo.

En aquellos cargos en donde existe mucha relación laboral con otras personas es bueno practicar un examen psicológico, en donde se evalúen las competencias que sean pertinentes.

Selección y discriminación

El proceso de seleccionar a una persona para un cargo conlleva un cierto tipo de discriminación laboral.

Al elegir a una persona de hecho se está discriminando, ya que se consideran una serie de atributos personales, tales como, educación, experiencia, y habilidades.

Hay, sin embargo, otro tipo de discriminaciones que no son aceptadas: entre otras, de tipo racial, religioso, político, de condición social, de género, de edad, etc. y son ampliamente rechazadas.

Selección y conflictos de interés

Al seleccionar a una persona es también importante tener presente la posible existencia de conflictos de interés.

Hay muchas empresas que prohíben contratar a parientes directos de empleados, o incorporar personas que tengan algún pariente directo trabajando en una empresa de la competencia, o si es el mismo postulante quien es socio, o tiene alguna relación comercial o legal con una empresa de la competencia.

El programa de inducción y socialización

¿Qué es el programa de inducción y socialización?

Cuando un candidato es finalmente seleccionado, la empresa debe establecer un programa de inducción y socialización.

Esto implica un plan para ayudar al recién ingresado a conocer los negocios de la empresa, sus operaciones, sus actividades y, lo más importante, su gente.

Se programarán entrevistas con las personas claves con las cuales tendrá interacción y, si fuera aplicable, se planificará hacer visitas y presentarle a clientes y/o proveedores externos.

Este programa es coordinado entre el área de gestión de personas y el Gerente de la División en la cual trabajará el nuevo integrante.

Su duración es variable, pero puede ser de aproximadamente entre dos y diez días, ya que incluso puede implicar visitas a sucursales u oficinas en otras ciudades o en otros países.

Este programa será habitualmente más extenso mientras más alto o más complejo sea el cargo que va a ocupar el nuevo integrante de la organización.

Aunque se trate de un reclutamiento interno, es igualmente útil llevar a cabo este programa.

Ventajas del programa de inducción

Es muy importante que se inviertan varios días y que un nuevo trabajador pase por este programa de inducción.

Un nuevo empleado que asista al programa:

- Sabrá la misión, la visión y los objetivos de la compañía
- Conocerá el organigrama y las personas claves
- Entenderá mejor el negocio de la empresa
- Podrá conocer y entender los servicios y/o productos que se comercializan
- Será informado acerca de las políticas y procedimientos

Todo ello le permitirá iniciar mejor orientado su trabajo, con menos dudas y sabiendo información importante para poder trabajar mejor.

Un ejemplo de programa típico de inducción para un cargo de Supervisor de Ventas podría ser el siguiente:

DIA UNO:

Entrevista con Gerente General de la empresa: cultura y prácticas, metas estratégicas

Entrevista con Gerente Comercial y/o Gerente de Ventas

Presentación de la empresa: historia, misión, valores, objetivos, organización actual, resultados, productos, publicidad, etc.

Recorrido por las instalaciones o espacio físico de la compañía

Reunión con área de Gestión de Personas: beneficios y servicios que otorga la empresa, reglamentos, políticas

DIA DOS:

Reunión con Gerente de Marketing y gerentes de producto

Presentación detallada de los productos y/o servicios que se ofrecen

Visita a la(s) bodega(s) de la empresa

Reunión con áreas de producción e importaciones

DIA TRES:

Reunión con Gerente de Ventas y/o Subgerente de Ventas

Reunión con vendedores

Visitas a terreno para conocer clientes en compañía del Gerente de Ventas y/o Subgerente de Ventas

DIA CUATRO:

Reunión con área financiera, y ejecutivos de créditos y cobranzas: políticas de crédito y cobranzas, temas financieros

Continuación de visitas a terreno para conocer clientes

Causas del aumento de despidos y renuncias que se originan en los procesos de atracción de personas

Muchos de los despidos y renuncias tienen relación con los procesos de atracción de personas (reclutamiento, selección, inducción)

- Si las descripciones de cargos, que sirven como información de entrada para el proceso de **reclutamiento y selección** se encuentran desactualizadas o bien presentan errores o son insuficientes, sin duda repercutirá negativamente en el diseño de los procesos.
- Si la empresa no está realizando el **programa de inducción** de sus empleados, lo cual es absolutamente fundamental considerando que es la primera capacitación que reciben los empleados de la organización, en donde conocen aspectos altamente relevantes de la empresa.
- Si es que hay un mal diseño de las **pruebas de selección**, como por ejemplo las entrevistas mal hechas, desenfocadas y no estructuradas, que afectaron la elección de candidatos.

CUESTIONARIO

1.-Defina en qué consiste el proceso de reclutamiento.

2.-Una gran empresa decide utilizar solo el reclutamiento externo. Mencionar cuatro desventajas de no utilizar reclutamiento interno.

3.-Con respecto al reclutamiento externo tradicional, mencione cuatro organizaciones o métodos que pueden utilizarse para solicitar candidatos.

4.- Un emprendedor publica un aviso en Internet que dice: "Necesito un Encargado de Contabilidad para pequeña organización. Requisito: experiencia en Contabilidad. Enviar currículo a SeleccionABC@gmail.com". Mencionar cuatro errores de este aviso.

RESPUESTAS EN CAPÍTULO 19

Caso práctico de Reclutamiento y Selección

Compañía Forestal Santa Rosa

La Compañía Forestal Santa Rosa opera en el negocio forestal y maderero. Las exportaciones de esta empresa consisten en: a) madera elaborada, partes y piezas de madera; b) madera aserrada, tableros y celulosa; y c) manufacturas de papel y cartón. Sus ventas principalmente se realizan a mercados europeos y asiáticos.

Es sin duda fundamental para Forestal Santa Rosa administrar con eficacia el proceso de exportaciones, el cual incluye numerosas obligaciones: planificar las existencias o inventarios con los volúmenes solicitados por los clientes extranjeros, coordinarse con el área comercial de exportaciones, y efectuar toda la tramitación de permisos y certificados necesarios para las operaciones, además de coordinar toda la logística del transporte y seguros involucrados.

En los últimos tres años, Forestal Santa Rosa ha tenido un gran éxito y un notable crecimiento de sus exportaciones. Los clientes extranjeros se

duplicaron, el número de productos exportados creció significativamente y aumentaron mucho las operaciones de exportación mensuales.

Arturo, gerente general, y Lucía, gerente de finanzas, frente a esta significativa carga de trabajo, se reunieron y decidieron crear el nuevo cargo de jefe de exportaciones.

Después de analizar el tema, acordaron que este nuevo jefe debería planificar y dirigir todo el proceso de exportaciones, con la ayuda de Carlos, actual Asistente de Comercio Exterior, quien, siendo un buen y leal trabajador, era solo un soporte administrativo, y estaba colapsado en sus labores, por el aumento de operaciones.

Arturo, gerente general, le comentó a Lucía, gerente de finanzas, que Myriam, la jefe de personal, ya había recibido dos currículums de la Empresa de Reclutamiento Crisol, con la cual se contactaba ocasionalmente para obtener postulantes.

Gustavo había enviado uno de los currículums. Él era titulado de Técnico en Comercio Exterior, tenía dominio avanzado del idioma inglés y trabajaba desde hacía cinco años en el área de Comercio Exterior de un importante banco.

El otro currículum era de Juan José, Contador Auditor, que tenía dominio avanzado de inglés y de francés, y tenía un año de experiencia como Encargado de Exportaciones en una compañía minera de tamaño mediano.

El gerente general y la gerente de finanzas de la empresa Forestal Santa Rosa, Arturo y Lucía, decidieron entrevistar cada uno por separado a los postulantes Gustavo y Juan José, por medio de entrevistas individuales y no en conjunto. Cada gerente se reunió a solas con cada candidato.

Juan José expresó, en cada entrevista individual, con cada gerente, que tenía experiencia en exportaciones tras un año de trabajo en la compañía minera, y que le interesaba seguir aprendiendo y perfeccionarse en exportaciones y le parecía muy interesante trabajar en el rubro forestal, al cual conocía indirectamente, ya que su padre había sido Gerente de una empresa agrícola durante casi veinte años.

Gustavo, por su parte, dijo, en cada entrevista individual, con cada gerente, que deseaba cambiarse de empresa ya que aspiraba a tener un mejor sueldo respecto al que recibía en el banco. El postulante demostró tener buenos conocimientos sobre temas financieros y administrativos y de las normas de comercio exterior sobre exportaciones. A los dos gerentes les pareció una persona competente y responsable, con experiencia en exportaciones y con un buen dominio del inglés.

Después de las entrevistas, Arturo y Lucía tuvieron una conversación y le informaron a Myriam, la jefe de personal, que Juan José era un buen postulante ya que conocía el negocio de exportaciones, pero que en definitiva habían decidido seleccionar a Gustavo para el nuevo cargo de jefe de exportaciones, porque tenía más años de experiencia en los trámites y normas de exportaciones y les pareció algo más maduro en sus respuestas.

A Myriam le dijeron que era necesario que lo citara a una entrevista, para que Gustavo le entregara sus datos personales y que ella debía ofrecerle como sueldo la suma que ya había sido acordada entre el gerente general y el gerente de finanzas. Gustavo se reunió con Myriam y aceptó entusiasmado el sueldo que le fue ofrecido, ya que era de aproximadamente un 50% superior al que obtenía en su trabajo en el banco.

Gustavo, en los primeros meses, hizo una buena labor en Forestal Santa Rosa, con la ayuda del asistente, ordenando los registros y carpetas de exportación y planificando y controlando los trámites y certificados para cada operación de exportación.

Pero a los ocho meses de haber asumido Gustavo en el nuevo cargo, la gerente de finanzas y el gerente general comenzaron a recibir quejas de otras áreas de la compañía, y pudieron constatar que se estaban produciendo una serie de problemas en las exportaciones, como, por ejemplo: errores en la planificación de los embarques, descoordinación en el abastecimiento de insumos e incremento en los costos de transporte.

Para analizar la situación, Arturo y Lucía se reunieron con Gustavo y con Myriam, la jefe de personal. En dicha reunión, Gustavo reconoció que los problemas existían y que se estaban acumulando, admitió su falta de experiencia en la coordinación con el área de ventas y con los clientes extranjeros. Sin embargo, argumentó que estaba aprendiendo esas tareas lo más rápido que le era posible y también sugirió como parte de la solución contratar a un segundo asistente de exportaciones.

PREGUNTAS

1).-Analice y evalúe paso a paso el proceso de reclutamiento llevado a cabo en Forestal Santa Rosa. Evalúe aspectos positivos y negativos. Indique, además: ¿qué se debería haber hecho en Forestal Santa Rosa para que dicho proceso fuera adecuado y positivo?

2).-Analice y evalúe en detalle el proceso de selección y entrevistas realizado. ¿Cree usted que Gustavo fue una buena o errónea selección? Explique, además, en concreto: ¿qué se debería haber hecho en Forestal Santa Rosa para que estos procesos fueran un éxito?

RESPUESTAS EN CAPÍTULO 19

Caso práctico de Inducción: Empresa Promo Five Stars

Carmen Gloria, Gerente General de Promo Five Stars, una importante empresa productora y comercializadora de artículos promocionales, se reúne con el Directorio de su empresa y afirma lo siguiente:

Como ustedes saben, Rodrigo fue contratado por nuestra empresa hace seis meses para el cargo de Gerente de Producción, reportando directamente a mí. Yo considero que no ha respondido a las expectativas. Él tenía un muy buen currículum. Se pidieron referencias laborales a su anterior empleador y eran bastante buenas.

Para ayudarlo he tomado varias medidas, se le ha dado coaching, orientación, consejos, etc. pero después de seis meses puedo ver que no está acercándose a las metas que le di al comenzar su labor, no lo veo bien integrado a la empresa, las personas que son sus subordinados se ven inseguros en su relación con él, y sus colegas de otras áreas dicen que es algo distante y no se comunica mucho con ellos.

Una posibilidad que tenemos es despedirlo, pero quisiera darle una oportunidad, darle más tiempo tal vez.

PREGUNTAS

¿Qué preguntas y sugerencias pueden hacerse a la Gerente General de Promo Five Stars?

¿Debería pedirse un informe al Gerente de Gestión de Personas? ¿Qué debiera contener dicho informe?

RESPUESTAS EN CAPÍTULO 19

CAPÍTULO 7

EVALUACIÓN DEL DESEMPEÑO Y GESTION DE TALENTOS

CAPÍTULO 7

EVALUACIÓN DEL DESEMPEÑO Y GESTION DE TALENTOS

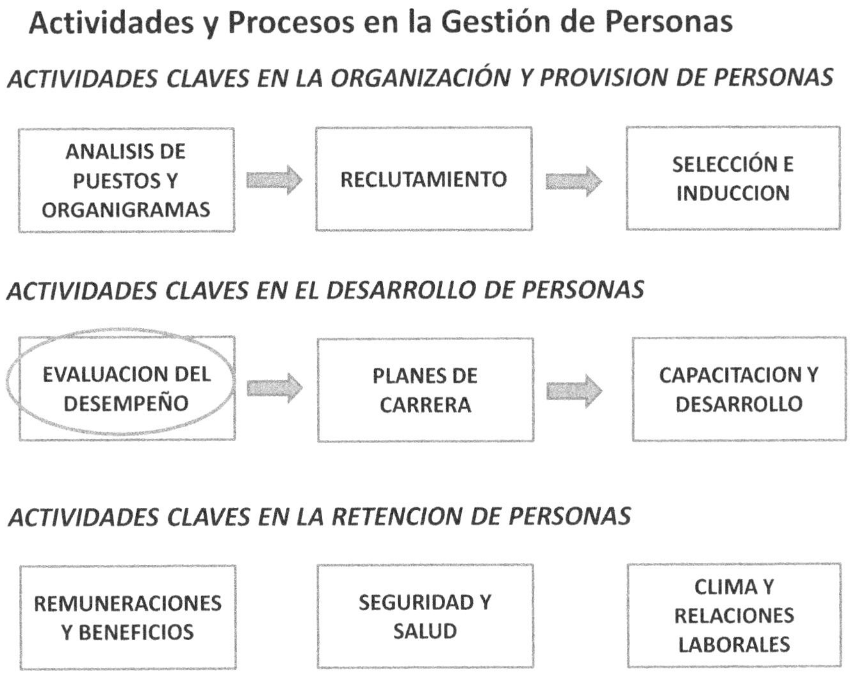

EVALUACION DEL DESEMPEÑO

¿Qué es la Evaluación del desempeño?

La evaluación del desempeño está directamente relacionada con los objetivos de la empresa y de cada puesto de trabajo en particular. Es un proceso formal y necesario para la organización, ya que permite comprometerla con la implementación exitosa de procedimientos y operaciones destinados a incrementar la eficiencia de los empleados, de las áreas de trabajo y de la organización como un todo.

La evaluación del desempeño permite medir y valorar el trabajo de cada persona.

Los datos obtenidos en la evaluación del desempeño son potencialmente valiosos y útiles en:

- Planeación de recursos humanos
- Reclutamiento y selección
- Capacitación y desarrollo
- Planes de carrera
- Remuneraciones e incentivos

Conceptos básicos de la Evaluación del desempeño

Consiste en la medición del desempeño de un trabajador en un período definido, generalmente un año.

La medición la efectúa el jefe directo.

Se consideran los logros del empleado durante el período en comparación contra los objetivos cuantitativos y cualitativos que le fueron asignados a la persona al inicio del año.

Esta evaluación se relaciona con cambios de remuneraciones, incentivos, promociones a cargos superiores, determinación de necesidades de capacitación, entre otros efectos.

Y si el desempeño es evaluado como muy insuficiente, podría implicar la desvinculación de un empleado.

Cómo efectuar la evaluación del desempeño

Una empresa debe realizar en forma planificada, objetiva y periódica un proceso uniforme de evaluación del desempeño.

Si no lo hace, corre varios riesgos, como veremos.

Si la evaluación en cada sección o división es hecha en forma distinta, con diferentes exigencias y con métodos de evaluación subjetivos, llevará a evidentes injusticias e incoherencias, y a posibles conflictos.

Un proceso de evaluación uniforme, trasparente y objetivo es muy importante para la administración de los recursos humanos de una empresa, con criterios de medición objetiva, desarrollo de carrera y motivación.

¿VERDADERO O FALSO?

1.-Una muy buena forma de evaluar a una persona es fijarle metas semanales y controlar semanalmente si ha cumplido con lo que se le dio como trabajos y metas para esa semana

2.-Mientras la descripción de cargo es útil para reclutar y seleccionar, la evaluación del desempeño también tiene relación con dicha descripción, ya que en ella puedo encontrar los trabajos que deben hacerse y resultados esperados.

3.-Si una persona es mal evaluada, la causa fundamental de ese problema es que dicha persona fue mal seleccionada.

RESPUESTAS EN CAPITULO 19

Etapas del proceso de evaluación del desempeño

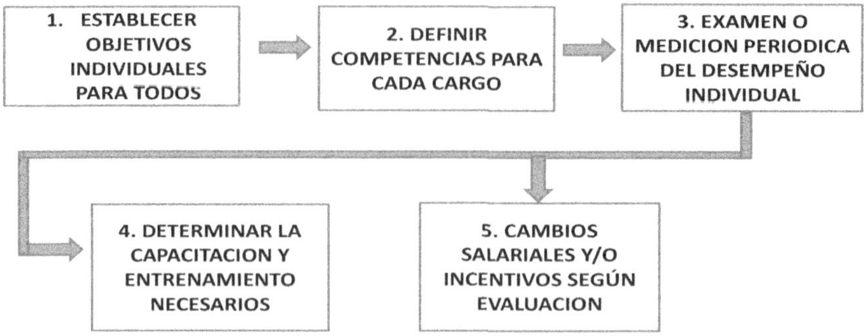

Cinco etapas del proceso de evaluación del desempeño

Una empresa debe entonces realizar un proceso formal y uniforme de evaluación del desempeño, el cual contemplará 5 etapas:

1.-Establecer objetivos y metas anuales y trimestrales para todo el personal de la empresa, incluyendo objetivos numéricos o cuantitativos, y metas cualitativas que sean objetivamente medibles, alcanzables y evaluables;

2.-Formalización de las competencias individuales (iniciativa,

creatividad, comunicación, orientación al resultado, etc...., etc.) que sean necesarias para el desarrollo del cargo, las cuales serán evaluadas junto con los resultados cuantitativos y cualitativos del desempeño de cada persona;

3.-Efectuar la medición periódica del desempeño de cada persona, lo cual implica tener reuniones individuales de evaluación cada tres o cuatro meses como mínimo, para medir el avance, corregir desviaciones o atrasos y enmendar rumbos si fuere necesario;

4.-Determinar los planes de capacitación y desarrollo de carrera que se originan en la evaluación del desempeño anterior y que se medirán en el futuro cercano;

5.-Decidir los cambios de puesto, promociones, y/o traslados, y los cambios de remuneración u otorgamiento de incentivos variables que se puedan originar a partir de la evaluación del desempeño.

Establecer objetivos y metas anuales y trimestrales

Este procedimiento debe ser hecho por escrito, con formularios, etapas y fechas claramente definidos.

La gestión de personas deberá definir los formatos y documentos formales en los cuales se van a desarrollar las actividades.

Estos objetivos se originan en procesos anteriores: la descripción de cargos y el presupuesto estratégico de operaciones y de resultados de la empresa, con las cifras que se pretende lograr: metas de producción, cifras de ventas, niveles de costos, márgenes de rentabilidad, gastos operacionales, índices de servicios, etc.etc.

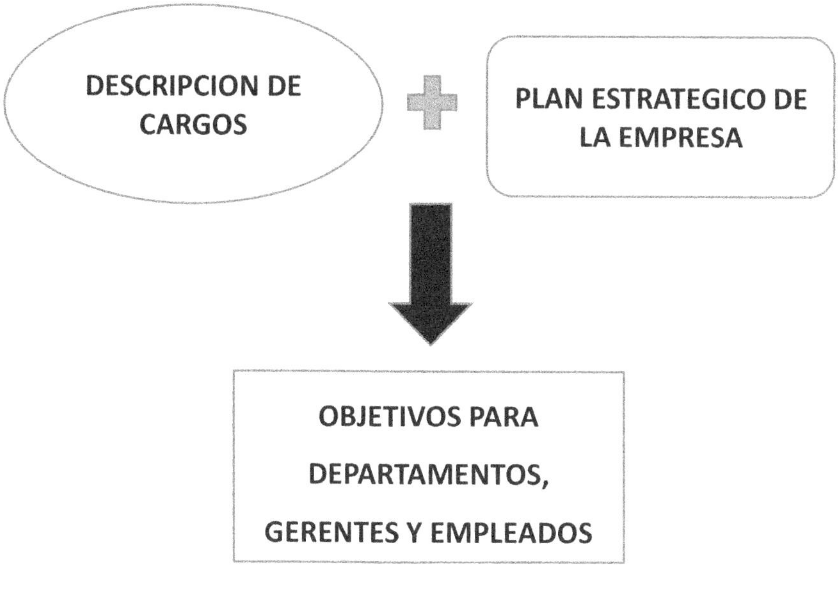

Establecer objetivos y metas anuales y trimestrales

Con la información de un presupuesto anual los gerentes pueden establecer los principales objetivos que se emplearán en la evaluación del desempeño de muchos trabajadores.

Otros trabajadores podrán tener menor relación con el presupuesto operacional y las metas allí especificadas.

Por ejemplo, personal administrativo, contable o de mantenimiento, etc., a los cuales será necesario establecer metas relacionadas con sus labores específicas, y con mejoras de sistemas y procedimientos, creación de nuevas formas de trabajo más eficientes, etc.

PREGUNTAS

RESPONDA, ¿CUÁLES SON METAS MEDIBLES Y CLARAS?

- Mejorar el trabajo en la bodega de productos perecibles, la que está a cargo de un jefe y diez operarios.
- Incrementar las ventas en la zona que va desde Rancagua hasta Concepción, para contribuir al logro de las metas totales de la zona sur.
- En las diez sucursales del banco, todos los meses resolver como mínimo un 90% de los reclamos de los clientes en cada sucursal en un plazo máximo de diez días, dejando además cada solución por escrito, documentada y detallada en un archivo especial.

RESPUESTAS EN CAPITULO 19

Las metas deben ser claras y medibles

Es fundamental que las metas se definan para todo el personal, y que ellas sean precisas y medibles, para poder medir los resultados con objetividad.

Ejemplos de metas poco medibles y poco claras son:

Mejorar los procesos de importación y exportación.

Aumentar la coordinación entre Ventas y Cobranzas.

Lograr mayor eficiencia en el servicio al cliente.

Ejemplos de metas medibles y claras son:

Alcanzar venta neta anual de $100 millones en la zona sur.

Lograr una reducción de 10% en los gastos de administración anuales, en comparación con año previo.

Presentar durante el primer semestre del año una propuesta concreta con procedimientos específicos y flujogramas para actualizar el actual manual de control de calidad de los productos.

¿Cómo deben ser los objetivos?: 6 características

1. Claros y comprensibles implica dos requisitos.

- Que la jefatura los establezca con precisión y
- además, debe asegurarse que la persona que debe alcanzar dicho objetivo lo comprende plenamente y no tiene duda alguna en qué consiste.

2. Medible significa que un objetivo es numérico o que su realización implica un trabajo concreto, como, por ejemplo:

- escribir un procedimiento, con lineamientos muy precisos;
- cumplir con las recomendaciones dadas por auditoría sobre contabilización de pasivos;

- presentar tres proyectos concretos, con evaluación financiera, para el lanzamiento de un producto;
- reducir los incobrables en un 15 por ciento en un período determinado.

3.Controlables significa que deben estar dentro del ámbito de posibilidades de un determinado cargo. Es decir, las metas deben asociarse directamente con las actividades laborales de la persona, lo cual implica, por ejemplo, que a un empleado del área de ventas se le asignarán objetivos relacionados con ventas o de servicio a los clientes.

4. Deben establecerse en forma precisa para un período determinado de tiempo, que generalmente es de un año.

5. Razonablemente alcanzables.

- Si con esfuerzo y dedicación se puede lograr, un objetivo no será desechado por un trabajador.
- Si una meta es poco realista, y prácticamente inalcanzable, producirá frustración y será un factor negativo para el empleado.
- Un jefe debe ser ponderado y saber si un objetivo es demasiado ambicioso o si, por el contrario, está dentro de las posibilidades de ser logrado.
- Que un objetivo sea desafiante o difícil de lograr no puede llegar al extremo de ser inalcanzable.

6. Establecer a su gente una cantidad razonable de objetivos.

- No solamente deben ser cumplibles con esfuerzo y capacidad, sino que también no deben superar una cantidad realista.
- Si son demasiadas metas, no habrá tiempo posible para dedicarse a todas ellas.
- Esto es algo que también un jefe debe tener presente.

Volvamos al proceso de evaluación de desempeño…

a). - Establecer objetivos individuales, claros y medibles.

b). -Definir y comunicar cuáles serán las competencias medibles, lo que dará origen a planes de capacitación y planes de carrera.

Las competencias se definen según cada cargo y serán evaluadas según desempeño de la persona (por ejemplo, el trabajo en equipo, la iniciativa, la adaptabilidad, etc.), y a partir de allí deben determinarse las actividades de capacitación a las cuales es recomendable que la persona asista; además, según evaluación de competencias se va a revisar el posible plan de carrera.

c) Programar las reuniones periódicas de evaluación del desempeño.

Estas reuniones deben basarse en analizar el avance en los objetivos que se definieron para cada trabajador y las competencias personales que fueron establecidas como necesarias para ejercer adecuadamente el cargo.

Aspectos claves del proceso de evaluación de desempeño…

a). - Establecer objetivos individuales, claros y medibles.

b). -Definir y comunicar cuáles serán las competencias medibles, lo que además de ayudar a evaluar, da origen a planes de capacitación y planes de carrera.

c) Programar las reuniones periódicas de evaluación del desempeño.

Algunas técnicas de evaluación del desempeño

- Retroalimentación de 360 grados: evalúan al empleado todos los que están alrededor suyo: jefe, pares, subordinados.
- Escalas de calificación: se evalúa al empleado de acuerdo con factores definidos y los evaluadores emiten juicios tales como: sobresaliente, satisfactorio, por debajo de las expectativas, etc.
- Incidentes críticos: el jefe va registrando acciones favorables y desfavorables del empleado y utiliza este registro para la evaluación final.
- Ensayo: El evaluador redacta una narración para describir el desempeño del empleado.
- Clasificación: El evaluador coloca a todos los empleados de un área en el orden de su desempeño en general, dejando a los mejores trabajadores en el nivel más alto.
- Distribución obligatoria: El evaluador asigna a cada subordinado a un grupo predeterminado y limitado de categorías. Por ejemplo, los mejores al grupo del 20%, los intermedios al grupo del 70% y los de mal desempeño al grupo del 10%.

¿Cómo calificamos el desempeño de una persona en su trabajo?

Existen múltiples formas de calificar el desempeño de una persona, para lo cual muchas veces se utilizan factores definidos.

Por ejemplo, puede considerarse una escala que vaya desde excelente a deficiente, lo cual es muy sencillo de aplicar.

Se revisan las metas y se registran juicios sobre el desempeño con calificaciones objetivas tales como:

Excelente: cumplió con todas las metas y las sobrepasó, alcanzando además otros logros.

Muy bueno: cumplió con todas las metas asignadas.

Bueno: cumplió con las principales metas, aunque no alcanzó el logro en algunas otras.

Inferior a lo esperado: la mayoría de las metas no se cumplió, solo logró algunas metas.

Deficiente: nada importante fue logrado y el desempeño estuvo inaceptable

EVALUACIÓN DEL DESEMPEÑO EN 360 GRADOS

Una forma avanzada y muy útil para cerrar el ciclo de la evaluación es la denominada evaluación del desempeño en 360 grados. Consiste en que el jefe, los colaboradores y pares de un supervisor, un profesional o un gerente evalúan (bajo medidas estrictas de confidencialidad) el desempeño:

a). -de su subordinado, en el caso del jefe directo

b). - de su supervisor inmediato, en el caso de los subordinados, y

c). - de un "par", en el caso de otros jefes con los cuales dicho individuo interactúa, aunque no tengan una dependencia funcional o jerárquica formal.

Requisitos de la Evaluación del desempeño en 360 grados

La necesaria confidencialidad de esta evaluación "desde arriba hacia abajo, desde abajo hacia arriba, y desde el lado hacia el centro" solo funciona bien cuando los que evalúan a un jefe directo son como mínimo cinco o más personas.

Si es un grupo muy pequeño quedarían muy expuestos a ser identificados en sus evaluaciones respecto de su jefatura.

Los colaboradores y pares de un jefe, a través de medios anónimos (idealmente a través de una herramienta en internet, manejada por un ente independiente), a través de un cuestionario evalúan el nivel de cumplimiento en competencias tales como motivación, comunicación, dirección, estrategias, etc.

Aplicación de la Evaluación del desempeño en 360 grados

La pregunta será, para cada competencia: ¿Cómo calificaría a su jefe directo, a su subordinado, o a su par, en su competencia de......?

Las respuestas serán: Excelente, muy buena, buena, regular o insuficiente.

La idea clave es que la persona reciba una retroalimentación sobre su desempeño por parte de sus colaboradores y pares, y que la alta gerencia adopte acciones para mejorar aquellas competencias en que dicha persona tiene calificaciones débiles.

PREGUNTAS–PROCESO DE EVALUACIÓN

1.-Si la evaluación del desempeño de un empleado(a) es muy mala, lo más lógico es proceder al despido de dicho(a) empleado(a)

2.-Si un jefe no se reúne cada 3 o 4 meses con su subordinado para evaluar cómo van sus trabajos, el subordinado debe exigir tener dicha reunión.

3.-Si en un área de la empresa el 85% de las evaluaciones del desempeño son malas, el jefe de dicha área debiera ser despedido.

RESPUESTAS EN CAPITULO 19

Otros aspectos de la evaluación del desempeño

La evaluación periódica del rendimiento de cada empleado, la evaluación de sus competencias y el porcentaje de cumplimiento de sus objetivos es un elemento clave para la gestión de personas. Es la forma que cada trabajador sepa sus objetivos y la forma en que serán medidos.

Es esencial tener reuniones individuales de revisión entre jefe directo y subalterno, periódicas, para conocer la retroalimentación sobre el avance trimestral y/o semestral, conocer orientaciones importantes sobre cómo llegar a sus objetivos, ver necesidades de capacitación y plan de carrera.

Tareas del jefe en el proceso de evaluación de desempeño

Un jefe debe analizar con objetividad y conocimiento el rendimiento, identificando las fortalezas y las áreas de mejoramiento; preocuparse de mantener y desarrollar los aspectos positivos y establecer planes concretos de capacitación para las áreas débiles que la persona evaluada debe superar.

Al establecer los objetivos es necesario que se definan claramente también las formas de medición.

Un caso muy claro es, por ejemplo, alcanzar una determinada cifra de ventas. En ese caso la medición es muy fácil ya que será la facturación entregada por el sistema contable de la empresa.

Medidas concretas para asegurar un buen funcionamiento del de evaluación de desempeño

Definición y comunicación de objetivos del proceso a los empleados

Capacitar a los evaluadores para que no haya sesgos en la evaluación.

- Dar feedback formal y continuo a los empleados

- Evaluar lo que se tiene que evaluar, según la descripción del cargo

- Aumentar la frecuencia de las evaluaciones para que sea más real y objetiva

- Incorporar más evaluadores que presentan diferentes perspectivas de la evaluación (360 grados).

Evitar errores en la evaluación del desempeño

Los evaluados deben entender el proceso de evaluación del desempeño y los resultados de la aplicación de este proceso.

Errores típicos que se pueden producir:

No entienden los objetivos y alcance de su cargo, y cuáles son los indicadores relevantes que deben cumplir (por los cuales se los evalúa y que pueden significar bonos para ellos).

No reciben un feedback periódico y adecuado sobre su evaluación del desempeño.

No saben cómo se relaciona la evaluación del desempeño con los incentivos económicos, planes de capacitación, etc.

Mala percepción de la evaluación del desempeño, no la ven como oportunidad de mejora sino como culpable de no recibir incentivos y bonos.

LA GESTIÓN DE TALENTOS Y SU VÍNCULO CON LA EVALUACIÓN DE DESEMPEÑO

Reporte de Diversidad de Género 2017

Realizado por Hays Chile.

Entrevistas a 300 ejecutivos.

40% de los hombres se proyecta como empresario

27% de las mujeres se proyecta como empresaria

Gestión de Talentos - planes de carrera

El plan de carrera puede originarse desde el momento mismo en que se contrata a un trabajador, o después, cuando el trabajador ya lleva algún tiempo en la empresa.

Es muy importante conocer los intereses de hacer carrera; el momento de la evaluación del desempeño es el instante ideal para conversarlo en forma abierta y franca.

Si la evaluación de desempeño es buena o excelente, si el trabajador declara su interés por ser promovido en el futuro y si la persona cuenta con potencial de desarrollo, entonces debiera definirse un posible plan de carrera teórico (sin compromisos ni garantías)

Conversar y definir un plan de carrera con un trabajador tiene consecuencias muy positivas:

Es un vehículo potente para incrementar la motivación y el compromiso del empleado con la empresa;

Se podrán adoptar, en forma planificada, decisiones para potenciar a dicho empleado con actividades de capacitación y desarrollo que le permitan reforzar habilidades y perfeccionar conocimientos, y así se irá preparando para sus futuras labores.

Es muy conveniente poder contar con personas que sean potenciales reemplazos para cargos claves en la organización.

Es tranquilizador contar con varios profesionales que se están desarrollando y que en el mediano o largo plazo podrán ocupar puestos de jefatura o gerencia.

La inexistencia de posibilidades de hacer carrera para muchos jóvenes puede ser poco motivante y desalentador, especialmente para los que quieren progresar.

Si las posibilidades de ser promovido en el futuro son casi imposibles, los jóvenes talentosos se desmotivarán y posiblemente emigrarán.

¿VERDADERO O FALSO? PLAN DE CARRERA

- Lo ideal es no modificar durante mucho tiempo un plan de carrera, para que la persona sepa con seguridad cuáles serán sus próximos pasos en la empresa
- Un plan de carrera puede ser interrumpido si el profesional tiene una mala evaluación del desempeño.
- Es mejor considerar para un plan de carrera a una persona con estudios universitarios que a un trabajador con experiencia laboral, pero sin estudios superiores.

•

RESPUESTAS EN CAPITULO 19

Planes de carrera frustrados

Puede suceder que, tras una buena evaluación del desempeño, se defina con un joven profesional un plan de capacitación, con el objetivo de que ocupe puestos superiores en el futuro.

Pero, con el transcurso del tiempo, la empresa descubre que dicha persona realmente no tiene el potencial esperado y será difícil promoverle en el futuro.

En este caso se requiere de honestidad y franqueza para hablar con el empleado y hacerle ver la situación, lo cual llevará a conversar nuevamente sobre su plan de carrera, sobre su futuro laboral o eventualmente planificar su salida de la organización.

Actividades que Gestión de Personas debe realizar en planes de carrera:

Para abordar adecuadamente el proceso de establecimiento de planes de carrera, la gestión de personas deberá desarrollar las siguientes actividades:

a) Establecer planes de carrera a partir del resultado de las evaluaciones del desempeño, las cuales originan actividades de capacitación o de otras instancias relevantes para el desarrollo del personal.
b) Verificar que dichos planes de carrera son congruentes con los objetivos de la empresa, con la estructura organizacional presente y futura, y que ayudan a la retención del personal clave o con alto potencial.
c) La gestión de personas deberá, en conjunto con los jefes, hacer un seguimiento semestral o anual a los planes de carrera, e ir implementándolos cuando se den las circunstancias más apropiadas para la organización.

Un programa anual de desarrollo debe aplicarse a todo el personal ejecutivo y otros empleados claves, especialmente a los profesionales de buen desempeño y que exhiban un alto potencial, sin importar su actual posición jerárquica.

Se debe planificar e implementar ascensos o movimientos laterales de personas con buen potencial, tanto al interior de un área como también entre áreas.

¿Qué métodos considerar para definir las personas que puedan desarrollar carrera en la empresa?

- Revisar las evaluaciones de desempeño para identificar potencial (talentos) y revisarlas con los empleados para ver sus intereses y programar las capacitaciones necesarias.
- Personal de Gestión de Personas asesora (coaching) a los empleados con potencial de desarrollar carrera sobre cuáles son sus intereses, fortalezas y debilidades.
- Elaborar un informe con opciones para futuros cargos y recomendaciones de capacitaciones si es necesario.
- Implementar talleres donde se revisa la planeación estratégica de la empresa (sus objetivos) y se exponen también los intereses de los empleados que quieren desarrollarse en esas áreas.
- Evaluaciones de Potencial aplicadas a empleados para considerarlos cuando haya oportunidades de ascender en la empresa.

Movimientos y ascensos en los planes de carrera

En una corporación con varias sucursales, debieran considerarse movimientos de personal entre dichas sucursales.

Los movimientos laterales y las asignaciones en otras sucursales o divisiones permiten capacitar al personal de alto potencial, al exponerlo a nuevas circunstancias y diferentes tareas como preparación para el futuro.

Elegir el momento de un ascenso implica aplicar criterio y tener sensibilidad organizacional, ya que estos cambios posicionales son un ejemplo de que la empresa se preocupa por su gente, que da oportunidades de desarrollo y que las personas con potencial y buen desempeño pueden crecer dentro de la compañía.

Objetivos, cobertura y etapas para establecer un plan de carrera

Los objetivos de establecer un Plan de Carrera son:

Ayudar a la gerencia de cada área a evaluar su organigrama actual y facilitarle la planificación de futuros cambios organizacionales, necesarios para enfrentar los objetivos estratégicos del área.

Contar con un medio para determinar posibles reemplazantes, definir personal con talento y potencial, determinar posible escasez de personas para ocupar posiciones ejecutivas claves, y establecer planes de futuros ocupantes de cargos.

Cobertura del programa

El Programa de Plan de Carrera se aplica a todo el personal gerencial, jefaturas y muchos otros profesionales y técnicos que son claves para la empresa, independientemente de su grado o jerarquía actual.

Es decir, a todo el personal con talento, que tiene un impacto significativo a nivel de la organización de cada unidad o de la compañía como un todo, o que tiene un evidente potencial de desarrollo y crecimiento.

Pasos a seguir en el programa:

1. Listado de Empleados de Alto Potencial
2. Analizar el Organigrama Actual
3. Preparar un Organigrama Futuro
4. Definir Tabla de Futuros Reemplazos

En primer lugar, se incluye un listado de todos los empleados que según su evaluación son considerados de alto potencial, indicando su edad, fecha de ingreso, estudios, posiciones que ha ocupado e intereses manifestados por cada uno de ellos.

Empleados de alto potencial son aquellos que han demostrado habilidades para avanzar más allá de su posición actual.

No hay límite para el número de empleados que pueden incluirse, siempre que se cumpla con el criterio ya mencionado sobre alto potencial.

Respecto de dichos empleados es necesario señalar:

- Posición actual
- Tiempo que lleva en su actual trabajo
- Posiciones ocupadas previamente
- Intereses de carrera (la voluntad del empleado)
- Próximos pasos: próxima asignación que se estima posible para continuar con el crecimiento y desarrollo del individuo
- La evaluación de la gerencia con respecto a la posición máxima a la cual podría aspirar el individuo

Lista de recursos ejecutivos

El programa de desarrollo debe incluir también:

las calificaciones y rendimientos de todos los ejecutivos, y

la evaluación sobre los próximos pasos de aquellos que reportan directamente a Gerencia General u ocupan cargos sumamente claves y estratégicos dentro de la empresa.

Estructura organizacional vigente

En segundo lugar, analizar el actual cuadro organizacional vigente para determinar las fortalezas y debilidades de la actual organización en cuanto al capital humano disponible.

La pregunta cuya respuesta debe analizarse es: En el actual organigrama, ¿cuáles son las áreas en que realmente contamos con personas mejor preparadas y con buen futuro, y cuáles son las áreas en donde tenemos escasez de talento y empleados no muy eficientes y con poco potencial?

Estructura organizacional futura

En tercer lugar, se prepara un cuadro organizacional futuro, con los posibles movimientos de personal. Todos los cambios a futuro deben ser especialmente meditados y definidos.

Este organigrama a futuro es un verdadero programa de cambios, ascensos y traslados laterales, y debe considerar especialmente al personal con alto potencial.

Las preguntas cuyas respuestas deben analizarse para implementar el futuro organigrama son:

¿cuáles son las áreas en que realmente contamos con personas preparadas para asumir cargos nuevos o para reemplazar a los empleados actuales?

¿cuáles son las áreas en donde actualmente no contamos con personas que puedan reemplazar a empleados hoy vigentes o que no tengan capacidades para asumir en nuevos cargos de la estructura?

Planificación de reemplazos

En cuarto lugar, es necesario definir una tabla de posibles reemplazos a futuro para todas las posiciones claves en la empresa.

Con la lista de los empleados con alto potencial, la lista de ejecutivos, el organigrama actual y la estructura planificada para el futuro, es el momento de planificar los reemplazos con posiciones, nombres y fechas.

Al preparar la tabla de reemplazos es preciso:

Identificar los reemplazos y el posible tiempo que se requiere para cuando la persona estará realmente lista.

Un profesional debiera ser considerado como reemplazo para cualquier posición para la que está bien calificado.

Las áreas o divisiones de una empresa pueden señalar como reemplazos a personal que trabaja en otras áreas o divisiones.

P R E G U N T A S Sobre Reemplazos de Personal

- ¿Qué problemas tiene una empresa que **no cuenta** con reemplazos posibles para cargos claves?
- ¿Qué debe hacer una empresa **para contar** con posibles reemplazos?

RESPUESTAS EN CAPITULO 19

Caso práctico de evaluación del desempeño:

Fábrica de Muebles Decostream

La empresa Fábrica de Muebles Decostream había sido fundada hacía 8 años por varios inversionistas. Tenía una estructura profesional y los inversionistas solo participaban como integrantes del directorio. Su negocio era la fabricación de diversos tipos de muebles de hogar y oficina, los cuales vendían a empresas nacionales y extranjeras.

Sus muebles eran de buena calidad y competitivos en precio, y contaba con buenos ingenieros, técnicos y especialistas en producción.

José Miguel era el supervisor del área de fabricación de envases plásticos. Le reportaban quince operarios. Era titulado en Ingeniería Química y ocupaba dicho cargo de supervisor en los últimos tres años.

Su jefa directa era Margarita, la gerente de manufactura. José Miguel había obtenido tres buenas evaluaciones de su desempeño desde que asumió el cargo, dado que había alcanzado las metas principales establecidas por la gerencia.

En los últimos días de diciembre del año anterior, Margarita se había reunido con él, y junto con felicitarlo por lograr las metas principales del año que terminaba, le había informado cuáles serían sus objetivos para el año siguiente, agregándole también que, para ayudarle en el desarrollo de sus capacidades, sería inscrito en un curso de perfeccionamiento en liderazgo, ya que estimaba que José Miguel debía mejorar esa habilidad para dirigir a los operarios que tenía a su cargo.

Sin embargo, a mediados de este año, José Miguel estaba preocupado. El creía ahora, estando ya a comienzos de julio, que la meta anual que le estableció su jefa en cuanto a incrementar en un 30% la producción era casi imposible de lograrla, puesto que la nueva máquina adquirida en el exterior se había retrasado, y en vez de incorporarse al proceso de fabricación en el mes de febrero, como estaba previsto, solo lo había hecho recién a partir de fines de junio, con lo cual se perdieron unos cuatro meses de utilización de dicha máquina.

José Miguel había planteado recientemente este tema a Margarita en una reunión general del área de manufactura. La gerente le respondió que estaba consciente del problema, pero le pidió buscar alguna forma de solucionarlo, por ejemplo, trabajando durante más horas por semana.

Por otra parte, entre sus objetivos del año, José Miguel debía crear a más tardar durante el primer semestre del año un procedimiento sobre la planificación y control de la producción de muebles de oficina. Por no saber bien cómo redactar dicho procedimiento ni qué se perseguía con él, y también por falta de tiempo, José Miguel solo había hecho un breve borrador de procedimiento, con ideas tentativas, pero estando ya a mediados del año sabía que no había cumplido con esa meta y no tenía muy claro cómo y cuándo podría hacerlo.

Finalmente, José Miguel había sido informado en septiembre por el área de gestión de personas de la empresa que el curso sobre liderazgo, en el que estaba considerado, se iba a efectuar recién en el mes de noviembre, con lo cual iba a ser difícil que en el año en curso él pudiera exhibir mejoras en dicha competencia.

José Miguel pensaba que, después de tres buenas evaluaciones de su desempeño, este año no iba a ocurrir lo mismo y que Margarita podría quedar decepcionada de su trabajo cuando lo evaluara a fines de año, ya que varias de sus metas no serían alcanzadas.

Preguntas:

1).-Analice: El rol de Margarita: aspectos positivos y aspectos negativos de su gestión como jefa directa de J. Miguel.

2).- Analice: El rol de José Miguel: evalúe su conducta, lo que debiera haber hecho, su relación con Margarita.

3).- Evalúe en detalle el proceso de evaluación del desempeño llevado a cabo en Muebles Decostream.

RESPUESTAS EN CAPÍTULO 19

Caso Práctico sobre Evaluación del Desempeño

Comercial Amerix S.A.

Comercial Amerix S.A. importa cosméticos y perfumes desde diversos países, vendiéndolos a farmacias, grandes tiendas y distribuidores mayoristas de todo el país. Tiene tres divisiones de ventas: Zona Norte, Zona Central y Zona Sur. Roberto es el Jefe de Ventas de la Zona Norte y su jefa directa es Francisca, la Gerente Comercial de Amerix S.A.

Francisca se reunió con Roberto a mediados del mes de diciembre de 2017, para revisar los resultados del año 2017 que ya terminaba e informarle las metas para el próximo año 2018, que se iniciaba pronto. Antes de la reunión, Francisca leyó las pautas del proceso de evaluación de desempeño que le había entregado Verónica, la Gerente de Gestión de Personas.

Francisca, en la primera hora de la reunión, revisó detalladamente con Roberto cada uno de los objetivos establecidos para el año 2017 que ya terminaba. En resumen, estuvieron de acuerdo con que, en la Zona Norte, Roberto había cumplido totalmente con 9 de las 10 metas anuales establecidas. La meta no lograda era textualmente: "Mejorar la exhibición de los productos en los puntos de venta", ante lo cual Francisca le dijo que en ese tema no estaba satisfecha ya que en su vista a la Zona Norte en noviembre recién pasado observó que solo en un 50% de los puntos de venta había una buena exhibición de productos. Roberto le dijo que eso era efectivo, pero le recordó que, en su visita anterior, efectuada en enero, Francisca había observado solo un 35% de buena exhibición, y por eso él consideraba que su gestión fue buena durante el 2016, ya que mejoró claramente ese porcentaje durante el año. Pero Francisca le respondió que, a su juicio, eso era insuficiente y que un buen trabajo en esa materia era alcanzar sobre un 75% de buena exhibición.

A continuación, Francisca le comunicó a Roberto, sus ocho objetivos para el próximo año 2017, de los cuales le dijo tuviera presente que tres de ellos eran los más relevantes:

1) Incrementar en 2018 un 10% las ventas totales en pesos, en comparación con las ventas del año anterior, en la Zona Norte. 2) Lograr que los vendedores a su cargo fueran más precisos y ordenados al enviar los pedidos de los clientes. 3) Lograr buenos acuerdos comerciales sobre precios y plazos de pago con los 10 clientes más grandes de su zona.

Cuando ya terminaba la reunión, Roberto tomó la iniciativa y le señaló a Francisca que para mejorar aún más su trabajo y poder hacer carrera y aspirar a un cargo superior en la compañía, él pensaba que debería mejorar sus habilidades de negociación, para lo cual le solicitaba asistir durante el primer trimestre del año a un curso de técnicas de negociación.

Ante ello, Francisca aceptó sin objeciones y le dijo que hablaría con Verónica, la Gerente de Gestión de Personas muy pronto para concretar ese tema.

Responda las siguientes consultas sobre el Caso:

1) Haga una crítica detallada del proceso de evaluación del desempeño de Roberto hecho en diciembre 2017, llevado a cabo por Francisca, en Amerix S.A., y explique cómo debiera haberse efectuado.

2) Evalúe los tres objetivos relevantes establecidos para Roberto para el año siguiente, 2018

3) Analice los roles desempeñados por Francisca, Roberto y Verónica, y argumente qué debiera corregirse.

RESPUESTAS EN CAPÍTULO 19

CUESTIONARIO – ELIJA LA ALTERNATIVA CORRECTA

1.-La evaluación del desempeño pretende asegurarse de que…

a).-Se organicen bien las tareas por área en relación con la planificación de la empresa.

b).-Se implanten los procesos organizacionales adecuados para maximizar la productividad.

c).-Se controlen las labores de los empleados para lograr el éxito de los equipos de trabajo.

d).-Se coordinen los líderes con sus subordinados en torno a las metas de la empresa.

2.-Los datos de evaluación del desempeño son potencialmente útiles en:

a).-Planeación de recursos humanos, selección, capacitación y planes de carrera.

b).-Remuneraciones, incentivos, políticas de productividad y mejoras en clima laboral.

c).-Planeación de recursos humanos, capacitación y mejoras en clima laboral.

d).-Políticas de productividad, mejoras en clima laboral y políticas para atraer personal.

3.-El punto de partida del proceso de evaluación del desempeño es:

a).- Analizar el cargo y definir los requisitos para desempeñarlo con eficacia.

b).- Identificar las metas específicas del desempeño.

c).- Entrevistar al empleado, para después evaluar sus logros en el período de evaluación.

d).- Identificar los logros del empleado y analizar los métodos utilizados para conseguirlos.

4.-Los objetivos que se medirán en la evaluación del desempeño se originan…

a).- En la planificación estratégica de los jefes con los grupos de trabajo de cada área.

b).- En la descripción del cargo y en el plan de capacitación definido para el empleado

evaluado.

c).- En las reuniones periódicas que deben realizarse entre jefe y subordinado para fijar

metas.

d).- En la descripción del cargo y en el plan estratégico de la empresa.

RESPUESTAS EN CAPÍTULO 19

CAPÍTULO 8

CAPACITACION Y DESARROLLO

CAPÍTULO 8 : CAPACITACION Y DESARROLLO

EL PROCESO DE CAPACITACION Y DESARROLLO

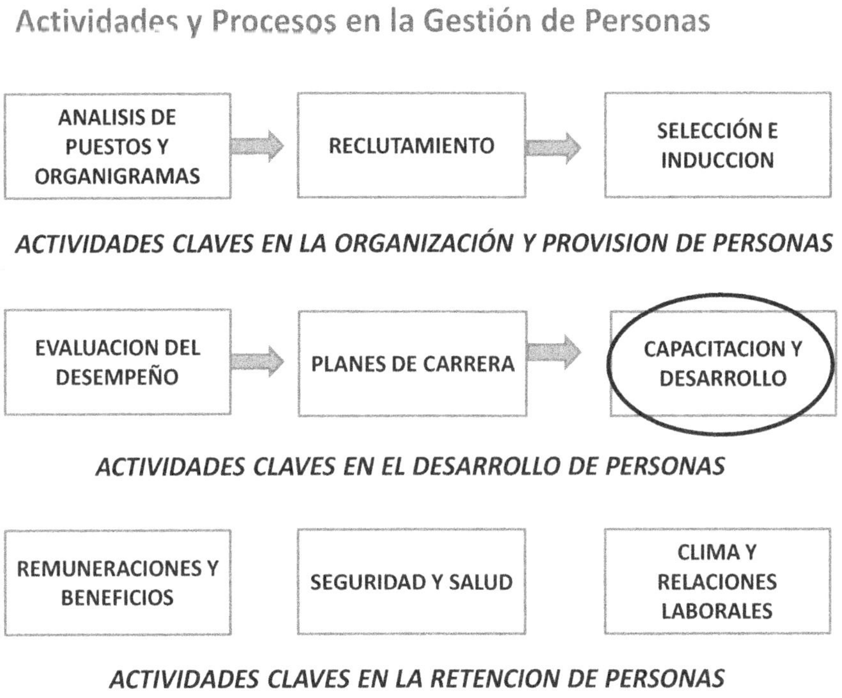

Definición del proceso de entrenamiento, capacitación y desarrollo

El proceso de entrenamiento, capacitación y desarrollo contempla todas las actividades que se realizan para fortalecer las competencias de los trabajadores, para que puedan adquirir conocimientos y realizar bien sus labores y así alcanzar los objetivos que se les fijen.

Hay diversas formas complementarias: cursos presenciales, talleres, seminarios, entrenamiento en terreno, cursos vía Internet, asistencia a ferias, diplomados, rotación de puestos, etc.

Definiciones de Capacitación, Entrenamiento y Desarrollo

¿Qué entendemos por Capacitación?

Son aquellas actividades a las que un empleado asiste:

- para adquirir conocimientos técnicos o profesionales que no tiene
- para conocer técnicas específicas para desarrollar habilidades personales y así efectuar adecuadamente su trabajo y poder cumplir con las exigencias establecidas.

Por capacitación entendemos los cursos internos o externos, presenciales o por internet; los programas de charlas, los seminarios, los postgrados en general, los talleres conducidos por un experto, etc.

¿Qué entendemos por Entrenamiento?

Entrenamiento son todas las actividades en terreno o en la misma oficina, en las cuales uno o más jefes de la empresa enseñan las técnicas de un trabajo a un nuevo empleado o a uno vigente que deseamos entrenar para asumir un nuevo cargo.

Ejemplos:

- un aspirante a vendedor va a visitar clientes en conjunto con un vendedor experimentado y éste le explica lo que debe hacerse con cada cliente.
- una secretaria administrativa con conocimientos de contabilidad comienza a trabajar en el área contable y allí le van enseñando aspectos importantes acerca de cómo realizar trabajos de contabilidad.

¿Qué entendemos por Desarrollo?

Es un programa de actividades al que se destina a una persona con gran potencial para asumir cargos superiores en la organización.

Incluye capacitación y entrenamiento destinados a que la persona vaya adquiriendo conocimientos, habilidades y experiencias que le capaciten para asumir responsabilidades mayores en un mediano plazo.

Ejemplo: a un asistente de marketing se le puede asignar para que trabaje durante una temporada con el Gerente de Ventas y otra temporada con el Gerente de Marketing. En paralelo, se le puede enviar a seminarios sobre marketing para prepararlo para un cargo superior.

Cuatro objetivos prácticos de entrenamiento, capacitación y desarrollo

- Aumentar el conocimiento de las personas: información acerca de la organización, productos, servicios, políticas, clientes, etc.
- Mejorar habilidades y destrezas: preparar para ejecutar tareas, manejar equipos, usar tecnología, etc.
- Desarrollar y/o modificar comportamientos: cambio de actitudes negativas a favorables, sensibilizar a las personas sobre los clientes externos e internos.
- Elevar el nivel de abstracción: desarrollar ideas y conceptos para ayudar a las personas a pensar, en términos globales y amplios.

(Fuente: Ciavenato, Gestión del Talento Humano, Cap. 12)

Resultados esperados del entrenamiento, capacitación y desarrollo

1 ayudar a la gente a vencer las áreas débiles

2 mejorar su desempeño y cumplir con sus metas, y

3 prepararlas para futuros desafíos profesionales.

Planes de entrenamiento, capacitación y desarrollo

El tema surge desde el momento en que se selecciona a un nuevo trabajador.

Al incorporar a un nuevo empleado a la empresa ya se conocen algunas de sus oportunidades de mejora.

Se debe tener ese factor en cuenta para que en el futuro dicha persona participe en actividades de entrenamiento, capacitación y desarrollo pertinentes a las necesidades de esa persona.

Aspectos positivos y riesgos de no capacitar

Positivos:

- por una parte, es una gran herramienta para lograr la motivación y el compromiso del trabajador.
- por otra parte, permitirá al empleado adquirir habilidades y conocimientos que no tenía, con lo cual contribuirá mucho más a los objetivos de la empresa.

Riesgos:

- La falta de actividades de capacitación produce desánimo y falta de interés en aquellos empleados que necesitan progresar.
- Si ven que la empresa no los apoya, habrá una desmotivación, que se podría llevar a un mal desempeño y puede producir un aumento de las renuncias.

La capacitación implica un proceso de cuatro etapas

1. Detección de Necesidades de Capacitación (DNC)
2. Programa de Capacitación
3. Ejecución de la Capacitación
4. Evaluación y Control

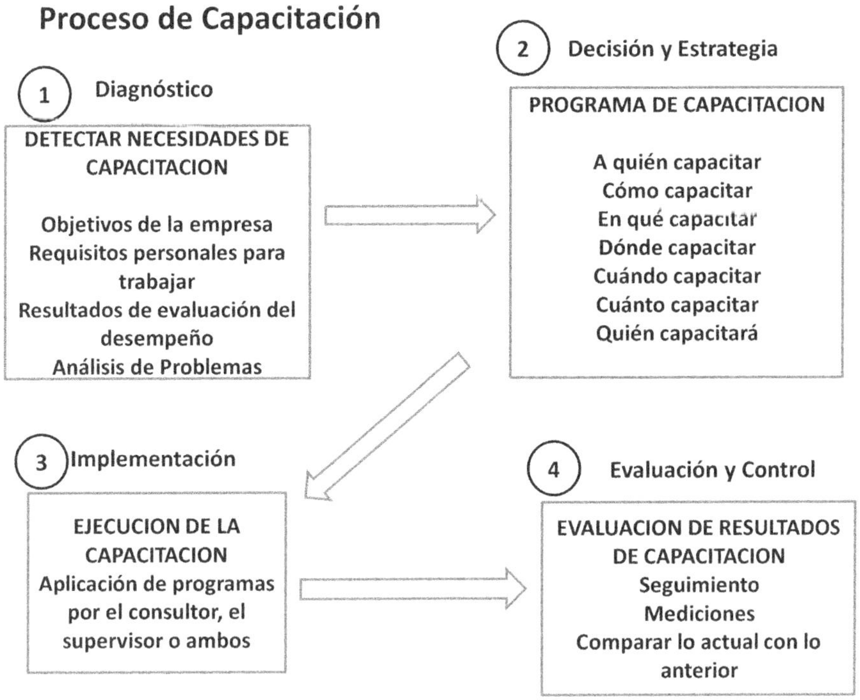

Fuente: Chiavenato, Ciclo de la Capacitación

¿VERDADERO O FALSO?

1 Un buen plan de capacitación ayuda a disminuir las renuncias y rotación del personal calificado.

2 El factor más importante para decidir la clase de capacitación que se dará a un(a) trabajador(a) es priorizar los intereses y aspiraciones que dicha persona ha comunicado a su jefe.

3 Un plan de desarrollo de un joven profesional debe focalizarse prioritariamente en las habilidades necesarias para mejorar la calidad del trabajo que dicho profesional realiza actualmente.

4 En vez de gastar dinero en capacitar a un joven inexperto, es más beneficioso buscar en el mercado una persona experta, la cual no necesitará capacitarse.

RESPUESTAS A ESTAS PREGUNTAS EN CAPITULO 19

Detección de Necesidades de Capacitación

Áreas de Detección de Necesidades:

- Objetivos de la organización y su alcance
- Determinación de requisitos básicos que debe tener el personal
- Resultados de la evaluación del desempeño
- Análisis de problemas de trabajo y producción
- Análisis de problemas de personal
- Análisis de información y otros datos

Determinar necesidades específicas de capacitación, entrenamiento y desarrollo

Los planes de capacitación y desarrollo deben estructurarse mediante estudios que se realizan en tres dimensiones:

- **Estudio analítico de la organización**: Perspectiva general de la organización, misión estratégica, planes y metas, estrategia de recursos humanos.
- **Estudio de los trabajos que se realizan**: Concentrarse en las tareas requeridas para lograr las metas, siendo muy relevantes las descripciones de puestos como fuente de información.
- **Estudio de necesidades del trabajador**: Determinar necesidades individuales de capacitación, entrenamiento y desarrollo es el nivel final. ¿Quién necesita ser capacitado? ¿En qué materias?

Las entrevistas de selección y las evaluaciones del desempeño son claves en este análisis.

Tras el estudio de necesidades del trabajador, la gestión de personas deberá:

- Definir las necesidades de capacitación a través de lo detectado en la selección y en las evaluaciones hechas por las jefaturas.

- La gestión de personas debe planificar, organizar y concretar las actividades de entrenamiento, capacitación y desarrollo que se hayan determinado en la selección, en la evaluación y según los planes estratégicos.

Un plan debe cubrir las necesidades que surgen de la selección y de la evaluación del desempeño y debe ser coordinado con los jefes y comunicado oportunamente a los que participarán en ellos. **La detección de necesidades de capacitación a través del estudio de necesidades del trabajador (lo que ocurre en las evaluaciones del desempeño) es un elemento clave para establecer un plan de capacitación individual.**

Por ejemplo, el evaluado puede haber demostrado tener problemas para trabajar en equipo, no adaptarse a los desafíos, no saber delegar, etc.

Es esencial que en la evaluación todo jefe proponga las posibles actividades de entrenamiento, desarrollo y capacitación en las cuales el evaluado debería participar, para superar sus debilidades y así mejorar su rendimiento a futuro.

Programa de Capacitación

Para preparar el Programa de Capacitación, es necesario definir claramente:

- A quién capacitar
- En qué capacitar
- Cómo capacitar
- Dónde capacitar
- Cuando capacitar
- Cuánto capacitar
- Quién capacitará

Encontrar las mejores alternativas de entrenamiento y capacitación, internas y externas, para presentarlas a los jefes y gerentes, coordinar y tomar las decisiones en forma conjunta.

Es importante un plan coordinado con los jefes, haciendo una búsqueda objetiva de aquellos cursos que permitirán capacitar a los empleados según lo establecido al momento de seleccionarlo o en su evaluación individual de desempeño.

El plan cubrirá tanto lo que se refiere a conocimientos técnicos como a habilidades personales, tales como liderazgo, comunicación, planificación, etc.

Para personas con potencial de asumir nuevos cargos, es necesario complementar con actividades relacionadas con el desarrollo personal, asociadas a un plan de carrera.

Evaluación de la Capacitación

Es necesario siempre evaluar rigurosa y periódicamente con los jefes los resultados de las actividades, tanto la calidad del entrenamiento o capacitación como el impacto en los conocimientos y/o competencias de los asistentes

Tres Niveles de Evaluación de Resultados de Capacitación

La evaluación se efectúa en tres niveles:

1).-Evaluación en el nivel organizacional, donde la capacitación debe dar resultados tales como:

- Aumento de la eficacia organizacional
- Mejora de la imagen de la empresa
- Mejora del clima organizacional
- Mejora en relación entre empresa y empleados
- Apoyo del cambio y la innovación

2).-Evaluación en el nivel de los recursos humanos, donde la capacitación debe producir resultados tales como:

- Reducción de la rotación de personal
- Reducción del ausentismo
- Aumento de eficiencia individual de los trabajadores
- Aumento de habilidades específicas y personales
- Mayor conocimiento personal de temas y técnicas de trabajo
- Cambio en actitudes, conductas, etc.

3).-Evaluación en el nivel de las tareas y operaciones, donde la capacitación debe entregar resultados tales como:

- Aumento de la productividad

- Mejoras en la calidad de los productos y servicios
- Mejoras en la atención a los clientes
- Reducción de accidentes en la empresa
- Reducción en gastos de mantención y reparación de equipos

Modelo de Kirkpatrick para Evaluación de Capacitación

(Fuente: Donald Kirkpatrick, "Evaluating Training Programs")

Modelo de Evaluación de Resultados de Capacitación

Para Kirkpatrick, la medición de los resultados de la capacitación se ubica en cinco niveles:

Nivel 1: reacción y/o satisfacción, y acción planeada

Nivel 2: aprendizaje de nuevas habilidades

Nivel 3: aplicación en el trabajo de habilidades aprendidas

Nivel 4: impacto en los resultados del negocio

Nivel 5: rendimiento de la inversión (ROI)

Explicaremos ahora en qué consiste cada nivel.

Nivel 1 del modelo de Kirkpatrick: reacción y/o satisfacción, y acción planeada

- Muestra la reacción o la satisfacción personal de los participantes respecto del programa de capacitación.

- Es el nivel más elemental y se caracteriza porque se enfoca en el programa, en el facilitador y en cómo fue en la práctica la aplicación de la capacitación.

Nivel 2 del modelo de Kirkpatrick: aprendizaje de nuevas habilidades

- Los asistentes a la capacitación deben adquirir nuevas habilidades y conocimientos, cambiar sus actitudes y comportamientos como resultado de la capacitación.
- El énfasis está en los alumnos y en los mecanismos de aprendizaje.

- Las personas debieran construir nuevas habilidades que mejoren su desempeño individual y beneficien a la empresa.

Nivel 3 del modelo de Kirkpatrick: aplicación en el trabajo de las habilidades aprendidas

- Se enfoca en los que asistieron a la capacitación cuando trabajan y en los medios que usan para aplicar lo aprendido.
- Al lograr nuevas habilidades, las personas las aplican al trabajo y adoptan nuevas actitudes que transforman en comportamiento.

- Cambios de conducta pueden observarse en un enfoque de 360 grados o en encuestas.
- Si no se aprecian cambios, la capacitación no está funcionando o el programa elegido no resolvió el problema.
- A veces no se logran resultados concretos por falta de apoyo de los jefes o por un ambiente de trabajo hostil a los cambios.

Nivel 4 del modelo de Kirkpatrick: impacto en los resultados del negocio

- La capacitación debe producir un impacto directo en los resultados del negocio, reduciendo costos operacionales, incrementando la rentabilidad, disminuyendo la rotación de personal, etc.

- El enfoque está en la transmisión de habilidades y competencias para alcanzar resultados que impacten en el negocio en términos de calidad, costos, productividad, servicio al cliente, clima laboral, etc.

Nivel 5 del modelo de Kirkpatrick: rendimiento de la inversión (ROI)

- Es el nivel más profundo en que la capacitación produce un impacto monetario en los resultados de la empresa.

- La capacitación produce una recuperación financiera para la organización.
- Si la capacitación es positiva, se traduce en ganancias, y si es negativa produce daños y perjuicios a una empresa.

Nivel	Tipo de Evaluación (lo que se mide)	Descripción de la evaluación	Ejemplos de herramientas de evaluación	En la práctica
1	REACCION	Medir cómo los asistentes se sintieron con la capacitación y el entrenamiento recibido	Encuestas y cuestionarios de retroalimentación	Rápido, fácil y de bajo costo.
2	APRENDIZAJE	Medición del aumento en los conocimientos y habilidades antes y después de la capacitación	Evaluaciones y pruebas antes y después de la capacitación. Entrevistas y observación	Fácil en habilidades Difícil de medir en materias complejas
3	CONDUCTA Y APLICACIÓN EN EL TRABAJO	Medir la extensión del conocimiento aprendido con su aplicación e implementación en el trabajo	Observaciones y entrevistas a lo largo del tiempo para medir calidad e impacto de lo aprendido	Medición de cambios conductuales y laborales con informes gerenciales

Fuente: Donald Kirkpatrick , "Evaluating Training Programs"

Nivel	Tipo de Evaluación (lo que se mide)	Descripción de la evaluación	Ejemplos de herramientas de evaluación	En la práctica
4	IMPACTO EN RESULTADOS	Medir el efecto en el negocio de la capacitación del empleado.	Mecanismos formales de evaluación del desempeño y resultados cuantificables	Fácil de medir como empresa total. Más difícil medir impactos individuales en resultados.
5	RENDIMIENTO DE LA INVERSION (ROI)	Medición profunda en los resultados monetarios, rentabilidad de la inversión	Relacionar logros estratégicos de áreas de trabajo e individuos con capacitación recibida	Relacionar desempeño de individuos, logro de metas y su impacto en rentabilidad de la inversión

Fuente: Donald Kirkpatrick , "Evaluating Training Programs"

¿Cómo efectuar una evaluación de reacción sobre las actividades de capacitación y entrenamiento?

Esto dependerá del tipo de actividad que se trate.

El área de gestión de personas debe asegurarse que todo asistente a una actividad de capacitación entregue su reacción de retroalimentación, o sea sus comentarios, y sugerencias, de forma tal de saber si la actividad fue útil y productiva.

Cada participante debe responder un cuestionario de evaluación con temas tales como los siguientes:

A) Contenido

1. El contenido cumplió mis expectativas

2. Los objetivos se explicaron al inicio del curso
3. El tema se cubrió suficientemente
4. El contenido del curso será útil en mi trabajo
5. El tiempo utilizado fue suficiente

B) Conductor, relator, facilitador o entrenador:

6. Domina los temas que expuso
7. Mantuvo la atención de los participantes
8. Provocó la participación e intercambio de experiencias
9. Utilizó adecuadamente el tiempo
10. Mostró experiencia práctica en los temas
11. Mostró claridad en sus explicaciones
12. Respondió pacientemente todas las consultas
13. Utilizó medios como dinámicas, presentaciones, medios computacionales diversos, etc.
14. La actitud y disposición del facilitador fue muy buena, regular, etc.

C) Técnicas y materiales

15. Las técnicas de enseñanza utilizadas fueron prácticas
16. Los materiales estuvieron bien organizados
17. El material de trabajo fue suficiente
18. La bibliografía fue útil y suficiente

Gestión de Personas tiene el deber de evaluar la calidad y utilidad de las actividades y programas, alimentándose con el feedback de los asistentes y de los profesores o encargados de cada actividad.

Después de dicha evaluación, se deben mantener los cursos y programas bien evaluados y reemplazar aquellos que han sido mal evaluados.

¿Qué puede haber fallado para que las capacitaciones no sean bien evaluadas por los empleados y jefaturas?

A). -4 etapas del proceso de capacitación, son las siguientes:

Detección de Necesidades de Capacitación (DNC)

Diseño del programa de capacitación: objetivos, contenidos, técnicas, cómo se evaluará (en qué capacitar, a quién, cómo, cuándo y dónde)

Implementación

Evaluación de la capacitación

B). - 5 factores que pueden fallar para que las capacitaciones no sean bien evaluadas por los empleados:

- No se ha realizado una Detección de Necesidades de Capacitación (DNC).
- No se estableció una relación entre misión estratégica de la empresa y los objetivos concretos del programa de Capacitación y Desarrollo.
- El análisis de tareas y las descripciones de puestos son claramente deficientes lo cual a su vez tiene impacto y repercute en la DNC.
- No se ha efectuado el Análisis de Personas, y por lo tanto no se consideraron las necesidades individuales de capacitación.
- La evaluación de desempeño es deficiente y obviamente esto dificulta la Detección de Necesidades de Capacitación (DNC).

PREGUNTAS

1 Si un empleado asiste por seis meses a un curso para aprender un nuevo software de contabilidad, y no lo logra aprender bien. ¿De quién es la responsabilidad?

2 El Jefe de Marketing asiste a un curso de un año para perfeccionar Técnicas de Análisis de Mercado. A los dos meses, le comenta a su superior, la Gerente Comercial, que se va a retirar, ya que no le alcanza el tiempo, dada la gran cantidad de trabajo que tiene. ¿Qué ocurrió en este caso?

3 Ante múltiples solicitudes de capacitación, la Gerente de Gestión de Personas se reúne con el Gerente General y le informa que los recursos no alcanzan para todas las solicitudes. El Gerente General le pide que priorice, que solo implemente lo más necesario. ¿Cómo debiera priorizar la Gerente de Gestión de Personas?

RESPUESTAS A ESTAS PREGUNTAS EN CAPITULO 19

Desarrollo de competencias

Las competencias o habilidades personales que un jefe o un gerente, con personal a su cargo, debiera preocuparse de mejorar y perfeccionar en su gente y en ellos mismos pueden agruparse en cuatro categorías:

- Competencias para el desarrollo personal
- Competencias para desarrollar subordinados
- Competencias para desarrollar relaciones laborales
- Competencias para desarrollar el negocio de la empresa

(Fuente: DDI, Development Dimensions International, Pensilvania, Estados Unidos)

PARA EL DESARROLLO PERSONAL

Innovación, creatividad, ideas originales

Iniciativa, sugerencias

PARA DESARROLLAR SUBORDINADOS

Alinear y coordinar al grupo para lograr el éxito

Capacidad de dirigir, orientar y motivar a los colaboradores

PARA DESARROLLAR RELACIONES LABORALES

Establecer y mantener buenas relaciones de trabajo con todos los niveles y en todas las áreas

PARA DESARROLLAR EL NEGOCIO DE LA EMPRESA

Enfocarse fuertemente en el servicio al cliente

Dirigir teniendo presente la necesidad de lograr los objetivos y resultados

Resumen: beneficios de capacitar

- La capacitación bien planificada enriquece el capital humano de una compañía, y ello se traduce en mejores resultados, mayor productividad y un positivo clima interno. La capacitación "se paga sola"
- Los programas de capacitación y desarrollo deben adecuados según las necesidades reales de la compañía y según los requerimientos de quienes asisten a dichos programas.
- El entrenamiento y la capacitación deben estar relacionados con el proceso de selección y con la evaluación del desempeño; desde allí surgen concretos requerimientos de capacitación, planes de carrera, etc.

Métodos modernos de capacitación

Dos métodos o alternativas que hoy existen para que los empleados puedan capacitarse y que no significan un desembolso de recursos:

1. Método vía e learning. Hoy a través de internet podemos encontrar muchas opciones gratuitas de cursos online, MOOC (Cursos Gratis Online y Masivos), y charlas (TED, por ejemplo) a los que puede acceder cualquier persona. Páginas web que los ofrecen: Coursera, Qué aprendemos hoy, TED, etc.

2. Método de instrucción directa. La dirección de la empresa también podría identificar temas necesarios de desarrollar en sus empleados y pedir a los mismos empleados (aquellos que ya estén capacitados anteriormente o que

acrediten competencias en ese tema), que diseñen cursos y capaciten a otros empleados.

Otros temas de Capacitación y Desarrollo: Mentoring y Coaching

Programa de mentorías (mentoring) para el desarrollo de jóvenes con potencial

Un Programa de Mentorías es una buena herramienta de capacitación y desarrollo, enfocada hacia profesionales o técnicos jóvenes, con potencial de avanzar en la empresa, empleando la enseñanza que les pueden entregar gerentes y jefes con trayectoria, conocimientos y experiencia.

El programa persigue el desarrollo del capital humano joven y prometedor de una empresa, a través de reuniones periódicas entre un Mentor (una persona a nivel gerencial o nivel de jefatura, con años de experiencia exitosa) y una persona joven, generalmente un técnico o profesional, que haya demostrado tener un potencial de desarrollo.

Entre otras tareas, el Mentor, en sus reuniones individuales y privadas con el joven profesional debe enfocarse en:

- Comunicar la cultura organizacional y los valores de la empresa.
- Dar conocimientos acerca de las características y desafíos de la organización.
- Contestar las dudas del joven profesional y darle ideas acerca de cómo podría superar problemas que se le están presentando.
- Reseñar experiencias laborales como gerente y los aprendizajes que ha tenido en su propia trayectoria.
- Conversar acerca de cómo fijarse expectativas y planes realistas y cómo tener un adecuado plan de desarrollo en la empresa.
- Darle recomendaciones para perfeccionar su desempeño y para lograr las metas.

Entre los principales beneficios organizacionales de este programa está la generación de un espacio para el diálogo franco entre el Mentor y el Joven Profesional difícil de efectuar de otra manera.

El programa permite aumentar la mejora continua del desempeño del Joven Profesional, sube el índice de retención de los Jóvenes Profesionales, acelera el desarrollo de los jóvenes y les enseña a trabajar de acuerdo con la misión y los valores de la Empresa.

Para el Mentor, el programa mejora su liderazgo, su sentido de transcendencia y su contribución personal y organizacional. Estimula su pensamiento crítico y desarrolla su habilidad de consejero.

¿Qué es el Coaching?

El coach es un profesional con mayor experiencia que su seguidor; habitualmente ha ocupado altos cargos y debido a ello puede darle buenos consejos y guiarlo.

El Coaching en una organización lo realiza el jefe inmediato, quien aconseja a un mentor sobre cómo organizarse y cómo actuar en diferentes circunstancias, siendo el enfoque principal el de mejorar el desempeño.

El Coaching sistemático y planificado es una buena forma de desarrollar ejecutivos.

Coaching: un líder dando dirección, motivación y reconocimiento

Para dar una buena dirección a su liderazgo es preciso que el líder de un grupo de colaboradores lleve a cabo acciones o conductas positivas ante su gente y demás personas de la empresa.

Entre dichas conductas tenemos:

- Conocer los intereses y preferencias de sus colaboradores.
- Ser un verdadero promotor del aprendizaje y la capacitación de sus colaboradores.
- Incentivar la creatividad y la innovación en la Empresa.
- Enterarse y reconocer debidamente los logros de sus colaboradores.

Prioridades de un Coach

1.Establece, comunica y acuerda los objetivos que deben lograrse

2.Brinda marcos y pautas de referencia que orientan sobre la forma de lograr los objetivos

3.Revisa periódicamente las prioridades de los objetivos junto con los tiempos y recursos comprometidos para su cumplimiento

4.Conoce detalladamente los logros que su gente está obteniendo y la manera en que los está obteniendo

5.Escucha y tiene en cuenta las opiniones y sugerencias

6.Realiza evaluación de desempeño en forma coherente y consistente con la orientación que ha dado durante todo el año

7.Reconoce y estimula adecuadamente los logros

8.Valora las ideas y aportes novedosos que le proponen

9.Transmite y comparte sus conocimientos, criterios y experiencias

10.Entusiasma para generar y aplicar ideas novedosas o innovadoras

11.Apoya en las decisiones de su gente y tolera los errores que razonablemente pueden cometer

12.Brinda feedback oportuno y específico en función del desempeño

13.Transmite y comparte toda la información que su gente requiere para mi trabajo

14.Promueve el trabajo en equipo

15.Reconoce sus propios errores y modifica sus actitudes

16.Promueve capacitación y desarrollo brindando tiempo, apoyo y recursos

17. Desafía a su gente para superarse continuamente y para que acepten riesgos medidos

Caso práctico de Capacitación: Empresa Hortimax S.A.

La Empresa Hortimax S.A. existía desde hacía treinta años. Su exitoso y creciente negocio era la exportación de pastas, pulpa y jugos de hortalizas (especialmente tomates) a clientes del extranjero, esencialmente de Estados Unidos, Canadá, Gran Bretaña y Australia.

Pablo y Constanza trabajaban en Hortimax, habiendo ingresado a la empresa casi en la misma fecha. Ellos habían sido compañeros en la universidad, cuando estudiaban Ingeniería Comercial.

Actualmente, Pablo era coordinador comercial de exportaciones para América del Norte, reportando a la jefa de exportaciones.

Constanza ocupaba el cargo de planificadora financiera reportando al jefe de planificación.

Por el tipo de trabajo que ambos realizaban, no tenían mucho contacto, pero cada cierto tiempo se juntaban a conversar.

Durante un almuerzo en el mes de marzo, en el comedor de la empresa, Pablo le contó entusiasmado a Constanza que estaba yendo tres veces por semanas a clases de alemán avanzado, según lo que había acordado con su jefa en la sesión de evaluación de desempeño que había tenido los primeros días de enero.

Sandra, su jefa, pensaba que dentro de uno o dos años la empresa comenzaría a exportar a Alemania y por ello era conveniente que Pablo mejorara su nivel de alemán, que solamente era de nivel básico.

Por otra parte, en el mismo almuerzo, Constanza le comentó a su compañero que estaba muy contenta ya que dentro de una semana comenzaría a asistir a clases de Excel en un instituto de computación cercano a las oficinas de la empresa. Ella le había solicitado a Daniel, su jefe, inscribirla en un curso de perfeccionamiento, puesto que sentía que le faltaba un mayor dominio de dicha herramienta informática.

Tres meses después Pablo y Constanza volvieron a almorzar juntos en la empresa.

Cuando hablaron de los cursos de capacitación a los cuales estaban asistiendo, quedó claro que ambos estaban insatisfechos con la experiencia.

Por una parte, Pablo tenía serias dificultades para progresar en el idioma alemán, le parecía difícil seguir el ritmo de las clases, eran de un nivel muy avanzado y, además, Sandra, la jefa del área donde trabajaba, le había informado hacía unos dos meses que los planes para exportar al mercado alemán se habían postergado, sin fecha concreta aún de inicio.

Adicionalmente, Pablo comentó que, en su cargo de coordinador comercial de exportaciones para América del Norte, casi diariamente conversaba por teléfono o por correo electrónico con los clientes de Canadá, Gran Bretaña y Estados Unidos, y pensaba que lo que más necesitaba ahora era reforzar su nivel de inglés oral y escrito, el cual era bastante aceptable, y se las arreglaba con él, pero no tenía un nivel excelente y a veces necesitaba de la ayuda de su jefa para terminar de redactar un correo.

En cuanto a Constanza, ella estaba bastante frustrada con su curso de Excel, ya que había comprobado que el nivel era solo intermedio, y lo que ella realmente necesitaba eran conocimientos más avanzados.

Comentó a su compañero que había hablado hacía dos semanas sobre esta situación con María Cristina, la jefa de capacitación, y que ésta, si bien entendió el asunto, le dijo que solo el próximo año podrían inscribirla en un curso de Excel avanzado, ya que el de este año estaba por terminar, estaba totalmente pagado y su área no tenía presupuesto disponible para un nuevo curso en el año en curso.

PREGUNTAS

1. Analizar el proceso de capacitación llevado a cabo en Hortimax respecto de Pablo y Constanza. Evaluar cómo fueron efectuadas estas actividades (éxitos y/o errores)

2. Plantear cómo debiera haberse hecho este proceso y explicar el rol que debieron haber cumplido los jefes mencionados, los empleados mencionados y el área de capacitación para lograr un eficiente proceso.

RESPUESTAS EN CAPITULO 19

Caso práctico de Dotación y Capacitación: Manufacturas Consuthel

Manufacturas Consuthel elabora productos salados tipo snack, de distintas marcas propias, los que vende con gran éxito en distribuidores y pequeños comercios. Su dotación de personal es de 105 empleados, de las cuales 50 trabajan en Producción, 10 en Bodega y Logística, 15 en Contabilidad y Finanzas, 25 en Marketing y Ventas y 5 en Gestión de Personas.

El Directorio, ante la meta estratégica de hacer crecer las ventas, aprobó una propuesta del Gerente General para iniciar la fabricación de una nueva línea: productos de repostería, tales como pasteles, galletas y tortas.

El Gerente General dijo que se hicieron estudios de mercado, concluyendo que es un mercado potencial muy grande y que como empresa tienen todas las aprobaciones sanitarias e higiénicas para elaborar ese tipo de productos, y conocen muy bien los canales de distribución y de venta del rubro alimenticio, por su experiencia en la venta de snacks.

Estima que el primer año podrían subir las ventas de Consuthel en un 15% y a partir del segundo año crecerían a lo menos en un 30% con la introducción de los diversos productos de repostería.

Después de tomada la decisión, el Gerente General se reunió con el Comité de Gerentes y coincidieron con que era una buena decisión para el crecimiento de la empresa.

Sin embargo, varios gerentes manifestaron preocupaciones en relación con la estrategia comercial, con los recursos productivos necesarios y respecto del capital humano disponible para enfrentar estos nuevos desafíos.

El Gerente de Producción dijo que además de evaluar qué recursos productivos y tecnológicos se necesitarán para este proyecto, y ver el requerimiento de refrigeración de tortas y pasteles, deberá estudiar el tema del personal con el que cuenta, tanto en cantidad como en habilidades.

El Gerente Comercial expresó que la venta de repostería se realiza tanto en canales de ventas conocidos por Consuthel como también en otros, diferentes a los actuales, por lo cual deberá diseñar nuevas estrategias de marketing. Cree también que posiblemente se deberán contratar y capacitar a otros vendedores.

El Gerente de Gestión de Personas dijo que se necesitará evaluar el impacto del proyecto en el tema de recursos humanos disponibles, y ver también si será necesario cambiar algunos roles en la organización actual.

El Gerente de Finanzas dijo que, si bien había conversado previamente este tema con el Gerente General tendría que afinar las necesidades de financiamiento del proyecto, y agregó que en su área es muy posible que deba contratar y entrenar un par de asistentes de contabilidad y tesorería, por la mayor cantidad de operaciones productivas y comerciales que tendrá la empresa.

PREGUNTAS

- **¿Cree usted que Consuthel está preparada para iniciar la fabricación de la línea de repostería?**
- **¿Qué debiera hacer Consuthel para implementar este proyecto desde el punto de vista del capital humano?**

RESPUESTAS EN CAPITULO 19

CUESTIONARIO

1.-Mencione las etapas del proceso de capacitación y desarrollo.

2.-Para determinar las necesidades específicas de capacitación y desarrollo, se realizan tres diferentes estudios. Mencione estos tres estudios y dé una explicación de cada uno de ellos.

3.-Explique en qué consisten las dos primeras etapas del Modelo de Kirkpatrick.

RESPUESTAS EN CAPITULO 19

CAPÍTULO 9

COMPENSACIONES Y VALUACIÓN DE CARGOS

CAPÍTULO 9

COMPENSACIONES Y VALUACIÓN DE CARGOS

COMPENSACIONES Y VALUACION DE CARGOS

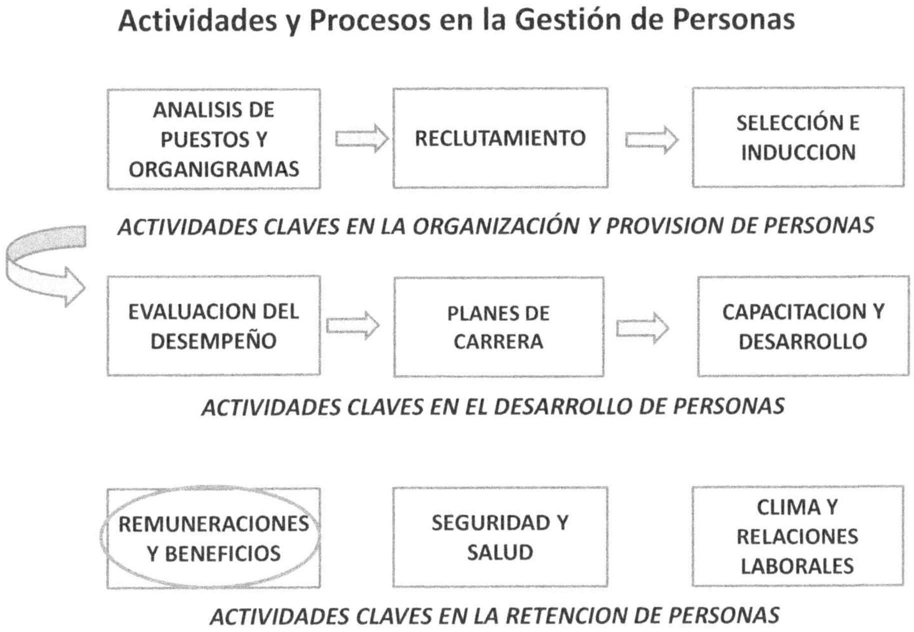

Definición de Remuneraciones

El total de todos los pagos que recibe un empleado por los servicios prestados es lo que constituye la remuneración. Existen varias formas: la remuneración financiera directa (por ejemplo, el sueldo), la remuneración financiera indirecta (prestaciones, servicios, seguros) y una remuneración no financiera.

Equidad y Remuneraciones

La equidad se refiere a la percepción de los empleados de que son tratados con justicia.

Equidad externa: remuneración comparable con trabajos similares en empresas similares.

Equidad interna: remuneración acorde al valor interno de cada cargo.

Equidad entre los empleados: remuneración similar para el mismo trabajo, exceptuando factores como desempeño y antigüedad.

Equidad con los equipos: se logra cuando los equipos son retribuidos con base en la productividad grupal.

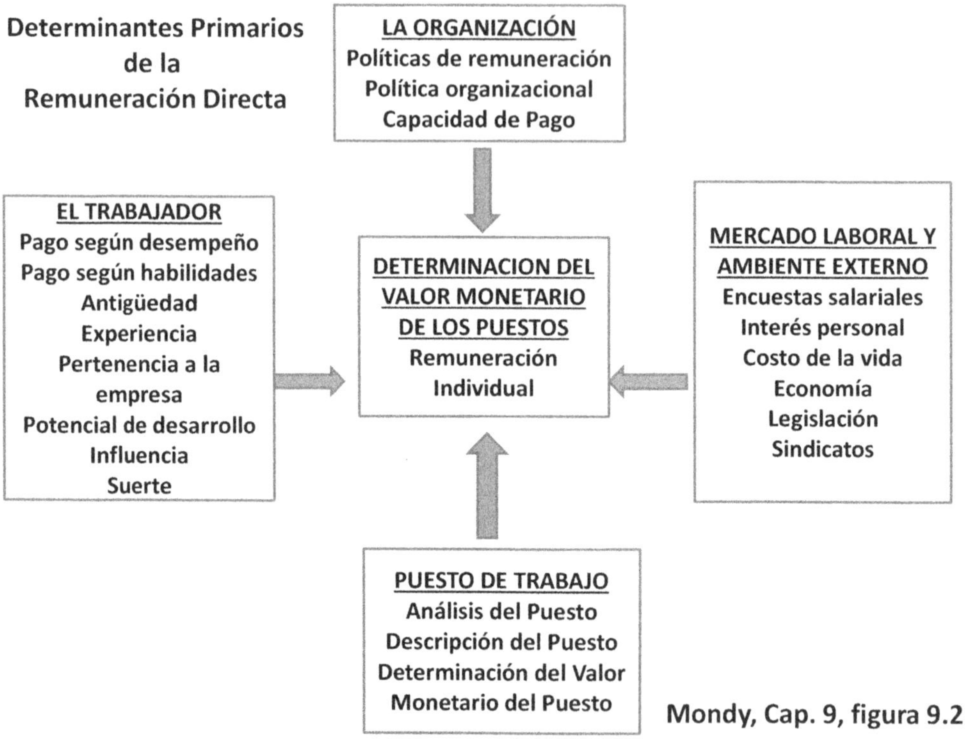

Mondy, Cap. 9, figura 9.2

Factores que inciden en las Remuneraciones

Tienen un efecto directo sobre el valor monetario de los puestos y sobre la remuneración financiera de una persona:

- la organización
- el mercado laboral

- el puesto de trabajo
- el empleado

Otros elementos para considerar:

- Política de remuneraciones de la empresa
- Capacidad de pago
- Encuestas salariales
- Costo de la Vida (IPC)
- Situación económica
- Leyes laborales
- Sindicatos

Motivación y Remuneraciones

Las personas, para satisfacer sus necesidades y para percibir que su remuneración es justa de acuerdo con la función que desempeñan, es necesario que se sientan justamente remuneradas, contribuyendo así al objetivo de mantener un clima laboral motivador y positivo.

Es relevante para motivar y retener al personal clave de una organización el poseer un nivel equitativo y competitivo de remuneraciones y beneficios, especialmente al comparar la remuneración de sus cargos con los de empresas similares en actividad y tamaño.

Políticas y Sistemas de Remuneraciones

Indudablemente, puede decirse que cada puesto de trabajo posee tiene un determinado valor, es decir un valor individual. Entonces, es necesario conocer el valor de cada puesto en relación con los demás puestos de la organización y con respecto a la información de sueldos de mercado, para así poder establecer una remuneración equitativa.

La administración de remuneraciones puede entenderse como un conjunto de normas y procedimientos para establecer una estructura salarial justa, según:

1. Los sueldos en relación con los demás puestos de la organización para lograr un equilibrio interno.

2. Los sueldos en relación con los mismos puestos de otras empresas, para lograr un equilibrio externo.

Gestión de Personas y Sistemas de Remuneraciones

La Gestión de Personas debe preocuparse de disponer de una política y un procedimiento claro de remuneraciones para:

- Administrar los sueldos en forma equitativa y competitiva
- Considerar todos los elementos: bonos, incentivos y beneficios
- Efectuar valuaciones de puestos
- Utilizar encuestas y estudios de mercado por cada cargo
- Crear y utilizar escalas de sueldos, racionales y coherentes
- Y definir mecanismos claros de ajustes e incrementos

En el gráfico podemos apreciar las actividades de Gestión de Personas relacionadas con los sistemas de remuneraciones.

Remuneraciones y Presupuesto Financiero

En la administración de remuneraciones, la Gestión de Personas debe equilibrar las remuneraciones e incentivos con el presupuesto financiero de la organización, enfrentándose con las típicas presiones por reducción de gastos, buscando la motivación de la gente y la retención de personal clave.

Una buena gestión de compensaciones establecerá estructuras de sueldos adecuadas y competitivas, que se puedan financiar y que se basen en la comparación con una muestra de compañías relevantes.

¿En qué consiste administrar remuneraciones?

Administrar remuneraciones consiste en tener un sistema completo, uniforme, reglamentado, coherente y metódico a través del cual se administran las remuneraciones de todo el personal de una empresa.

Esto implica tener una escala de cargos y sueldos que se basa en la valuación de cargos, el valor estratégico de cada cargo y su impacto en las operaciones de la empresa, y en el mercado de remuneraciones comparables.

Gestión de Personas y Actividades del proceso de Administración de Remuneraciones

Actividades de este proceso:

Para abordar adecuadamente el proceso de administración de remuneraciones, la gestión de personas deberá desarrollar las siguientes actividades:

a) Efectuar la formulación y administración de programas, políticas y procedimientos relacionados con remuneraciones.

b) Generar estructuras de remuneraciones basadas en valuación de cargos, en datos del mercado y en la organización propia de la empresa.

c) Monitorear periódicamente las tendencias del mercado de compensación y beneficios y efectuar análisis de encuestas de mercado de empresas similares.

Para la administración de sueldos se deben utilizar tres informaciones relevantes:

- el valor de cada cargo;
- la construcción de una escala de remuneraciones de la empresa; y
- la evaluación del desempeño del trabajador.

Escala de Remuneraciones

La escala de remuneraciones debe construirse para todos los cargos existentes, evaluando todos los cargos, desde el más básico hasta el de gerente general (o cualquiera que sea la denominación que la máxima autoridad de la empresa tenga).

P R E G U N T A S

1. **¿Qué debe hacer un gerente si un profesional que trabaja con él le plantea que considera que su remuneración es muy baja y no ha tenido aumentos en los últimos 2 años?**
2. **Un Analista de Contabilidad se queja ante la Gerente de Finanzas porque se enteró que otro empleado de su área, la Analista de Costos, tiene un sueldo que es 15% superior al suyo, lo cual estima como poco justo. ¿Qué debe hacer la Gerente de Finanzas?**

RESPUESTAS A ESTAS PREGUNTAS EN CAPITULO 19

OBJETIVOS DE LAS POLÍTICAS Y SISTEMAS DE REMUNERACIONES

La administración de remuneraciones tiene los siguientes objetivos:

- Lograr atraer candidatos adecuados a la empresa, ofreciendo sueldos competitivos.
- La remuneración debe estar en parte asociada al desempeño y logros del empleado.

- El valor individual de cada impuesto debe considerarse para la remuneración.
- Es importante que los empleados acepten bien su sueldo y perciban que hay equidad.
- El nivel de la remuneración debe ser el adecuado para permitir promover personas y también dar posibilidades de desarrollo de carrera.
- Es básico conservar un equilibrio entre las posibilidades de financiamiento y los sueldos totales de una compañía.

Resultados Esperados de las Políticas y Sistemas de Remuneraciones

- ATRACCION: Atraer buenos candidatos, ofreciendo sueldos atractivos.
- EQUIDAD: Remunerar según valor del puesto.

- MOTIVACIÓN: Recompensar por desempeño y dedicación, promover personas y dar posibilidades de desarrollo de carrera.
- EQUILIBRIO FINANCIERO: Lograr equilibrio entre posibilidades de financiamiento y sueldos.

Política de Ajustes de Remuneraciones

Definición de Política de Ajustes

Generalmente, como política, se dan incrementos de remuneraciones basados en el desempeño de cada trabajador y/o en nivelaciones o ajustes originados en la situación de mercado y competitividad de las remuneraciones, comparadas con otras empresas similares.

También se dan ajustes por cambios en la valuación de un cargo.

Desventajas de un mal sistema

Cuando se paga por debajo del promedio del mercado, o no se premia a trabajadores con un desempeño excelente, se va a generar desánimo y desmotivación.

Si muchos empleados constatan que su remuneración es baja comparada con cargos similares o con lo que paga el mercado habrá un malestar abierto o encubierto, pero que se hará claro con un mal desempeño y probablemente subirá la rotación por las renuncias.

Ventajas de un buen sistema de remuneraciones

Las remuneraciones son un factor fundamental para atraer, motivar y retener al personal más adecuado para cumplir con las metas estratégicas.

Es por ello que el área de gestión de personas debe asegurarse que, dentro de las posibilidades financieras de la empresa, el sistema de remuneraciones sea competitivo, justo y coherente.

Percepción sobre la remuneración

- Es muy relevante que un trabajador perciba que su remuneración es justa y equitativa.
- Es justa cuando se compara una remuneración con la de las demás personas que trabajan en la empresa, y para ello se deberá ponderar:
  - el tipo de trabajo que cada uno realiza
  - las responsabilidades asignadas
  - estudios y experiencia necesarios para una función
  - número de personas que supervisa
  - impacto del trabajo en los resultados estratégicos
  - evaluación del desempeño en los últimos períodos
  - etc.

Transparencia y Objetividad

Dado que es muy difícil que una persona por sí sola pueda determinar si su remuneración es justa, la gestión de personas debe encargarse de utilizar herramientas claves para demostrarle al trabajador, con transparencia y objetividad, cómo se ha establecido el sueldo y demás pagos que recibe.

La idea es que dicha persona perciba que tras su remuneración existen análisis y factores objetivos, tanto originados en el mercado de empresas comparables como los provenientes de la estructura misma de la empresa a la que pertenece.

Personas que creen que su remuneración "es muy baja".

Es muy difícil que una persona objetivamente pueda determinar si su remuneración es justa, por eso la gestión de personas debe utilizar herramientas para demostrarle al trabajador, con transparencia y objetividad, cómo se ha establecido el sueldo y demás pagos que recibe.

La idea es que dicha persona perciba que tras su remuneración existen análisis y factores objetivos originados en:

- Encuestas de mercado (el mercado de empresas comparables)
- Los datos de la estructura de sueldos de la empresa a la que pertenece.
- Las últimas evaluaciones del desempeño del trabajador
- Historia de los últimos incrementos otorgados al trabajador

Valuación de Puestos

Qué es y para qué fines se utiliza la valuación de puestos

La valuación de puestos es un proceso que pretende determinar el valor relativo de un puesto de trabajo en una organización, en relación con los otros puestos.

El objetivo es evitar injusticias o inequidades internas de remuneración.

Mide el valor del trabajo en un sentido laboral y administrativo.

Permite establecer la estructura de los puestos de la organización.

Ordena adecuadamente las relaciones entre puestos de trabajo.

Desarrolla una jerarquía de puestos para crear una estructura de remuneraciones, junto con los datos del mercado laboral.

En el gráfico se puede visualizar el proceso de valuar y revaluar puestos en una organización (según Idalberto Chiavenato, capítulo 10)

Valuación y revaluación de puestos

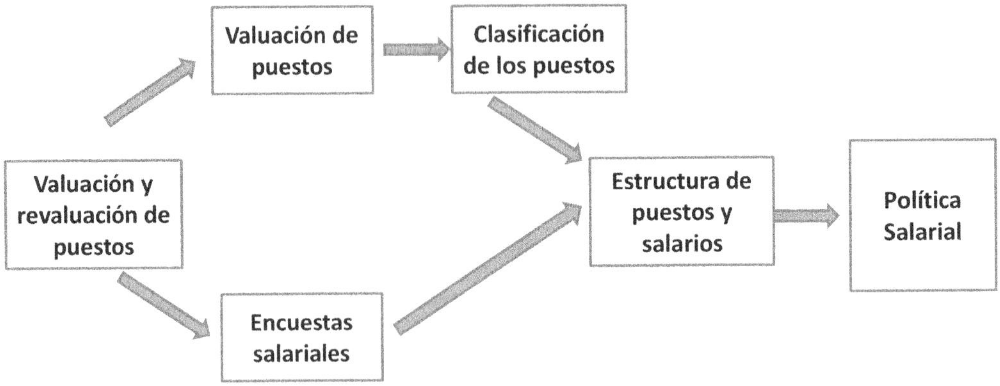

Chiavenato, Capítulo 10, figura 10.6

Lo primero es analizar y evaluar cada cargo

Existen empresas consultoras que analizan, describen y evalúan los cargos de una compañía.

Se sugiere también deliberar en un comité integrado, por ejemplo, por el gerente general, el gerente de gestión de personas y los gerentes divisionales de la compañía para efectuar los análisis de cargo, para ordenar por grados los distintos cargos y confeccionar la escala.

Por ejemplo, una consultora externa propondrá una escala y un comité gerencial elaborará y definirá la escala de cargos, tomando en consideración aspectos objetivos, independientes de las personas que ocupan los cargos al momento de definirse la escala.

Entre estos aspectos, deben evaluarse para cada cargo:

- los estudios y experiencia que se necesitan
- el contenido y complejidad del trabajo
- las responsabilidades asignadas
- el nivel y frecuencia de supervisión que requiere
- los objetivos del cargo y su impacto en la empresa
- condiciones en que se desarrolla el trabajo
- número de personas que dicho cargo supervisa directamente
- impacto del trabajo y de sus logros en los resultados estratégicos de la empresa

Algunos métodos para evaluación de puestos

- Método de jerarquización de puestos o comparación simple
- Método de escalas por categoría
- Método de comparación de factores
- Método de puntos
- Método de perfiles y escalas

Método de jerarquización de puestos

En el método de jerarquización de puestos o comparación simple, los evaluadores ordenan los puestos en orden decreciente con base en algún criterio de comparación, comparando puesto con puesto.

Es un método muy simple, pues la comparación es global y sintética, es cualitativa, y puede ser algo superficial.

Los factores que se consideran entre otros son:

- Qué labor hace, cómo, dónde y por qué
- Atribuciones
- Personas que supervisa
- Equipos y materiales que utiliza
- Ambiente donde trabaja, si es estático o en movimiento
- Objetivos del puesto

Método de escalas por categorías

El método de escalas por categorías es una variante del método de jerarquización simple.

Los puestos que se comparan se dividen en categorías predeterminadas que poseen características comunes.

Por ejemplo, las categorías pueden ser: supervisores, operativos, especialistas, calificados, no calificados, etc.

Luego, se aplica la jerarquización simple a cada uno de estos conjuntos o categorías de puestos.

Método de comparación de factores

El método de comparación de factores supone la existencia de cinco factores universales que definen cualquier puesto de trabajo:

- Requisitos mentales o intelectuales
- Habilidades
- Requisitos físicos
- Responsabilidades
- Condiciones de Trabajo

Un comité de evaluación crea una escala monetaria con cada uno de los cinco factores y ordena y clasifica los puestos según su valor para cada factor.

Método de Puntos

En el método de puntos, los evaluadores asignan valores numéricos a factores específicos de los puestos de trabajo como por ejemplo el conocimiento requerido. La suma de estos valores da el valor relativo de un puesto de trabajo.

1.--Se eligen los factores de evaluación (análisis y perfil de puestos): requisitos intelectuales, requisitos físicos, obligaciones y condiciones de trabajo.

2.--Ponderar los factores de valuación según la importancia relativa de cada uno. Se atribuye a cada factor su peso relativo en las comparaciones de puestos (Chiavenato, Cap.10):

Factores	**Ponderación**
Requisitos Intelectuales	
Conocimientos mínimos	15
Experiencia anterior	20
Iniciativa e Ingenio	15
Requisitos Físicos	
Esfuerzo físico necesario	6
Concentración mental o visu	6
Responsabilidad por	
Supervisar personal	10
Material y equipos	4
Métodos o procesos	4
Información confidencial	4
Condiciones de Trabajo	
Ambiente de Trabajo	6
Riesgos	10
TOTAL	100

3.—Crear la Escala de Puntos.

Se atribuyen valores numéricos o puntos a los grados de cada factor

	CATEGORIA A	CATEGORIA B	CATEGORIA C
	Recepcionista Básica	Analista Contable	Jefe de Bodega
Factores	**Ponderación**	**Ponderación**	**Ponderación**
Requisitos Intelectuales			
Conocimientos mínimos	15	45	75
Experiencia anterior	20	75	125
Iniciativa e Ingenio	15	45	75
Requisitos Físicos			
Esfuerzo físico necesario	6	18	30
Concentración mental o visu	6	18	30
Responsabilidad por			
Supervisar personal	10	30	50
Material y equipos	4	12	20
Métodos o procesos	4	12	20
Información confidencial	4	12	20
Condiciones de Trabajo			
Ambiente de Trabajo	6	18	30
Riesgos	10	30	50

Método de Perfiles y Escalas - Guía de Hay

El método de perfiles y escalas - guía de Hay es una versión refinada del método de puntos. Usa los factores relevantes relacionados con el "saber cómo" (know how) y la experiencia, la resolución de problemas, la responsabilidad y otros elementos relevantes adicionales.

Una vez evaluados estos aspectos se define la escala de cargos, la cual será la base indispensable para elaborar la escala de remuneraciones. Y para esta última es imprescindible contar con información de mercado.

Escala de remuneraciones

Para ordenar la escala de remuneraciones se pueden asignar grados. Por ejemplo, solo para ilustrar la idea, el nivel más básico puede ser el grado 1 y el nivel máximo puede ser el 25. Cada empresa decidirá la forma en que prefiere ordenar la escala de acuerdo con sus propias particularidades.

Lo importante es que antes de la escala de remuneraciones debe definirse la escala de cargos, donde cada cargo tendrá un lugar, y para ello se requiere estudiar cada cargo.

Estudiar las Remuneraciones de otras organizaciones

Debe definirse con mucha objetividad el mercado de comparación de remuneraciones. Definir el grupo de empresas con las cuales vamos a compararnos es clave para contar con información de mercado justa, relevante y comparable.

Para seleccionar la muestra, se debe incluir a aquellas compañías que actúan en el mismo mercado o sector económico de la organización donde se va a definir la escala.

No es lógico ni justo comparar, por ejemplo, los sueldos de grandes empresas del sector minero con los de pequeñas empresas comerciales o de servicios. O comparar las pagadas en grandes empresas bancarias con las de empresas agrícolas pequeñas o medianas.

Compararse con empresas similares

Una vez definido el sector principal donde opera la compañía, el segundo nivel de selección es considerar dentro de esa muestra a empresas que sean similares en tamaño a la nuestra, dentro de un rango razonable.

Podemos tomar por ejemplo los niveles de ventas y el número de trabajadores. Estos datos habitualmente son públicos, o se pueden estimar con cierta precisión.

Entonces, si mi empresa opera en el sector de la construcción, debo seleccionar para mi muestra comparativa de remuneraciones a aquellas empresas de ese mismo sector que tengan ventas entre la mitad hasta el doble de mi empresa, y/o que tengan una dotación de trabajadores entre la mitad y el doble de la mía.

Se utilizan criterios flexibles y razonables según la realidad de cada sector. Hay sectores en que prácticamente hay un duopolio, o un máximo de tres grandes empresas, y otros en los cuales hay cientos o miles de compañías similares.

En algunos casos habrá que incluir empresas de sectores algo similares para conformar una muestra de al menos diez compañías, número razonable para extraer conclusiones sobre el mercado de remuneraciones en mi sector.

Se necesita información de mercado

Para lograr información de las remuneraciones en el mercado, para los cargos incluidos en la escala, existen varias formas.

Una forma es comprar una encuesta de remuneraciones. Hay consultoras que ofrecen encuestas actualizadas y divididas por sectores productivos, suficientes para formarse una idea clara del mercado.

También, existen las encuestas hechas a pedido a una consultora, que son más costosas, pero que van a apuntar directamente al mercado de comparación se necesita.

Estructurar una Escala de Remuneraciones

La escala de remuneraciones consiste en colocar, para cada grado de la escala de cargos:

- un valor mínimo
- un valor promedio
- un valor máximo

Todos ellos obtenidos de la muestra del mercado.

Ejemplo de una Escala de Remuneraciones

A continuación, un ejemplo, de lo que podría contener una escala de remuneraciones, en la cual se incluyen solo algunos grados:

EMPRESA COMERCIAL MAYORISTA SUELDO BRUTO MENSUAL - MERCADO

GRADO	Cargos Considerados	MINIMO	PROMEDIO	MAXIMO
GRADO 1	Aseador, Vigilante, Guardia	250,000	300,000	350,000
GRADO 9	Secretaria No bilingüe	600,000	700,000	800,000
	Coordinador de Marketing			
	Vendedor junior			
GRADO 15	Supervisor de Ventas	1,200,000	1,500,000	1,800,000
	Gerente de Productos Senior			
	Jefe de Bodega			

Análisis de la Escala

Antes de aprobar la escala de remuneraciones, la gestión de personas analizará cargo por cargo, persona por persona, y sueldo por sueldo si es que es coherente y lógica la posición de cada trabajador dentro de dicha escala.

Por ejemplo, es esperable que alguien que ha sido recién promovido a un cargo del grado 9 se encuentre más cerca del valor mínimo de dicho grado.

Por el contrario, una persona que ha estado muchos años en el grado 9, y ha ido recibiendo incrementos por desempeño, lo más lógico es que esté cerca del sueldo máximo del grado.

¿Por qué podría haber diferencias en las remuneraciones de dos empleados que realizan trabajos que parecen ser similares?

Al hacer la evaluación de cargos se crean niveles que agrupan cargos y los dos empleados pueden estar, según su cargo, en un diferente nivel de compensación; por tanto, con rangos salariales diferentes.

También puede ser que las evaluaciones de desempeño de un empleado le han permitido aumentar su sueldo a niveles superiores que los del otro empleado, siempre dentro de un mismo rango salarial de compensación, estando uno en una zona de inicio o desarrollo y el otro en zona de proyección.

¿QUÉ OPINA DEL SUELDO QUE OFRECE "MI EMPRESA", COMPARADO CON EL MERCADO?

	CARGO : JEFE DE MANTENCION		
	Trabajadores	Ventas MM	Sueldo Mensual
MINERA A	1.000	US$ 200	$ 2.500.000
MINERA B	1.500	US$ 180	$1.950.000
MINERA C	950	US$ 100	$ 1.650.000
MINERA D	1.800	US$ 320	$2.800.000
MINERA E	1.350	US$ 290	$2.300.000
MINERA F	1.950	US$ 210	$ 2.000.000
P R O M E D I O	1.425	US$ 217	$ 2.200.000
MI EMPRESA	1.100	US$ 170	$ 1.600.000

COMENTARIOS SOBRE ESTA PREGUNTA EN CAPITULO 19

Ajustes especiales y administración de la escala

Si se encuentran incoherencias, es necesario corregirlas con ajustes especiales, por ejemplo, semestrales, a aquellos que están con un sueldo inferior al que deberían, y congelando los incrementos de las personas que, en un determinado grado, están muy por sobre el máximo de dicho grado.

Como decíamos, en la administración de remuneraciones se utilizan tanto la escala de remuneraciones de la empresa como también la evaluación del desempeño del trabajador.

Con respecto a la relación entre remuneraciones y la evaluación del desempeño, éste es un tema tratado en la unidad de Evaluación del Desempeño.

Remuneraciones y Evaluación del Desempeño

El impacto de una evaluación en las remuneraciones es muy relevante, dado que en una empresa debe existir una relación directa entre ambos procesos.

Un trabajador que ha cumplido con los objetivos y ha tenido un buen desempeño, tendrá derecho a recibir un incremento de remuneraciones superior a aquel que no ha tenido logros.

Es importante que en forma previa a estos procesos se establezca una escala de incrementos por desempeño, en la que se definan los porcentajes de alza que se otorgarán según desempeño, en el proceso de evaluación individual que se debe realizar anualmente.

Un ejemplo de tabla de incrementos por desempeño podría ser:

DESEMPEÑO	RANGO DE INCREMENTO ANUAL
EXCELENTE	**10% a 12%**
MUY BUENO	**7% a 9%**
BUENO	**4% a 6%**
REGULAR	**0% a 3%**
INACEPTABLE	**0%**

En aquellas empresas o países en que, por razones económicas, laborales o sindicales se acostumbra a otorgar un ajuste por incremento del costo de vida o inflación, estos incrementos por desempeño generalmente son adicionales.

Competitividad de remuneraciones

Es necesario medir el nivel de competitividad de nuestros sueldos y beneficios con respecto al Mercado Comparable con nuestra empresa.

Cálculo:

Promedio de Sueldos Internos versus Sueldos del Mercado, por posición, por departamento y total empresa.

Cantidad y contenido del Plan de Beneficios versus lo que otorga el mercado comparable.

¿De que serviría transparentar y comunicar el proceso de compensaciones a los empleados?

La utilidad de comunicar y transparentar el proceso de compensaciones es que los empleados entenderían el proceso y cómo se establecen salarios justos en la empresa.

Además, eliminaría posibles dudas y rumores de inequidad (injusticia), competitividad (que afuera se paga mejor) y comparación de sueldos entre empleados.

Problemas si hay empleados sub pagados en relación con sus responsabilidades y otros que están sobre valorados tanto internamente como en relación con la competencia.

Es necesario revisar la estructura de remuneraciones si hay problemas de empleados sub pagados en relación con sus responsabilidades y otros que están sobre valorados tanto internamente como en relación con la competencia.

1.--Los problemas que genera una estructura de remuneraciones interna y externamente subvalorada y/o sobrevalorada, son:

- Desmotivación, mal clima laboral, percepción de injusticia
- Inconvenientes para atraer, retener y motivar al personal
- Aumento de la rotación de personal como consecuencia de esto.

2.—Deben diseñarse estructuras salariales que sean justas en términos de equidad interna y de equidad externa:

A). -Valorizar los cargos en la empresa

B). -Analizar las compensaciones en el mercado relevante a través de encuestas salariales.

Caso práctico de Remuneraciones: Comercial Vendemás

Desde hace 6 años que la COMERCIAL VENDEMÁS opera en el mercado de distribución de jugos y bebidas, cubriendo la zona que va desde Rancagua hasta Punta Arenas. Se abastece de los principales fabricantes e importadores nacionales. Tiene una extensa línea de productos para ofrecer. Cuenta con cinco grandes camiones repartidores, dos centros de almacenaje (uno en Talca y otro en Temuco), más diez vendedores, dos jefes de ventas y un Gerente de Ventas.

Tiene bastante éxito en la venta a cientos de comercios minoristas y pequeños emprendedores de ciudades grandes, medianas y pequeñas, caracterizándose por un muy buen servicio de distribución y reposición rápida.

Para incentivar las ventas del año, cuenta con el siguiente plan de remuneraciones e incentivos:

Para Manuel, el Gerente de Ventas, tiene un sueldo bruto de $3.000.000, más un bono trimestral de $500.000 y un bono anual de $1.500.000, si logra llegar a un porcentaje de cumplimiento de las metas igual o superior al 95% en cada período. En el mejor escenario, junta $3.500.000 anuales en bonos.

Para los dos Jefes de Ventas (Ramiro cubre desde Rancagua a Concepción y Marta desde Los Ángeles a Punta Arenas), se les otorga un sueldo bruto de $ 2.000.000, más un bono trimestral de $400.000 y un bono anual de $1.200.000, si logran llegar a un porcentaje de cumplimiento de las metas igual o superior al 95% en cada período. En el mejor escenario, juntan $2.800.000 anuales en bonos.

En el caso de los vendedores, tienen un sueldo bruto de $1.000.000, más una comisión mensual sobre ventas del 5% y un bono anual de $ 1.000.000 si logran llegar a un porcentaje de cumplimiento de las metas igual o superior al 95% en cada período mensual y anual. En promedio, las ventas mensuales de cada vendedor fluctúan entre 20 y 25 millones de pesos, con lo cual reciben una comisión mensual de 5% equivalente desde $1.000.000 a $1.250.000. En el mejor escenario, un vendedor puede sumar en comisiones desde $ 12.000.000 a $ 15.000.000 en comisiones totales al año, más el bono anual de $1.000.000.

El Gerente de Ventas, Manuel, en el mes de enero hizo un análisis de las remuneraciones pagadas tanto a él como a jefes de ventas y vendedores durante el año anterior. Verificó que casi siempre se lograban las metas de ventas y, a su juicio, los premios por cumplimiento de dichas metas no eran justos ni razonables y pidió una entrevista con Jeannette, la Gerente General, para discutir el tema.

Manuel, antes de la reunión, preparó los siguientes datos de acuerdo con los resultados del año anterior:

- Gerente de Ventas: Sueldo bruto mensual de $3.000.000, y $3.500.000 anuales en bonos trimestrales y bono anual, con un total $39.500.000 en el año.

- Jefes de Ventas: Sueldo bruto mensual de $ 2.000.000, y $2.800.000 anuales en bonos trimestrales y bonos anuales, con un total de $26.800.000.

- Vendedores: Sueldo bruto de $1.000.000, más $ 12.000.000 a $ 15.000.000 en comisiones totales al año, más el bono anual de $1.000.000. Total, anual: entre $25.000.000 a $28.000.000.

Manuel le expuso a Jeannette, la Gerente General, que a su juicio los vendedores recibían un total de remuneraciones muy altas, y que, si bien ello era un muy buen incentivo para lograr las metas, él creía que, en comparación con la remuneración total de los jefes de ventas, existía una situación desequilibrada y planteaba que debían revisarse los bonos y las comisiones de todos, incluida la situación personal de él como Gerente de Ventas.

Jeannette, la Gerente General, después de prometer al Gerente de Ventas que iba a estudiar a fondo el tema, se reunió con Antonio, Gerente de Gestión de Personas, para analizar el tema. Antonio le presentó los resultados de la última encuesta de mercado en empresas comparables, la cual recibió hace unos días y tenía los siguientes datos:

- Cargo de Gerente de Ventas: sueldo bruto promedio de $ 32.000.000 anuales, más bonos promedio de $11.000.000 anuales; con un total anual promedio de mercado de $ 43.000.000.

- Cargo de Jefe de Ventas: sueldo bruto promedio de $ 21.000.000 anuales, más bonos promedio de $8.000.000 anuales; con un total anual promedio de mercado de $ 29.000.000

- Cargo de Vendedor: sueldo bruto promedio de $ 12.000.000 anuales, más comisiones promedio de $10.000.000 anuales y bonos promedio de $1.200.000 anuales; con un total anual promedio de mercado de $ 23.200.000

PREGUNTAS

1.-- Analice el plan de remuneraciones para el área de Ventas de la COMERCIAL VENDEMÁS, destacando los aspectos positivos y negativos, y justificar si a su juicio se cumplen objetivos deseables tales como: remunerar según valor del puesto; recompensar por desempeño y dedicación; lograr en los empleados una aceptación y percepción de equidad interna y externa.

2.-- a) Elabore un nuevo plan de remuneraciones para el área de Ventas, diferente al actual, que considere al Gerente de Ventas, a los Jefes de Ventas y a los Vendedores, y que tome en cuenta los datos del mercado. Incluya en su propuesta nueva: sueldos brutos, bonos trimestrales, bonos anuales y comisiones, y determine el total anual de ingresos, es decir lo que se recibiría como remuneración total en cada cargo.

2.- b) Argumente por qué motivos propone este nuevo plan de remuneraciones para cada cargo, qué ventajas tiene, qué objetivos se cumplen.

3.-- Calcule el costo anual (total actual) que hoy tiene la empresa, y el costo anual total que la **nueva propuesta** tendría para la empresa.

CONSIDERE COMO LIMITANTE QUE LOS SUELDOS ESTABLECIDOS DE COMUN ACUERDO EN UN CONTRATO DE TRABAJO NO PUEDEN REDUCIRSE UNILATERALMENTE, SINO QUE DEBE EXISTIR MUTUO ACUERDO ENTRE LAS PARTES (EMPRESA Y TRABAJADOR).

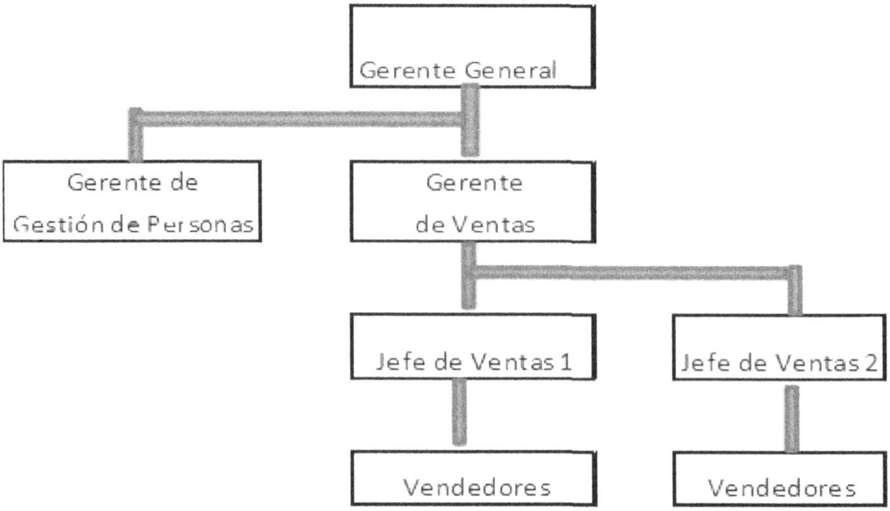

RESPUESTAS A ESTAS PREGUNTAS EN CAPITULO 19

CAPÍTULO 10

INCENTIVOS Y BENEFICIOS

CAPÍTULO 10 : INCENTIVOS Y BENEFICIOS

PLANES DE INCENTIVOS Y RECONOCIMIENTO

Adicionalmente a la remuneración, las empresas pueden ofrecer incentivos monetarios o no monetarios a sus empleados, los cuales habitualmente están relacionados con el cumplimiento de ciertos objetivos predeterminados o con el logro de metas.

Los incentivos monetarios se entregan en dinero y puede ser una suma fija o variable, dependiendo de si se relaciona con otros parámetros medibles, tales como los montos de ventas, de producción, de cobranzas, etc.

También hay incentivos que tienen un componente fijo y uno variable. Si estos incentivos se ofrecen, deben ser claros en su forma de cálculo, motivadores, otorgados con objetividad y tener un significado relevante para los trabajadores.

Los incentivos no monetarios pueden ser de muy distinto tipo. Su propósito es premiar a un trabajador por su esfuerzo y sus logros, sus iniciativas, etc.

Entre estos incentivos se pueden citar: pasajes aéreos, viajes, mercaderías, vales para comprar en supermercados, vestuario, pago de diplomados, certificados de reconocimiento, cursos de capacitación, etc.etc.

Una recompensa o incentivo es una gratificación a cambio de la cual una persona asume su decisión de participar en la empresa y enfrentar los desafíos que se le ponen por delante.

Debe existir un equilibrio entre lo que las personas aportan a la organización y lo que éste les ofrece como recompensa.

Para las personas, el trabajo para su empresa es una inversión personal que debe producir cierto rendimiento, expresado en recompensas o incentivos.

Para la empresa, los incentivos representan también una inversión que debe producir un rendimiento, que se expresa en el aporte que hacen las personas con su trabajo.

¿Por qué se otorgan incentivos?

En general pretenden incentivar el logro de objetivos y resultados que la empresa ha establecido.

El enfoque para dar incentivos casi siempre está en el desempeño del puesto y en las competencias individuales que exhibe un empleado.

En la actualidad las empresas dan mucha relevancia a incentivar aquellas habilidades que hacen más fuerte la competitividad de la organización.

Chiavenato visualiza los objetivos de un plan de remuneraciones variables en un gráfico:

Fuente: Chiavenato, Gestión del Talento Humano

Incentivos por desempeño en el puesto y por competencias

Incentivos por desempeño en el puesto

Objetivo Primario	Incentivar el buen desempeño en el puesto
Objetivo Final	Puestos bien desempeñados por sus ocupantes
Eficiencia	Adecuar los incentivos al mejor desempeño en los puestos
Eficacia	Percepción de los empleados sobre el impulso dado por los incentivos a su mejor desempeño
Indicador	Puestos debidamente remunerados
Rendimiento sobre la inversión	Mejoría del desempeño del empleado en relación con el costo del incentivo dado

Fuente: Chiavenato, Gestión del Talento Humano

Incentivos por Competencias o Habilidades

Objetivo Primario	Incentivar la buena aplicación de las competencias
Objetivo Final	Competencias bien utilizadas y aplicadas al negocio
Eficiencia	Adecuar los incentivos a la aplicación de competencias
Eficacia	Percepción de los empleados sobre el impulso dado por los incentivos a la aplicación de sus competencias
Indicador	Competencias debidamente incentivadas
Rendimiento sobre la inversión	Aumento del aporte individual en relación con el costo del incentivo dado

Fuente: Chiavenato, Gestión del Talento Humano

Ventajas y desventajas de la remuneración por competencias

VENTAJAS		DESVENTAJAS
Facilita identificar puntos fuertes y débiles de una persona		Los empleados menos competentes se sienten inseguros
El entrenamiento se focaliza y tiene metas específicas		Se genera un ingreso diferente en personas que ocupan igual cargo
Los empleados se sienten motivados		Si el incentivo es rutinario, desaparece la motivación
Las personas con potencial inexplorado pueden crecer en la empres		Puede generar angustia o ansiedad

Remuneraciones Fijas en comparación con Remuneraciones Flexibles

Ventajas de las Remuneraciones Fijas

1. Facilita lograr el equilibrio interno (consistencia de los sueldos dentro de la empresa)
2. Facilita obtener el equilibrio externo (competitividad frente al mercado externo de sueldos)
3. Facilita la administración de remuneraciones a través de escalas de sueldos
4. Ofrece una base lógica y racional para distribuir los recursos destinados a sueldos en la empresa.
5. Facilita la planificación financiera, siendo parte de los costos fijos de la organización.
6. Los premios por buen rendimiento pueden darse a través de un aumento de la remuneración fija.

Desventajas de las Remuneraciones Fijas

1. No ofrece una motivación intrínseca al empleado.
2. No incentiva el espíritu emprendedor ni la aceptación de mayores responsabilidades.
3. Puede funcionar como un factor para conservar la rutina y el statu quo.
4. La remuneración se otorga por el puesto que se ocupa y por el tiempo destinado según un horario de trabajo, pero no por el desempeño en el puesto ni por alcanzar metas o resultados.

Ventajas de las Remuneraciones Flexibles

1. Ajusta la remuneración al desempeño, al uso de competencias y al logro de resultados.
2. Funciona como motivación intrínseca, dando importancia a la autorrealización personal.
3. Premia el buen desempeño e incentiva la creatividad y el espíritu innovador.
4. Funciona como autoevaluación, al haber una retroalimentación a través de los incentivos.
5. Un incentivo solo se otorga frente a un logro, y con ello no afecta los costos fijos de la organización.

Desventajas de las Remuneraciones Flexibles

1. Al haber remuneraciones variables, se produce cierta pérdida de control en la administración de remuneraciones.
2. De alguna forma puede alterar las escalas de remuneraciones, porque introduce pagos variables y adicionales al sueldo.
3. Puede producir desigualdad de ingresos entre los que obtienen buenos incentivos y quienes no los reciban.
4. Se pueden dar quejas y hasta conflictos por parte de empleados que no recibieron beneficios.
5. Si los incentivos están mal diseñados, puede producir un impacto en costos no deseado.

Criterio e inteligencia para fijar metas desafiantes

Los incentivos deben ser un verdadero estímulo para lograr metas específicas.

Si los objetivos son demasiado fáciles de lograr, todos los lograrán.

Incentivos monetarios y no monetarios: Planes de incentivos y reconocimiento

Las empresas pueden ofrecer incentivos monetarios o no monetarios a sus empleados.

Los incentivos monetarios se entregan en dinero y puede ser una suma fija o variable, dependiendo de si se relaciona con otros parámetros medibles, tales como los montos de ventas, de producción, de cobranzas, etc.

También hay incentivos que tienen un componente fijo y uno variable. Si estos incentivos se ofrecen, deben ser claros en su forma de cálculo, motivadores, otorgados con objetividad y tener un significado relevante para los trabajadores que los logran.

Los incentivos no monetarios pueden ser de muy distinto tipo. Su propósito es premiar a un trabajador por su esfuerzo y sus logros, sus iniciativas, su lealtad, etc.

Entre estos incentivos se pueden citar: pasajes aéreos, viajes, depósitos en cuentas de ahorro, mercaderías, vales para comprar en supermercados, vestuario, pago de diplomados, certificados de reconocimiento, cursos de capacitación, etc.etc.

Actividades relativas a Incentivos

Para abordar adecuadamente el proceso de planes de incentivos y reconocimiento, la gestión de personas deberá desarrollar las siguientes actividades:

a) Implementación de planes de incentivos y reconocimiento relacionados con los méritos de las personas y/o con el cumplimiento de metas personales, por área, o de la empresa en su totalidad. Estas metas surgen del plan estratégico de la empresa…y

b) Analizar tanto planes monetarios como no monetarios, según el fin buscado.

REMUNERACIONES E INCENTIVOS SEGÚN TIPO DE CARGO Y TIPO DE ACTIVIDAD QUE SE REALIZA

Remuneraciones e Incentivos a altos ejecutivos

En muchas empresas, a los gerentes y altos ejecutivos se les otorgan importantes bonos o incentivos relacionados con los resultados del año y cumplimiento del plan estratégico.

En algunas organizaciones se les otorga automóvil, viajes, días extras de vacaciones, seguros, etc.

A ejecutivos extranjeros, muchas veces se les paga además el arriendo de un inmueble, y viajes a su país de origen.

Remuneraciones e Incentivos: Profesionales y Técnicos

Los profesionales y técnicos muchas veces reciben importantes premios e incentivos por lograr las metas de su área específica de trabajo:

- mejorar sistemas concretos de trabajo
- efectuar análisis detallados del mercado
- introducir nuevas herramientas tecnológicas, software, etc.
- diseñar propuestas concretas en temas de productividad

Remuneraciones e Incentivos en Manufactura y Extracción

El personal relacionado con manufactura industrial y extracción minera puede estar ligado a metas concretas de producción, que dan origen a bonos trimestrales o semestrales.

Remuneraciones e Incentivos en Ventas y Marketing

Las personas que trabajan en ventas y marketing reciben habitualmente incentivos, bonos y comisiones de acuerdo con el cumplimiento de metas de ventas y participación de mercado.

Estos incentivos pueden ser mensuales, trimestrales, anuales, etc.

Cuando es recomendable diseñar un plan de incentivos

Cuando se diseña un plan de incentivos para una empresa, se deben tomar en cuenta algunos aspectos básicos:

En algunos casos, un plan basado mayormente en sueldos puede funcionar mejor que un plan con incentivos.

Por otra parte, un plan de incentivos puede ser muy interesante y atractivo dependiendo de ciertos factores.

¿Cuándo un plan basado mayormente en sueldos puede funcionar mejor que un plan con incentivos?

1. Cuando el tipo de organización es muy complejo y es difícil medir con precisión el aporte de cada área o individuo.

2. En aquellas áreas de una empresa (como en líneas de montaje de máquinas) donde los trabajadores no controlan los resultados; es decir, la producción total no depende de ellos.
3. Cuando hay problemas de abastecimiento, o frecuentes demoras en un trabajo coordinado, es imposible pagar según resultados.
4. Cuando la calidad del producto o servicio es notablemente más relevante que la cantidad, es mejor un sueldo fijo.
5. Cuando no existe la información adecuada ni la tecnología para medir los resultados, el pago con incentivos puede ser erróneo.

¿Cuándo un plan con incentivos es más interesante y atractivo?

1. Cuando los resultados pueden medirse en forma concreta y clara a nivel de áreas de la empresa y de individuos.
2. Cuando existe una clara relación entre el esfuerzo de las áreas de la empresa y de los individuos con los resultados logrados.
3. Cuando el flujo de trabajo es regular, no hay demoras por abastecimiento u otros motivos, y de esa forma no se afectan los resultados del trabajo.
4. Cuando la cantidad es más importante que la calidad; o, si también es importante la calidad, ésta puede medirse bien.
5. Cuando el costo de los bienes o servicios que da una empresa son claros y consistentes, se puede introducir un plan con pagos variables o incentivos.

Aspectos éticos en el otorgamiento de incentivos

Cuando una empresa decide dar incentivos por cumplir con metas de ventas, rentabilidad, etc., debe preocuparse seriamente de controlar la conducta laboral del personal que aspira a conseguir dichos incentivos.

Existen casos en que se transgreden políticas de la compañía, o, incluso, se traspasan los límites legales.

Los incentivos deben ser razonables y equitativos y, tanto el directorio como la gerencia deben asegurarse, con controles adecuados, que todo premio ha sido legítimamente logrado.

Un comportamiento ético en los negocios es exigible a todos los directores, propietarios y empleados de una compañía.

No es materia de esta publicación el enfocarse en los controles internos, en los gobiernos corporativos o en las auditorías externas.

El otorgamiento de recompensas, premios o incentivos puede llevar a procedimientos contrarios a la ética y a las leyes, y por ello deben establecerse adecuados controles y periódicas revisiones respecto de dicha problemática.

Beneficios Adicionales al Sueldo

Sueldos, incentivos, beneficios legales y beneficios voluntarios La Compensación total está formada por sueldos, incentivos por resultados y desempeño, beneficios legales y beneficios voluntarios.

Beneficios Adicionales al Sueldo

Las empresas otorgan beneficios que son adicionales al sueldo mensuales.

Algunos de ellos son legales (garantizados por ley)

Otros beneficios son propios de cada empresa, y han surgido del otorgamiento voluntario, de negociaciones colectivas o por otros motivos, como mantenerse competitiva frente al mercado.

Motivos para otorgar Beneficios Adicionales al Sueldo

- Las empresas necesitan atraer y retener personal calificado y ser competitivas en sus beneficios.
- Nuevas actitudes y tendencias en profesionales y personal calificado, que valora los beneficios.
- Exigencias del personal o de los sindicatos en negociaciones colectivas.
- Para cumplir con la legislación laboral vigente.
- Como una forma de motivación y logro de lealtad por parte del personal.

Ejemplos de Beneficios Legales (dependen de las leyes de cada país)

- Descuento para aporte mensual a fondo de pensiones
- Descuento para aporte a seguro médico (Isapre o Fonasa)
- Aporte para Seguro de Cesantía
- Seguro de Accidentes del Trabajo
- Seguro por Incapacidad Laboral
- Indemnización por término de contrato por el empleador
- Beneficios de Cajas de Compensación (Asignación Familiar)

Ejemplos de Beneficios Voluntarios

- Bonos e Incentivos por cumplimiento de metas
- Seguro Complementario de Salud
- Seguro de Vida
- Bono de Almuerzo
- Bono de Transporte
- Vehículo para personal de Ventas
- Ropa de Trabajo en ciertas áreas de la empresa

- Bono de Navidad
- Bono de Vacaciones

Otros incentivos: actividades de celebración o conmemoración

Para contribuir al clima laboral y a la armonía, el sentimiento de pertenencia, el respeto y la motivación del personal, es una labor de la gestión de personas el planificar y organizar actividades tradicionales de celebración y festejos de la empresa tales como:

- Premiaciones
- Fiesta de Navidad
- Aniversarios
- Día de la Empresa
- Etc.

También en muchas empresas se efectúan pequeñas y breves celebraciones ante los cumpleaños de los empleados.

Dependiendo de la dotación, estos actos de camaradería se pueden efectuar con una frecuencia semanal, quincenal o mensual, ya sea en forma general, por área o por departamento.

Además, se acostumbra en las compañías efectuar regalos en caso de matrimonios y de nacimientos de hijos de empleados. Todo ello acrecienta el sentido de pertenencia y el compromiso con la organización.

Función de las celebraciones

- Construir relaciones
- Fortalecer vínculos
- Nivelar jerarquías
- Crear energía, interés, compromiso y lealtad
- Transformar dificultades en oportunidades
- Proveer una válvula de escape para aliviar tensiones
- Crear un escenario en el que se comparten historias, comidas, etc., y con esto, unir la diversión con el trabajo

Elementos característicos de las celebraciones

- Abundancia de sentimientos
- Comida
- Decorados
- Entretenimiento
- Experiencia colectiva
- Importancia de los sentidos (colores, olores, sabores, etc.)
- Necesidad de conservar recuerdos (fotos, filmaciones, etc.)

Formas de Celebración y su propósito

Forma	Propósito
CELEBRACIONES CÍCLICAS (Colectivas)	• Reforzar identidad • Creación del ritmo interno • Formación de la cultura
RITOS EN FUNCIÓN DE HITOS (Individuos o pequeños grupos)	• Facilitan la toma de conciencia de que "algo ha pasado" • Comunican "que algo ha pasado"
CEREMONIAS DE RECONOCIMIENTO (Individuos o pequeños grupos)	• Desarrollo de autoestima • Generación de "justicias internas" • Motivación por emulación
CELEBRACIONES DE LOGRO (Colectivas)	• Creación de energía y alegría colectiva • Conexión de los esfuerzos individuales con el éxito colectivo • Generación de hitos e historias compartidas

Claves para el diseño de ceremonias

- Utilizar la comida de manera ceremoniosa (algo bueno, pero sin exagerar)

- Regalos con autenticidad y personalización
- Uso de símbolos y/o "artefactos" que generan recuerdos (objetos que puedan ser usados continuamente de tal modo que puedan ser exhibidos)
- Fotografías/filmaciones, etc.
- Los relatos hablan...

CUESTIONARIO

- **¿Cuál es el propósito de otorgar incentivos no monetarios?**
- **¿Qué incentivos no monetarios puede nombrar?**
- **¿Por qué se otorgan incentivos?**
- **¿Cuáles son las ventajas y desventajas de las Remuneraciones Fijas?**
- **¿Cuáles son las ventajas y desventajas de las Remuneraciones Flexibles?**

RESPUESTAS EN CAPÍTULO 19

Caso práctico de beneficios: PRODEC Productos Deportivos de Calidad

Un grupo de inversionistas decidió crear una nueva empresa cuyo nombre será PRODEC Productos Deportivos de Calidad. El objetivo era importar artículos deportivos desde diversos países asiáticos, incluyendo vestuario e implementos para practicar deportes. La estimación de ventas para PRODEC era de $ 12.000 millones de pesos anuales (unos $1.000 millones de ventas mensuales).

Junto con el inicio de contactos comerciales en el país y en el exterior, el Directorio se reunió varias veces con los nuevos Gerentes recién contratados para comenzar a planificar la importación y venta dentro de algunos meses. En este mercado hay una fuerte competencia y muchos actores. También revisaron los proyectos financieros y el flujo de caja proyectado.

En cuanto a los gastos en personal, el proyecto contempla iniciar las operaciones con 102 personas distribuidas así: 8 en Importaciones, 12 en Bodega, 11 en Logística, 13 en Finanzas, 10 en Marketing, 40 en Ventas, 4 en Gestión de Personas y 4 en Gerencia General y Administración. En dicho total se incluyen todos los niveles: gerentes, subjefes, profesionales, administrativos y operarios de cada área de la nueva empresa.

Rafael, el Gerente de Finanzas, se reunió con Mauricio, Gerente de Gestión de Personas y, luego de revisar encuestas de mercado y una escala salarial estimada, concluyeron que los **sueldos fijos totales serían de $ 105.000.000 mensuales** (en promedio $1.050.000 mensual por empleado). Esto implicará pagar en un año (doce meses) un total de $1.260.000.000 (mil doscientos sesenta millones) a los 100 empleados contemplados.

Mauricio, el Gerente de Gestión de Personas, agregó que, además de los sueldos fijos, se necesitarían recursos financieros para pagar beneficios legales, beneficios voluntarios, incentivos y comisiones. Rafael, Gerente de Finanzas, estuvo de acuerdo y determinó que, para ello, **se dispondría de $95.000.000 mensuales, es decir $1.140.000.000 anuales.**Considerando que los beneficios legales debían calcularse en un 25% de la planilla de remuneraciones, ello significaría destinar 315 millones de pesos anuales al ítem beneficios legales (1.260 x 0.25). **Con ello, para beneficios voluntarios, incentivos y comisiones se tendría disponible la diferencia, que era de $ 825 millones anuales** (1.140 millones en total menos 315 millones para beneficios o asignaciones legales obligatorias). Mauricio se reunió con Adriana, la Gerente General de PRODEC, para analizar **cómo distribuir de la mejor manera** esos $825 millones anuales aprobados por Gerencia de Finanzas. El Gerente de Gestión de Personas dijo a Adriana que con esos recursos deberían cumplirse varios objetivos organizacionales y que tendrían que ser muy creativos ya que no iba a ser fácil implementar dicha distribución.

PREGUNTA

- **¿Cómo distribuiría usted los $825 millones anuales entre beneficios voluntarios, incentivos y comisiones? Justifique su respuesta.**

RESPUESTA EN CAPÍTULO 19

CAPÍTULO 11

SEGURIDAD Y SALUD

CAPÍTULO 11 : SEGURIDAD Y SALUD

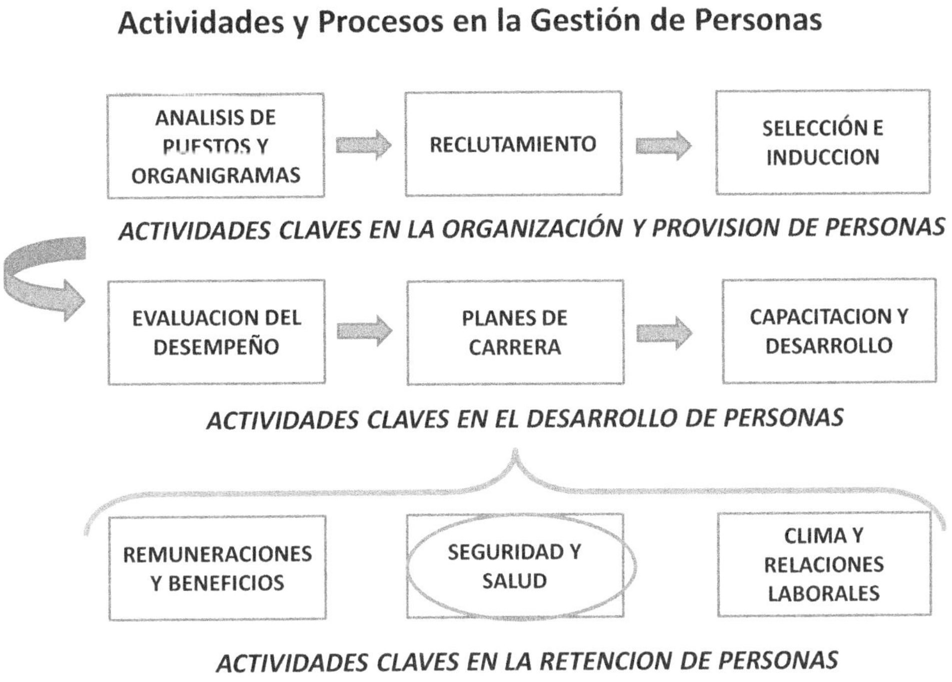

SEGURIDAD Y SALUD

Un plan de seguridad en una empresa pretende proteger a los empleados de posibles accidentes y de las lesiones producidas por dichos accidentes. En dicho plan deben considerarse los negativos efectos del stress, la tensión y la violencia.

En una organización, lograr un ambiente laboral saludable implica que los trabajadores están sanos y no sufren de enfermedades físicas o emocionales.

Las consecuencias de los accidentes pueden impactar en la productividad de un trabajador y en la calidad de su vida laboral.

¿Qué entendemos por Higiene Laboral?

Cuando se alcanza un ambiente laboral saludable y seguro para los trabajadores, podemos decir que se está garantizando la higiene laboral.

Se deben establecer normas y procedimientos que protejan la salud mental y física del trabajador, evitando al máximo los posibles riesgos de salud que son parte de su puesto y cuidando el ambiente físico donde desempeña su labor.

Responsabilidades

En empresas medianas y pequeñas, lo habitual es que Salud y Seguridad son temas del área de Gestión de Personas.

En grandes empresas industriales, constructoras, mineras y agrícolas, es normal la existencia de un departamento de seguridad, que puede depender de Operaciones o de Recursos Humanos.

Es responsabilidad de la Gerencia apoyar y promover las medidas de higiene y seguridad.

Responsabilidades de los trabajadores

Los trabajadores deben:

- respetar las normas de seguridad
- comunicar condiciones inseguras
- usar correctamente los equipos y elementos de protección
- colaborar con el orden, aseo y disciplina en las faenas

Asesoría legal y de prevención

Se debe contar con asesoría profesional permanente en materias de prevención de accidentes y de seguridad en el trabajo.

El área de gestión de personas debe poner en práctica todas las medidas que permitan a la empresa el cumplimiento de las leyes y las normas sobre temas laborales y de seguridad en el trabajo.

La gestión de personas debe desarrollar una relación con abogados y consultores laborales, para estar informada sobre todas las leyes y reglamentos emitidos por las autoridades del país en materias laborales.

Debe contar con las interpretaciones, análisis, sugerencias y aplicaciones acerca de las leyes laborales y la jurisprudencia.

Aspectos Claves que deben considerarse para lograr la Seguridad y la Higiene Laboral

1. Entorno físico del trabajo
2. Entorno psicológico del trabajo
3. Aplicación de principios ergonómicos
4. Salud Ocupacional

1.- Entorno físico del trabajo

- Iluminación: debe ser suficiente, bien distribuida.
- Temperatura: en rangos normales; de lo contrario, proporcionar a los trabajadores vestuario apropiado.
- Ruido: intensidad del sonido, variación de ritmos sonoros y frecuencia deben estar dentro de márgenes normales.
- Ventilación: eliminación de gases y humos
- Comodidad: entorno agradable y amigable

2.- Entorno psicológico del trabajo

- Relaciones humanas agradables
- Actividades de trabajo motivadoras
- Estilo de administración adecuado y respetuoso
- Eliminación o minimización de fuentes de estrés
- Compromiso personal y emocional

3.- Aplicación de principios ergonómicos

- Máquinas y equipos adecuados para las características humanas.
- Mesas e instalaciones ajustadas al tamaño de las personas.
- Herramientas que reducen la necesidad del esfuerzo físico.

4.- Salud ocupacional

- Programas de prevención, charlas y conferencias sobre enfermedades típicas que se dan en los trabajadores.
- Cumplimiento de normativa legal.
- Apoyo a empleados afectados por enfermedades crónicas.

Ocho factores de riesgo laboral:

1. Aire contaminado
2. Baños insalubres
3. Implementos defectuosos para protección
4. Ductos de ventilación en mal estado
5. Conexiones eléctricas deterioradas
6. Ambientes hacinados
7. Falta de capacitación para operar maquinaria o equipos
8. Temperatura ambiente inapropiada

Algunos Problemas de Salud en las Empresas

- Alcoholismo
- Drogadicción
- Estrés, ansiedad, depresión
- Alergias por exposición a productos químicos peligrosos
- Neumonitis por exposición a humedad, frío
- Enfermedades de la visión por mala iluminación
- Obesidad
- Tendinitis, esguinces, enfermedades de la columna

9 elementos de estrés en el entorno

1. Sobrecarga de trabajo
2. Trabajos excesivamente monótonos
3. Ambigüedad en las responsabilidades
4. Conflictos con otros empleados
5. Mala comunicación en la organización
6. Poca coordinación entre áreas de una empresa
7. Inequidad de remuneraciones
8. Poca participación en las decisiones
9. Problemas con jefes o entre jefes

Consecuencias del estrés en el trabajo

- **Subjetivas:** fatiga, ansiedad, culpa
- **Conductuales:** accidentes, errores

- **Cognitivas:** olvidos, desconcentración, malas decisiones
- **Fisiológicas:** cansancio, alta presión, insomnio, enfermedades
- **Organizacionales:** ausentismo, rotación, baja productividad

¿Qué provoca estrés en las personas en el trabajo, y qué reduce el stress en el trabajo?

- Jefe muy autoritario versus jefe comprensivo y empático
- Colegas agresivos versus Colegas cooperadores y amistosos
- Equipo de trabajo descoordinado versus Equipo armónico
- Trabajo desorganizado vs. Trabajo bien planificado
- Procedimientos muy rígidos vs. Procedimientos flexibles
- Pocos estímulos al trabajo vs. Reconocimiento y premios
- Ambiente físico inseguro vs. Ambiente protegido y seguro
- Estrechez financiera o pérdidas vs. Buenos resultados
- Remuneraciones bajas o injustas vs. Sueldos razonables
- Comunicaciones confusas y rumores vs. Comunicaciones claras y oportunas

Gestión de Personas se ocupa de prevenir riesgos

Esta área debe asegurar la seguridad y la salud, por lo cual deberá efectuar charlas informativas acerca de las disposiciones de la empresa y las normas legales sobre prevención de riesgos y accidentes, y sobre el cuidado de enfermedades relacionadas con el trabajo.

Conocer normas y reglamentos:

Las personas deben conocer los reglamentos internos y las normas legales, y poder comunicar al área de gestión de personas, o a una gerencia, conductas riesgosas o de maquinaria o tecnología que pudiere ser peligrosa para la salud de los trabajadores.

Programa Básico de Prevención de Accidentes

Todo programa de prevención de accidentes contempla dos medidas concretas:

1.- Eliminar las condiciones inseguras:

- definir áreas de riesgo
- analizar en profundidad cada accidente
- apoyo gerencial a medidas de prevención

2.- Reducción de actos inseguros:

- detectar propensión al riesgo en proceso de selección
- capacitación, educación y comunicación para evitar acciones riesgosas o inseguras
- vestuario e implementos de protección para quienes trabajan en áreas riesgosas

Costos Directos e Indirectos de los Accidentes del Trabajo

Costos Directos de los Accidentes del Trabajo

Para una organización, el hecho que se produzca un accidente de trabajo es muy negativo, afecta el ambiente de la empresa, perjudica la salud de los afectados y es una mala noticia para la sociedad en general.

El seguro de accidentes habitualmente cubre gastos médicos y tratamientos básicos para la persona afectada, pero en caso de un accidente grave tiene otros efectos en cuanto a gastos.

El costo directo del accidente en general lo cubre el seguro y está dado por gastos médicos, hospitalarios, rehabilitación, e indemnizaciones por incapacidad, si fuese el caso.

Costos Indirectos de los Accidentes del Trabajo

El costo indirecto puede implicar: gastos de fabricación, gastos generales, ventas no realizadas, utilidades disminuidas.

También tenemos:

- El costo del tiempo perdido por el accidentado
- Reducción de capacidad del accidentado al volver a trabajar
- Menor productividad del reemplazante
- Impacto en el grupo de trabajo
- Impacto en la familia de la víctima
- Posible desprestigio de la empresa

Si se mide la proporción de los valores del costo indirecto respecto a los del costo directo del accidente, algunos estudiosos estiman que es una relación de cuatro a uno.

P R E G U N T A S

1. **¿Qué debiera hacer una empresa que está contratando trabajadores para faenas mineras en una ciudad a tres mil metros de altura?**
2. **¿Qué medidas debieran tomarse cuando en una sección de producción industrial de una empresa manufacturera se producen en promedio diez accidentes al año en el uso de la maquinaria?**

RESPUESTAS A ESTAS PREGUNTAS EN CAPITULO 19

Evaluación Ambiental, Exámenes Ocupacionales e incorporación a Programas de Vigilancia

Corresponde a actividades preventivas tendientes a:

- Verificar cumplimiento de normativa sobre estándares ambientales en los lugares de trabajo
- Verificar aptitud de la salud de un trabajador frente a un puesto de trabajo o detectar alguna alteración por exposición a un riesgo determinado.

- Ingresar a la entidad a un programa de vigilancia por presencia de factores de riesgo que así lo estipulen (si es que hay presencia de ruido, sílice, plaguicidas, factores de riesgos de trastornos musculoesqueléticos, etc.).

Medidas recomendadas que Gestión de Personas debe coordinar para proteger la salud y seguridad de los empleados

- Identificar y comunicar los riesgos a los empleados

- Capacitar en prevención de accidentes

- Coordinar con representantes de los trabajadores de diversas áreas o funciones la evaluación de riesgos, prevención e investigación de las causas de los accidentes laborales que se producen para que no repitan

- Entregar elementos de protección a los empleados

- Redactar un Manual de Higiene, Prevención y Seguridad para que sea conocido explicado y difundido entre los empleados.

- Cumplir con las leyes de seguridad en el trabajo, tener un seguro para los empleados, e incorporarse a una institución, clínica o agencia de seguridad para atención de accidentados.

CUESTIONARIO

1.- ¿Cuáles son las dos medidas concretas que todo programa de prevención de accidentes debiera contemplar?

2.- Mencione los costos indirectos que se originan en los accidentes del trabajo.

RESPUESTAS A ESTAS PREGUNTAS EN CAPITULO 19

CAPÍTULO 12

RELACIONES LABORALES

CAPÍTULO 12 : RELACIONES LABORALES

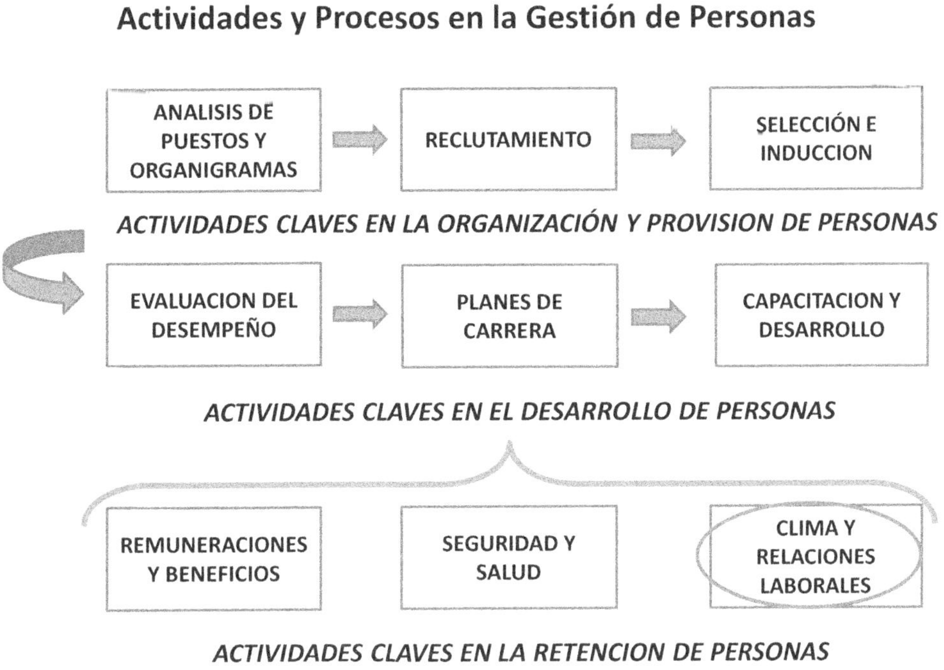

Aspectos que inciden en las relaciones laborales

Las relaciones laborales van mucho más allá de un contrato de trabajo entre el empleado y la empresa.

En dicho contrato inicial se definirá el tipo de labor que el trabajador realizará, su horario de trabajo, la remuneración que recibirá, beneficios legales y voluntarios, su jefatura, etc.

Sin embargo, las relaciones laborales modernas son muy amplias en su contenido, y en ellas inciden: el tipo de organización y su situación financiera, el estilo de liderazgo que impera y el rol de Gestión de Personas.

Veámoslo en un gráfico.

Tipo de Empresa y Relaciones Laborales

Incidencia del tipo de empresa

El tipo de empresa de que se trate es relevante para analizar las relaciones laborales:

- Puede ser privada, mixta o pública;
- nacional o multinacional;
- con mucha o poca competencia;
- exportadora, importadora o solo enfocada al mercado interno;
- ubicada en una ciudad o en un lugar geográficamente apartado;

- productora de bienes, proveedora de servicios o creadora de tecnologías;
- empresa comercial, minera, agrícola, industrial, bancaria, etc.

La situación financiera de la empresa será sin duda relevante para las relaciones laborales.

La aplicación de muchas políticas de Gestión de Personas depende de la factibilidad económica de implementarlas.

En un ambiente de estrechez o de pérdidas financieras, muchas veces se tiende a reducir puestos de trabajo, no incrementar remuneraciones, disminuir incentivos y beneficios, disminuir contrataciones, paralizar proyectos, etc. y todo ello influirá en las relaciones laborales.

Liderazgo y Relaciones Laborales: Incidencia del tipo de liderazgo

Es muy relevante, para las relaciones laborales, cómo actúan los líderes (gerentes, jefes, supervisores, etc.) de una organización.

Es decir, cuál es el estilo de dirección en la empresa:

- estilo muy piramidal o más bien horizontal;
- con mucho o escaso empoderamiento del personal;
- un liderazgo cercano, participativo y comunicativo o uno más lejano y con pocas instancias de diálogo abierto;
- una organización que establece objetivos y evalúa el desempeño, o una empresa con mucho acento en el día a día y sin planificación clara de sus metas;
- un liderazgo preocupado de entrenar y capacitar a la gente, o uno donde se ofrecen pocas posibilidades de desarrollo.

Incidencia de la Gestión de Personas

En las relaciones laborales va a incidir esencialmente también el tipo de gestión de personas, puesto que las acciones de dicha área influyen directamente en la relación entre jefes y subalternos.

Acciones que dependen en gran parte de la iniciativa, esfuerzo y calidad del área de gestión del capital humano de la empresa:

- ❑ adoptar planes y medidas que favorezcan un buen clima organizacional: escuchar y valorar a las personas
- ❑ tener un adecuado y competitivo sistema de remuneraciones
- ❑ existencia de planes de carrera atractivos
- ❑ dar incentivos por méritos y rendimiento
- ❑ un sistema justo y claro de evaluaciones del desempeño
- ❑ dar cursos de capacitación

Importancia de las comunicaciones en las relaciones laborales

- Es necesario establecer canales para conocer las opiniones y pensamiento de los empleados.
- Cada supervisor debe tener una comunicación abierta y de doble dirección con su gente.
- Las personas deben sentir que no es riesgoso decir lo que piensan.
- Si un trabajador no está satisfecho con la decisión de su supervisor en un tema importante, debe tener la posibilidad de ir a conversar con alguien de mayor autoridad.
- No es sano que usualmente se sepan cosas de importancia, en primer lugar, a través de rumores.
- Enfatizar el desarrollo de habilidades de comunicación de los gerentes y jefes.
- Tener procedimientos disponibles para resolver los reclamos de los empleados.

Actividades de la Gestión de Personas en las relaciones laborales

Para abordar adecuadamente el proceso de relaciones laborales, la gestión del capital humano deberá desarrollar las siguientes actividades:

a) Respecto de las relaciones laborales entre pares, jefes y colaboradores de todas las áreas de la empresa, promover acciones con el fin de prevenir y evitar conflictos laborales, tales como:

- reuniones frecuentes y francas
- diálogos abiertos y flexibles
- conferencias
- comunicaciones periódicas sobre la marcha de la empresa y sus perspectivas
- talleres de análisis de mejoras en el trabajo
- entrevistas, etc.

b) Generar espacios para que las personas se conozcan y sean escuchadas por sus superiores, en reuniones individuales o grupales, para escuchar opiniones, tener buena comunicación, disponer de buzones de sugerencias o facilitar correos para recibir ideas y denuncias.

c) Promover un clima amistoso, con respeto y deferencia, entre jefes y empleados, que permita motivar, aceptar ideas y sugerencias, y comprometer a todos los empleados en las metas de la empresa.

d) Fomentar la confianza y la franqueza entre todos los niveles y personas como un valor fundamental de las relaciones laborales.

e) Aplicar todas las herramientas que permitan favorecer un buen clima laboral, tales como:

- un adecuado y motivador sistema de remuneraciones
- bbeneficios competitivos con el mercado
- incentivos por méritos y rendimiento
- buenas comunicaciones
- planes de carrera para empleados destacados

- evaluaciones del desempeño justas y objetivas
- cursos de capacitación para el progreso del personal
- un liderazgo cercano y respetuoso
- etc.

Relaciones con sindicatos y organizaciones de trabajadores

En las empresas donde existen sindicatos organizados de acuerdo con las leyes laborales, el rol de la gestión del capital humano es mantener relaciones respetuosas, receptivas y francas, a través de una comunicación abierta y conversaciones honestas y periódicas.

En la medida en que una empresa se preocupe de mantener buenas condiciones de trato con sus trabajadores, sueldos y beneficios competitivos, y con oportunidades de crecer profesionalmente, las relaciones con el sindicato serán más fáciles y las negociaciones fluirán sin problemas.

Políticas de relaciones sindicales

En las empresas se han dado diferentes estilos y políticas de relaciones sindicales:

- **Política paternalista:** fácil y rápida aceptación de solicitudes de los trabajadores, lo cual puede implicar costos crecientes e inseguridad en gerentes y supervisores respecto de su rol.
- **Política autocrática:** rígida y legalista, lo que crea tensión, falta de diálogo y las jefaturas sienten que no están empoderadas.
- **Política de reciprocidad:** se construyen acuerdos entre líderes de la empresa y de los empleados, pero no todos se sienten involucrados por ser acuerdos de las cúpulas.
- **Política participativa:** gran involucramiento de ambas partes, negociaciones francas y transparentes, generalmente muy beneficiosas para ambas partes. Esta política requiere la existencia de un buen clima laboral previo.

Los sindicatos deben estar al tanto de la realidad económica, competitiva, operacional y financiera de una empresa, para evitar así evitar o disminuir las peticiones desmedidas.

Cabe advertir que en las organizaciones donde no hay un buen clima laboral y la gestión del capital humano es muy deficiente, las relaciones con el sindicato serán sin duda más complejas.

Acciones para promover buenas relaciones laborales con sindicatos

- Capacidad de diálogo y reconocimiento de las partes como negociadores válidos
- Reconocimiento de la empresa de los derechos de libre asociación y reunión
- Transparencia, apertura y franqueza en la gestión del personal
- Información sobre la marcha de la empresa y su estrategia de actuación
- Sistemas y políticas de personal coordinados e integrados
- Prácticas adecuadas de gestión de recursos humanos
- Consulta continua entre trabajadores y empleadores sobre los mutuos problemas e intereses.
- Una representación sindical responsable, democrática y representativa
- Aceptación del papel de los órganos de representación de los trabajadores en la empresa
- Fines comunes en materia de relaciones laborales
- Reconocimiento y conocimiento mutuo de los papeles de ambas partes
- Desarrollo común de la negociación colectiva y sus procedimientos
- Sistemas de consulta e información en áreas relativas a la productividad y otros temas fundamentales.
- Establecimientos de órganos permanentes de consulta y discusión

Situaciones que NO deberían ocurrir respecto a las relaciones con el sindicato y sus representantes.

• Despido o amenaza de pérdida de empleo o de beneficios en casos de participar en la formación de un sindicato.

• Discriminación indebida respecto de las remuneraciones o el otorgamiento de préstamos para incentivar o desestimular la afiliación o desafiliación sindical.

• Negativa de recibir a los representantes de los trabajadores o a negociar con ellos, en los plazos y condiciones legalmente establecidos.

• Ofrecer beneficios económicos a los trabajadores que no participen en el proceso de negociación colectiva.

• Ejecutar acciones, durante el proceso de negociación colectiva, que revelen una manifiesta mala fe.

• Sindicato no debe divulgar a terceros, ajenos, la información proporcionada por la empresa y calificada de reservada o confidencial.

• Entorpecer o impedir por cualquier medio la libertad de opinión de los miembros de un sindicato.

CUESTIONARIO

1.-Mencione los factores que inciden en las relaciones laborales

2.- ¿Qué acciones son positivas para promover las buenas relaciones laborales con sindicatos?

RESPUESTA A ESTAS PREGUNTAS EN CAPITULO 19

Caso práctico de Relaciones Laborales:

Taller Mecánico y Repuestos Electro-Ram S.A.

La empresa Taller Mecánico y Repuestos Electro-Ram S.A. tenía casi veinte años de existencia y empleaba a 150 trabajadores. Se dedicaba a la reparación y mantención mecánica y eléctrica de vehículos de importantes marcas, con las cuales tenía muy buenos convenios de atención, dada su excelente reputación por el buen servicio que otorgaba, gracias a la calidad de su personal especializado en mantención y reparación de vehículos. También se dedicaba a la venta mayorista de repuestos automotrices a talleres pequeños y a aquellos ubicados en otras regiones del país.

Electro-Ram estaba ubicado en la zona céntrica de la ciudad y, a consecuencia de su crecimiento y expansión, el terreno que ocupaban sus instalaciones se había hecho estrecho.

Durante varios meses, Ramiro, gerente general, y José Daniel, gerente de servicio al cliente, estuvieron buscando un lugar al cual trasladarse. Encontraron finalmente un excelente terreno, con el doble de tamaño respecto del actual, en la zona sur de la ciudad.

Llegaron a un acuerdo con los propietarios para proceder a la compra y simultáneamente ya tenían conseguido un financiamiento bancario para adquirir el terreno y para financiar las nuevas instalaciones. Además, contarían con los recursos que provendrían de la venta del actual local, del cual la empresa era propietaria y no tenía deudas pendientes.

El comité de gerentes de Electro-Ram se reunió para revisar el proyecto de traslado de la empresa, que incluía la compra del terreno en la zona sur de la ciudad, el financiamiento ofrecido por el banco y la venta del actual local, y lo aprobó por unanimidad. El proceso completo de cambio tomaría entre 10 y 12 meses.

Dos semanas después, Mario, gerente de finanzas, preocupado por concretar los detalles del financiamiento definitivo del proyecto, se reunió con tres profesionales de su área y les comentó sobre el proyecto de traslado. Aunque les pidió reserva, el rumor se expandió desde el área de finanzas a las otras áreas de la empresa. Al cabo de diez días, fluyeron datos parciales sobre el proyecto de traslado y muchos de los empleados comentaban en los pasillos y en el sector de talleres sobre el inminente cambio de ubicación de Electro-Ram. Algunos decían que se iba a adquirir una propiedad muy cercana, mientras que otros comentaban que en la zona norte de la ciudad había terrenos disponibles, pero les complicaba el hecho de que para llegar allá era muy lejos y los medios de movilización eran escasos.

Otros empleados especulaban que, con el traslado, habría una reducción de personal, y que por lo tanto debían empezar a buscar trabajo de inmediato en el mercado laboral. Al mismo tiempo, otros trabajadores decían lo contrario y expresaban que al mudarse a un espacio más grande habría más servicios y ventas superiores, y por ello se incorporarían más técnicos a la compañía en su nueva ubicación.

Recién un mes después de la decisión adoptada por el comité de gerentes, ante los crecientes rumores, Ramiro, gerente general, y Margaret, la gerente de recursos humanos, se reunieron y decidieron informar sobre el proceso de cambio. Redactaron un comunicado oficial, el cual se envió por correo electrónico a todos los empleados, y además lo publicaron en los diarios murales existentes en la empresa.En el comunicado se dio una información bastante detallada del proyecto y se aclaró además que en ningún caso habría una reducción de personal. También se destacó que las nuevas instalaciones permitirían trabajar con mayor comodidad y que facilitarían el crecimiento de la empresa.

PREGUNTA

Analice el caso. ¿Qué debiera haber hecho la empresa Electro-Ram en el tema de comunicaciones?

RESPUESTA A ESTA PREGUNTA EN CAPITULO 19

CAPÍTULO 13

ENCUESTAS DE CLIMA LABORAL

CAPÍTULO 13 : ENCUESTAS DE CLIMA LABORAL

Necesidad de saber qué siente y opina el personal

Para una organización es esencial saber qué opiniones, enfoques, sentimientos, actitudes, pensamientos y conductas tiene su personal, incluyendo en él a gerentes, jefes, supervisores, profesionales, técnicos, operarios, administrativos, etc.

Todos ellos son importantes en la planificación, organización y ejecución de las actividades que la empresa llevará a cabo siguiendo un plan estratégico destinado a cumplir con objetivos esenciales para el éxito de la organización.

Y para conocer las opiniones y sentimientos del personal se utilizan las encuestas de clima laboral o clima interno.

Es entonces una labor importante en la gestión del capital humano el desarrollar y aplicar con criterio estas encuestas, y definir cómo se implementan planes de acción relacionados con los resultados de dichas encuestas.

Las encuestas y sus resultados, adecuadamente analizados, son una excelente forma de medir la gestión del capital humano y del liderazgo.

En las encuestas se pueden abordar numerosos temas de gran interés para los líderes de la empresa y para quienes dirigen la gestión del capital humano.

Objeciones a las encuestas y excepciones

Es necesario advertir que muchos gerentes se oponen a la realización de estas encuestas, argumentando, entre otros motivos: que se incentivarán peticiones exageradas de los empleados, que se estimularán peticiones de incrementos de sueldos y beneficios, que se promoverán malos hábitos o malas conductas, que el personal se sentirá más empoderado de lo que debiera, que se cuestionarán normas, que algunas jefaturas quedarán debilitadas por las críticas, etc.

Ante estas críticas y objeciones, es fundamental tener presente estos dos aspectos:

- La gerencia general o máxima autoridad de la empresa, y el área de gestión del capital humano deben estar muy convencidas de la gran utilidad que esta encuesta tiene, si es bien explicada y adecuadamente aplicada.

- Si es que hay uno o dos temas que pueden ser altamente conflictivos por una situación puntual existente en una compañía, se pueden eliminar dichos temas de la encuesta y dejarlos para una mejor ocasión. El caso más típico es el de una empresa que por razones de bajas ventas y pérdidas financieras tuvo que efectuar despidos de personal recientemente y además negoció reducciones de sueldos y beneficios. En ese caso particular, las preguntas sobre remuneraciones y beneficios podrían sacarse de la encuesta, lo cual no les quita validez alguna a los demás temas consultados.

Requisitos indispensables

Las encuestas de clima organizacional, que pretenden conocer las opiniones de los empleados sobre diversos aspectos de la empresa, deben cumplir con ciertas condiciones para ser eficaces:

1. Ser apoyadas sólidamente por todo el nivel gerencial, quien debe estar convencido en cuanto a que dichas encuestas son necesarias y útiles.

2. Ser claramente explicadas a todo el personal antes de ejecutarlas, comunicando que la idea es obtener una información relevante de las opiniones de los empleados en importantes temas.

3. Deben resguardar absolutamente la confidencialidad, de modo tal que quienes las respondan estén totalmente seguros y tranquilos para dar sus respuestas, verazmente y con franqueza.

4. Se debe informar al personal que, con los resultados en la mano, la gerencia adoptará medidas para corregir las áreas débiles y mantener y reforzar las áreas fuertes. Con ello, los ejecutivos deben demostrar al personal que les interesan sus opiniones y que desean superar los problemas que puedan existir.

Si estos requisitos no se cumplen, es preferible no realizar una encuesta de clima interno o clima organizacional, ya que producirá expectativas no cumplidas, desmotivación o frustración, logrando el efecto contrario al esperado.

Temas para consultar

Temas típicos que se consultan en las encuestas de clima laboral son los siguientes:

- Evaluación del desempeño
- Desarrollo de carrera
- Organización en el trabajo
- Eficiencia en la empresa
- Percepción sobre compensación
- Entrenamiento en el cargo
- Políticas y Procedimientos
- Seguridad en el cargo
- Comunicaciones
- Percepción sobre el jefe directo
- Percepción sobre sueldos beneficios
- Relaciones laborales
- Percepción sobre las gerencias y jefaturas
- Satisfacción en el trabajo
- Identificación con la empresa
- Otros temas relevantes

Algunos ejemplos de preguntas en una encuesta de clima laboral

- ¿Tiene Ud. claros los procedimientos de su departamento o área de trabajo?
- ¿Considera que el trabajo de su departamento o área de trabajo está bien organizado?
- ¿Tiene una idea clara de los resultados que se esperan de Ud.?
- ¿Tiene clara la forma en que se evalúa su desempeño?
- ¿Conoce bien el programa de beneficios que le otorga la empresa?
- ¿Entiende cómo su trabajo aporta a los objetivos de la compañía?
- ¿La compañía le mantiene informado sobre temas que le afectan?

Veamos más en detalle lo que sería un ejemplo de una encuesta de clima laboral.

Con respecto al tema COMUNICACIONES se pueden hacer consultas que aborden lo siguiente:

- Hay poco esfuerzo para saber las opiniones y pensamiento de los empleados en esta compañía.
- Con mi supervisor tengo una comunicación abierta y de doble dirección.
- La mayoría de las veces no es riesgoso decir lo que uno piensa en mí departamento.
- Si no estoy satisfecho con la decisión de mi supervisor en un tema importante, yo siento que tengo la posibilidad de ir a conversarlo con alguien de mayor autoridad.

- Usualmente escuchamos cosas de importancia, en primer lugar, a través

  de rumores.
- En mi opinión, al desarrollo de habilidades de comunicación de los gerentes y jefes se le da bastante énfasis en esta compañía.
- Estoy satisfecho con los procedimientos disponibles para resolver los reclamos de los empleados.

En relación con el tema SUPERVISION O JEFATURA, puede preguntarse acerca de lo siguiente:

- Mi supervisor o jefe me apoya o destaca por un trabajo bien hecho.
- Mi supervisor o jefe tiene las capacidades técnicas necesarias para hacer

  su trabajo.
- Mi supervisor o jefe muestra favoritismo hacia algunos empleados(as) en mi departamento.
- Mi supervisor o jefe usualmente me ayuda cuando requiero asistencia con un problema relacionado con mi trabajo.
- Mi supervisor o jefe es receptivo a las sugerencias de los empleados.
- La compañía es demasiado indulgente o tolerante con empleados que hacen un mal trabajo.
- Yo siento que mi supervisor o jefe está adecuadamente capacitado para:
  - □ Establecer objetivos de trabajo.
  - □ Distribuir el trabajo.

- Comunicarse con la gente.
- Motivar a las personas.
- Construir equipos de trabajo.
- Dar retroalimentación por el trabajo hecho.

Con respecto al tema ENTRENAMIENTO se pueden hacer consultas que aborden lo siguiente:

- Yo entiendo cómo mi trabajo se relaciona con el trabajo general de mi departamento
- En mi opinión, los nuevos empleados reciben un adecuado entrenamiento para desempeñar sus trabajos.
- El entrenamiento que yo recibí fue adecuado para prepararme para el trabajo que realizo.
- Hay adecuadas oportunidades para entrenarse para un mejor trabajo.

En relación con el tema GERENCIA O JEFATURA, puede preguntarse acerca de lo siguiente:

- La Gerencia o Jefatura es generalmente respetada aquí por los empleados.
- Hay suficientes contactos entre la Gerencia o Jefatura y los empleados en esta localidad.
- A mi juicio, esta compañía está bien manejada.
- Yo siento que la Gerencia o Jefatura generalmente comprende los

problemas que enfrentamos en nuestro trabajo.

- Esta compañía efectúa un excelente trabajo en mantenernos informados acerca de temas que nos afectan.
- Yo a menudo dudo sobre la veracidad de lo que la Gerencia o Jefatura nos comunica.
- La Gerencia o Jefatura está interesada en el bienestar de sus empleados.
- Yo siento que la Gerencia o Jefatura apoya el principio de igualdad de oportunidades para todos los empleados.
- La Gerencia o Jefatura proporciona a los empleados una información clara sobre:
  - La dirección o la misión de la compañía.
  - Los valores y principios importantes para la compañía.
  - Nuestros más importantes objetivos.

Con respecto al tema EVALUACION DEL DESEMPEÑO LABORAL se pueden hacer consultas que aborden lo siguiente:

- Yo entiendo cómo es evaluado mi desempeño laboral.
- Pienso que mi desempeño laboral es evaluado justamente.
- Asisto a reuniones individuales, periódicas y planificadas para revisar mi desempeño laboral.
- Los parámetros y lineamientos con los cuales mi desempeño es evaluado son apropiados para el trabajo que yo realizo.

- Cómo califica usted su última evaluación de desempeño respecto de lo siguiente:
  - ☐ Le ayudó para identificar sus fortalezas y debilidades.
  - ☐ Le ayudó para mejorar su desempeño.

En relación con el tema RELACIONES LABORALES, puede preguntarse acerca de lo siguiente:

- La gente con la cual trabajo usualmente se llevan bien entre ellos.
- Hay grupos o círculos que crean una atmósfera poco amistosa en mi departamento.
- Usualmente hay buena cooperación entre mi departamento y otros departamentos.
- La atmósfera general donde yo trabajo es demasiado impersonal.

Con respecto al tema DESARROLLO DE CARRERA LABORAL se pueden hacer consultas que aborden lo siguiente:

- En mi opinión la compañía hace un buen trabajo promoviendo a la gente más competente.
- Pienso que muchos empleados aceptarían una posición de supervisor o jefe si se les ofreciera.
- Esta compañía usualmente promueve gente calificada de la misma compañía antes de contratar gente de fuera.

Con respecto al tema IDENTIFICACION CON LA COMPAÑÍA, puede preguntarse acerca de lo siguiente:

- Mientras más tiempo trabajas para esta empresa, te vas sintiendo más parte de esta organización.
- Quiero seguir trabajando para esta empresa todo el tiempo que sea posible.
- Esta compañía a menudo sacrifica la calidad de sus productos para bajar costos.
- Creo que esta compañía es vista como buena empleadora en el mercado.
- Personalmente creo que esta empresa es un buen lugar de trabajo.
- Yo recomendaría a esta compañía como un buen lugar para trabajar.

En relación con el tema SATISFACCION LABORAL se pueden hacer consultas que aborden lo siguiente:

- En mi trabajo efectúo tareas que considero valiosas.
- A mi juicio, hay muchos empleados que tienen una actitud de poco interés por su trabajo en esta empresa.
- Pienso que el trabajo que realizo es considerado importante por esta compañía.
- Mucha gente aquí se siente orgullosa por lo que hace.
- Mi trabajo es muchas veces aburrido y monótono.
- Mi trabajo me da pocas oportunidades para usar mis capacidades.
- En mi opinión, los empleados de esta empresa son tratados con respeto,

independientemente de su puesto.

- La moral en mi departamento en general es alta.
- Siento que mi trabajo es:
  - ☐ Importante
  - ☐ Interesante

Con respecto al tema EFICIENCIA se pueden hacer consultas que aborden lo siguiente:

- A mi juicio, mi departamento opera con eficiencia.
- La calidad del trabajo hecho es excelente.
- El trabajo fluye adecuadamente en mi departamento.
- En mi opinión, se desperdicia mucho tiempo en mi departamento.
- Las prioridades de trabajo o los objetivos cambian tan frecuentemente que tengo problemas para hacer mi trabajo adecuadamente.
- Hay demasiado desperdicio de materiales e implementos en mi departamento.

Con respecto al tema REMUNERACIONES, puede preguntarse acerca de lo siguiente:

- Para el trabajo que yo realizo, considero que estoy muy bien pagado.
- Comparando con otras personas que trabajan en esta empresa, pienso que recibo un pago adecuado.
- De lo que he escuchado, mi sueldo es similar o mejor al que recibiría haciendo un trabajo similar en otra compañía parecida a ésta.

- La forma en que se deciden los aumentos de sueldo en esta empresa nos incentiva para ir siempre mejorando nuestro trabajo.

En relación con el tema BENEFICIOS se pueden hacer consultas que aborden lo siguiente:

- Estimo que es difícil entender los programas de beneficios de la compañía.
- Los programas de beneficios de esta empresa son adecuados para mis necesidades.
- Encuentro que nuestros beneficios son razonables para los tiempos actuales.
- De lo que he escuchado, nuestros beneficios son tan Buenos o mejores que los beneficios que dan compañías similares a ésta.

Con respecto al tema SEGURIDAD EN EL TRABAJO, puede preguntarse acerca de lo siguiente:

- Pienso que esta empresa da apropiada compensación y reconocimiento a empleados antiguos.
- Puedo estar seguro de mi trabajo en la medida que tenga un buen desempeño.

En relación con el tema ORGANIZACIÓN se pueden hacer consultas que aborden lo siguiente:

- Tengo una idea muy clara de los resultados que se esperan de mí en mi trabajo.

- A menudo me siento abrumado por excesiva presión en mi trabajo.
- El trabajo en mi departamento está bien organizado.
- El trabajo está usualmente bien y justamente distribuido entre los empleados de mi departamento.
- Hay suficiente personal en mi departamento para enfrentar la carga normal de trabajo.

Con respecto al tema POLITICAS Y PROCEDIMIENTOS, puede preguntarse acerca de lo siguiente:

- Las reglas y procedimientos en mi departamento en general me hacen sentido.
- De lo que yo sé, las políticas de personal son aplicadas consistentemente a todos los departamentos.

ENCUESTA DE CLIMA LABORAL PARA EL ÁREA DE VENTAS

Existen también encuestas focalizadas para medir el clima laboral en las distintas áreas de una organización.

Por ejemplo, consideremos lo que sería una encuesta a los integrantes del departamento de ventas de una empresa comercial o industrial.

Los temas sobre los que podrían consultarse son, entre otros, los siguientes:

- Percepción sobre la dirección o jefatura de ventas
- Apoyo administrativo y comercial al depto. de ventas

- Evaluación y desarrollo del vendedor
- Productos y precios
- Políticas para el personal de ventas
- Reportes que debe preparar el vendedor

Veamos más en detalle lo que sería un ejemplo de una encuesta de clima laboral en el área de ventas.

Con respecto al tema PLANIFICACION E INCENTIVOS POR VENTAS se pueden hacer consultas que aborden lo siguiente:

- En mi opinión, nuestra planificación de ventas es a demasiado corto plazo.
- Creo que los concursos de ventas operan como un efectivo incentivo para vender.
- Creo que la compañía tiene credibilidad con nuestros clientes.
- La compañía es respetada por nuestros clientes.
- Hay suficientes comunicaciones entre la gente de ventas y los distritos de mi región y entre las divisiones de ventas.
- Creo que las reuniones del equipo de ventas se realizan con adecuada frecuencia.
- Las reuniones de ventas duran un tiempo suficiente y adecuado.
- Las reuniones de ventas son un efectivo medio de comunicación.

En relación con el tema ADMINISTRACION Y APOYO DE VENTAS puede preguntarse acerca de lo siguiente:

- En general, nuestro sistema de procesamiento de órdenes opera con eficiencia.
- Los faltantes de productos y pedidos incompletos me están causando problemas reales con mis clientes.
- Nuestros esfuerzos de ventas podrían beneficiarse de más promociones, Incluyendo promociones acordadas por diferentes divisiones de productos.
- Depto. de Marketing es receptivo y escucha sugerencias e ideas de la fuerza de ventas.
- Obtengo suficiente Apoyo de la Casa Matriz en lo siguiente:
  - □ Información de los estatus de los pedidos.
  - □ Información de los estatus de los límites de crédito y ocupación de líneas de crédito.
- Siento que suficientes recursos se destinan a:
  - □ Entrenamiento en Ventas.
  - □ Entrenamiento en Administración de Ventas.

Con respecto al tema EVALUACION Y DESARROLLO DE VENDEDORES se pueden hacer consultas que aborden lo siguiente:

- Tengo una confianza razonable en que puedo lograr mis expectativas de

  carrera en esta compañía.

- El Sistema de revisión de salarios por mérito asegura que los empleados

  con mejor rendimiento son premiados o recompensados por su labor.
- Faltan oportunidades de promoción o ascenso en mi división.
- Tengo la oportunidad de contribuir y participar en el establecimiento de

  mis objetivos.
- Mis objetivos y parámetros para evaluar mi desempeño son:
  - Claramente definidos.
  - Suficientemente flexibles para reflejar cambios en circunstancias

    del mercado u otras.
  - Importantes e interesantes.
- Existen adecuadas oportunidades para ser transferido a otro trabajo.
- Siento que puedo lograr satisfacciones al hacer carrera en la compañía.

En relación con el tema PRODUCTOS Y PRECIOS puede preguntarse acerca de lo siguiente:

- Dada la calidad de los productos que vendo, creo que nuestros precios

  son competitivos.
- En mi opinión, hay adecuadas actividades de desarrollo de nuevos

  productos en esta compañía.
- Las introducciones de nuevos productos son:
  - Comunicadas a los clientes con la suficiente anticipación.
  - Comunicadas a los clientes con eficacia.

- El número de productos de mi división es suficiente.
- La cantidad de promociones por año es adecuada.
- Esta compañía lanza sus productos en la fecha establecida.
- En mi opinión, la empresa apoya adecuadamente el lanzamiento de sus productos.

Con respecto al tema POLITICAS Y PROCEDIMIENTOS DE VENTAS se pueden hacer consultas que aborden lo siguiente:

- En mi opinión, las medidas de reducción de costos se aplican equitativamente en toda la compañía.
- En general estoy satisfecho con la política de movilización o transporte (vehículos) que aplica esta compañía a la gente de ventas.
- Las políticas de reubicación de la fuerza de ventas son adecuadas.
- Las políticas de gastos autorizados son razonables.
- El sistema de premios o incentivos es justo.
- El sistema de premios o incentivos me estimula a exceder las metas de ventas.

En relación con el tema REPORTES puede preguntarse acerca de lo siguiente:

- Muchos de los reportes que me piden son innecesarios.
- Tengo suficiente tiempo para cumplir con los requerimientos de información formal.

- Los reportes que debo preparar son más detallados que lo necesario.

REUNIONES DE RETROALIMENTACIÓN SOBRE LA ENCUESTA

Con los resultados de la encuesta de clima laboral es necesario hacer una presentación al personal de cada área. Que esa reunión sea productiva y motivadora dependerá de la forma en que se presente la información y del manejo de las consultas y dudas. Es una oportunidad para resolver problemas e involucrar al personal en un plan de acción para resolver dificultades y poder avanzar entre todos.

Los objetivos de la reunión de retroalimentación son: compartir los resultados de la encuesta, aclarar dudas sobre resultados de los temas consultados, responder preguntas y delinear posibles planes de acción para corregir debilidades o deficiencias.

La agenda de la reunión tentativamente podría ser:

- Revisión de resultados: Fortalezas, respuestas mixtas, debilidades.
- Oportunidades de mejoramiento
- Resumen
- Planes de acción
- Próximos pasos

Es útil concentrarse en los siguientes puntos:

1.- ¿Qué nos entrega la encuesta?

- Puntos fuertes
- Puntos neutrales y mixtos
- Puntos débiles

2.- ¿Cuáles son los problemas generales y específicos?

- Revisión, análisis y mejoramiento de políticas y/o procedimientos de la compañía
- Problemas focalizados por depto.
- Revisión y mejoramiento de políticas y/o procedimientos específicos de un depto.
- Problemas complejos inter-departamentos o áreas
- Problemas simples dentro de un depto.
- Problemas con Comité gerencial y equipos de acción de calidad
- Problemas con Jefes y supervisores departamentales

3.-- Análisis de soluciones

- Oportunidades de mejoramiento
- Planes de acción
- Sistema implementación

CASO PRACTICO: FABRICA DE CALZADOS MAYSHOES LTDA.

La Fábrica de Calzados Mayshoes Ltda. producía e importaba zapatos de alta calidad, los cuales vendía en el mercado local y exportaba a países vecinos.

Contaba con una dotación de aproximadamente 400 personas, de los cuales casi la mitad trabajaba en las faenas productivas, control de calidad y logística, y los demás en las áreas de ventas, importaciones/ exportaciones, finanzas, recursos humanos y cargos de jefatura y gerencia.

Por primera vez la empresa había decidido hacer una encuesta de clima laboral. Para ello, Elizabeth, gerente de gestión del capital humano, había contratado los servicios de una consultora externa.

La empresa Mayshoes promovió la participación del personal en la encuesta a través de correos electrónicos y reuniones explicativas por área de trabajo, y garantizó que la encuesta era absolutamente anónima para quienes respondieran las preguntas a través de una página de internet.

Una vez publicadas las preguntas, se dio una semana de plazo a los empleados, jefes y gerentes para responder la encuesta. Al cumplirse el plazo, un 88% de las personas habían ingresado a internet y respondido las consultas.

Tras algunos días de procesamiento, la consultora externa se reunió conjuntamente con Elizabeth, gerente de gestión del capital humano y con Jaime, el gerente general, para presentarles los resultados y analizarlos.

Agruparon las materias en que se dieron por mayoría las respuestas positivas, es decir en las que hubo mayor porcentaje de acuerdo, y las negativas, donde mayoritariamente los empleados expresaron desacuerdo.

Las áreas donde hubo más respuestas positivas que negativas fueron:

Con respecto al tema Eficiencia, el porcentaje mayoritario estuvo de acuerdo con lo siguiente:

- A mi juicio, mi departamento opera con eficiencia.
- La calidad del trabajo hecho es excelente.

En relación con el tema Organización, la gran mayoría de los encuestados opinó que:

- El trabajo en mi departamento está bien organizado.
- El trabajo está usualmente bien y justamente distribuido entre los empleados de mi departamento.

Con respecto al tema Comunicaciones, la gran mayoría de los encuestados opinó que:

- La mayoría de las veces no es riesgoso decir lo que uno piensa en mí departamento.
- Estoy satisfecho con los procedimientos disponibles para resolver los reclamos de los empleados.

En relación con el tema Supervisión y Jefatura, el porcentaje mayoritario estuvo de acuerdo con lo siguiente:

- Mi supervisor o jefe me apoya o destaca por un trabajo bien hecho.
- Mi supervisor o jefe usualmente me ayuda cuando requiero asistencia con un problema relacionado con mi trabajo.
- Mi supervisor o jefe es receptivo a las sugerencias de los empleados.

En relación con el tema Gerencia o Jefatura, la gran mayoría de los encuestados opinó que:

- La Gerencia o Jefatura es generalmente respetada aquí por los empleados.
- Hay suficientes contactos entre la Gerencia o Jefatura y los empleados en esta empresa.
- A mi juicio, esta compañía está bien manejada.
- Esta compañía efectúa un excelente trabajo en mantenernos informados acerca de temas que nos afectan.

Con respecto al tema Relaciones Laborales, el porcentaje mayoritario estuvo de acuerdo con lo siguiente:

- La gente con la cual trabajo usualmente se llevan bien entre ellos.
- Usualmente hay buena cooperación entre mi departamento y otros departamentos.

En relación con el tema Satisfacción Laboral, la gran mayoría de los encuestados opinó que:

- En mi trabajo efectúo tareas que considero valiosas.
- Mucha gente aquí se siente orgullosa por lo que hace.
- En mi opinión, los empleados de esta empresa son tratados con respeto, independientemente de su puesto.

Con respecto al tema Políticas y Procedimientos, el porcentaje mayoritario estuvo de acuerdo con lo siguiente:

- Las reglas y procedimientos en mi departamento en general me hacen sentido.
- De lo que yo sé, las políticas de personal son aplicadas consistentemente a todos los departamentos.

Agruparon también las materias negativas, es decir aquéllas donde hubo mayor desacuerdo:

Con respecto al tema Evaluación del Desempeño Laboral, la gran mayoría de los encuestados estuvo en desacuerdo con lo siguiente:

- Yo entiendo cómo es evaluado mi desempeño laboral.
- Los parámetros y lineamientos con los cuales mi desempeño es evaluado son apropiados para el trabajo que yo realizo.

En relación con el tema Entrenamiento, el porcentaje mayoritario no estuvo de acuerdo con lo siguiente:

- El entrenamiento que yo recibí fue adecuado para prepararme para el trabajo que realizo.
- Hay adecuadas oportunidades para entrenarse para un mejor trabajo.

Con respecto al tema Desarrollo de Carrera Laboral, la gran mayoría de los encuestados estuvo en desacuerdo con lo siguiente:

- Pienso que muchos empleados aceptarían una posición de supervisor o jefe si se les ofreciera.
- Esta compañía usualmente promueve gente calificada de la misma compañía antes de contratar gente de fuera.

Después de un debate y análisis, en conjunto con los expertos de la consultora externa, Jaime y Elizabeth resumieron que en Mayshoes había muchos aspectos positivos, que era necesario mantener y, si fuese posible, ampliar y desarrollar, tales como Relaciones Laborales, Satisfacción Laboral, Eficiencia, Políticas y Procedimientos, Comunicaciones, Supervisión, Jefatura y Gerencia.

Pero también los gerentes concordaron que estaban un poco sorprendidos por otros resultados de la encuesta.

Comentaron que era necesario planificar e implementar acciones inmediatas, al más breve plazo, para mejorar y desarrollar las áreas que están más débiles según las respuestas de los empleados, tales como Evaluación del Desempeño, Entrenamiento y Desarrollo de Carrera Laboral.

TAREA

Hacer un análisis de los resultados expuestos en el caso y determinar las principales conclusiones respecto de la encuesta en Mayshoes.

RESPUESTAS EN CAPÍTULO 19

14 GESTION POR COMPETENCIAS Y LIDERAZGO

CAPÍTULO 14 : GESTION POR COMPETENCIAS Y LIDERAZGO

Desafíos altamente exigentes

- La globalización y el desarrollo tecnológico demandan a las empresas una competitividad creciente basada en fuertes incrementos de su productividad, calidad e innovación.
- A las personas, por su parte, se les demandan mayores exigencias de rendimiento acompañadas por una necesidad de incrementar sus habilidades a través de procesos de aprendizaje, capacitación y desarrollo permanente (Dutra, en Mertens, 1996).

Las personas como fuente de diferenciación

- Es cada vez más difícil que las empresas logren desarrollar ventajas competitivas reales ya que la norma actual es ofrecer productos y servicios de alta calidad a bajo costo para no quedar atrás, pero no asegura un éxito sustentable.
- La necesidad de diferenciarse y lograr ventajas competitivas ha obligado a mirar a las personas de las organizaciones como fuente de diferenciación (Mertens. 1996).

El enfoque de competencias

El enfoque de competencias parte de la premisa de **buscar ventajas competitivas** a partir de las personas. Considerando lo señalado por Ducci (en Mertens,1996), la importancia de este enfoque se basa en:

1. Enfatizar la relación existente entre desarrollo socioeconómico y la capacidad de las personas para construirlo; el enfoque subraya cómo las personas logran altos niveles de rendimiento.

2. Constituirse en un punto de convergencia entre capacitación y empleo; la certificación de las competencias permite integrar las demandas del mercado de trabajo con una oferta educativa y capacitadora organizada en torno a competencias requeridas.

3. Permitir la flexibilidad requerida para enfrentar los fuertes procesos de cambio que actualmente se están dando. La mirada de las competencias enfatiza cómo las personas pueden enfrentar y administrar el cambio a través de aprendizajes permanentes y actualizados en torno a las nuevas demandas socioeconómicas.

4. En síntesis, se puede afirmar que el Enfoque de Competencias surge como respuesta a la necesidad de generar competencias competitivas basadas en las capacidades de las personas altamente eficaces que trabajan en cada empresa.

Pruebas de inteligencia y Competencias

McClelland, en "Testing for competence rather than intelligence" plantea que las pruebas de inteligencia y de aptitud no muestran relación con resultados importantes, como por ejemplo el éxito laboral.

Esta aseveración ha tenido repercusiones importantes en el ámbito de la psicología laboral-organizacional aplicada a la selección de personal.

Los cambios han permitido una ampliación de los modelos aplicados a selección, al desarrollo del personal y a toda la gestión de personas.

La utilización del modelo de competencias ha mostrado ser útil en estos ámbitos, ya que implica la necesidad de establecer claramente las características de un trabajo y los conocimientos y habilidades de las personas para realizarlo.

Definiciones de Competencias

- ✓ Las competencias son conductas laborales de la gente, necesarias a desplegar, para hacer un trabajo efectivo (Woodruffe).
- ✓ Reis señala que la competencia es la "capacidad real del individuo para dominar el conjunto de tareas que configuran la función en concreto".
- ✓ La competencia es la especificación de conocimientos y habilidades y la aplicación de estos a un estándar de rendimiento requerido (Athanasou, Hager & Gonczi).

- ✓ Para Mertens, una competencia es la "capacidad real para lograr un objetivo o resultado en un contexto dado".

Enfoques de Competencias

- Algunos autores promueven el desarrollo de competencias con el fin de garantizar desempeños efectivos en ocupaciones generales por sectores industriales.
- Por ello, el énfasis está en identificar "competencias" requeridas para ser efectivo en una ocupación dada (Mertens).
- En cambio, hay quienes enfatizan como propósito principal el promover mejoramientos de la productividad y de las ventajas competitivas de las empresas, poniendo énfasis en el estudio comparativo de quienes obtienen altos niveles de desempeño con respecto a quienes logran un desempeño efectivo aceptable o promedio (Spencer & Spencer).

Competencias – Comportamientos requeridos en el trabajo

DDI - Development Dimensions International efectuó más de 300 análisis de puestos de supervisión o gerenciales para más de 20.000 entrevistados.

Los estudios tenían el propósito de definir una lista de "Competencias" que describían los comportamientos requeridos en el trabajo.

Mediante la comparación, el contraste de los resultados de estos estudios permite llegar a entender qué es lo que hace que los gerentes de diferentes niveles tengan o no éxito.

¿En qué difiere una lista de Competencias de una lista de características o habilidades?

Las Competencias son áreas de interés para la gerencia con respecto a su éxito o fracaso.

Son áreas que la gerencia desea conocer y que debe tener presente para poder tomar las decisiones correctas en materia de personal.

No son descripciones de la "persona perfecta para el puesto".

Un punto fuerte de una Competencia puede exacerbar una debilidad en otra.

Por ejemplo, la tendencia a tomar decisiones rápidas, en una persona con habilidades analíticas deficientes puede contribuir a que cometa errores.

Una competencia es una categoría de comportamiento vinculada con el éxito o el fracaso en un puesto.

El proceso consiste en analizar el puesto, y determinar cuáles eran los comportamientos más comunes relacionados con el éxito o el fracaso en el trabajo, entrevistando y enviando cuestionarios a titulares, jefes y subalternos.

Agrupar comportamientos

El analista de puestos agrupa los comportamientos con aportes y resultados comunes y se adjunta un rótulo que describe los elementos comunes de estos comportamientos.

Luego se pone a prueba lo acertado de la confiabilidad de la categorización en verificaciones con expertos análisis de tareas.

Base para programas de Gestión de Personas

Los análisis de puestos para definir las Competencias se realizan como antecedente para la instauración de programas de:

- ✓ Selección
- ✓ Evaluación del desempeño
- ✓ Planes de Carrera
- ✓ Capacitación y Entrenamiento

Precisión en la definición de Competencias

Las Competencias se utilizan como elementos objetivos en procesos tales como:

-reclutamiento

-selección

-evaluación

-capacitación

Por ello es sumamente importante que las definiciones sean suficientemente precisas como para que los gerentes puedan utilizarlas congruentemente.

Cuando se considera un candidato para una promoción, es necesario que todos los interesados lo juzguen respecto de criterios similares (en este caso una lista de Competencias mutuamente aceptada).

Ejemplos de Competencias

COMPETENCIAS DE COMUNICACIONES
- **Comunicación oral**
- **Presentación oral**
- **Escuchar**
- **Comunicación escrita**

COMPETENCIAS DE GERENCIA
- **Planificación y organización**
- **Delegación**
- **Control**
- **Desarrollo de subalternos**

COMPETENCIAS DE MOTIVACIÓN
- **Motivación hacia el trabajo**
- **Deseo de dirigir/deseo de gerenciar**

COMPETENCIAS DE TOMA DE DECISIÓN
- **Análisis**
- **Juicio**

COMPETENCIAS INTERPERSONALES
- **Sensibilidad**
- **Liderazgo individual**
- **Liderazgo de grupo**

42

Ejemplos de Competencias que puede ser transversales:

- Alta orientación al servicio
- Apego irrestricto a las normas sanitarias
- Trabajo colaborativo
- Alta tolerancia a la presión
- Honestidad e integridad
- Trato respetuoso y cordial

Aproximaciones al significado de las competencias

Existen dos aproximaciones al significado de las competencias (Hoffman); una de ellas se basa en los resultados y la otra en los inputs que las personas o las organizaciones entregan.

1.-Competencias corporativas basadas en los resultados: Busca determinar las competencias de la organización que le permitirían lograr un desempeño superior.

Las preguntas para contestar se refieren a las acciones realizadas para desarrollar la estrategia corporativa y al nivel de los resultados obtenidos. Esto es lo que se ha denominado "mejores prácticas" o benchmark.

2.- **Competencias corporativas basadas en el input:**

Busca determinar las características subyacentes de la organización que la hacen ser superior a sus competidores.

Las preguntas básicas son ver qué atributos distintivos tenemos y cómo se mantienen y sustentan estos atributos.

Desarrollo de competencias a nivel gerencial o jefatura

Las competencias o habilidades personales que un jefe o un gerente, con personal a su cargo, debiera preocuparse de mejorar y perfeccionar en su gente y en ellos mismos pueden agruparse en cuatro categorías:

- Competencias para el desarrollo personal
- Competencias para desarrollar subordinados
- Competencias para desarrollar relaciones laborales
- Competencias para desarrollar el negocio de la empresa

Veamos cada categoría con más detalle:

Competencias para el desarrollo personal

- Adaptabilidad y flexibilidad en un entorno competitivo
- Innovación, creatividad, ideas originales
- Iniciativa, sugerencias

Competencias para desarrollar subordinados

- Alinear y coordinar al grupo para lograr el éxito
- Construir un exitoso equipo de trabajo, con compromiso
- Capacidad de dirigir, orientar y motivar a los colaboradores

- Buena comunicación, oral y escrita
- Dirigir tomando en cuenta la misión y los valores de la empresa

Competencias para desarrollar relaciones laborales

- Establecer y mantener buenas relaciones de trabajo con todos los niveles y en todas las áreas
- Ser un facilitador de los cambios, no oponerse a las innovaciones sino ayudar a lograrlas

Competencias para desarrollar el negocio de la empresa

- Enfocarse fuertemente en el servicio al cliente
- Dirigir teniendo presente la necesidad de lograr los objetivos y resultados
- Liderazgo estratégico
- Capacidad y criterio para tomar decisiones

Beneficios del Empleo de las Competencias

Diversos autores han señalado los beneficios de trabajar con el enfoque de competencias. Los beneficios destacados son:

1. Que la formación basada en competencias **favorece procesos de aprendizaje y formación continuos**, favorece la implementación de programas de capacitación pertinentes, flexibles y de calidad, y permite una adaptación más rápida a los cambios tecnológicos y productivos. (Dutra).

2. Ya que el enfoque por competencias describe conductas en el ámbito laboral, facilita **que los empleados conozcan lo que se espera de ellos** y puedan contribuir de mejor manera a las metas organizacionales (OIT, 2000)

3. "El enfoque de competencias aclara notablemente **el panorama para la selección de personal**, el cual puede apoyarse ya no sobre diplomas sino sobre

capacidades demostradas". Al reconocerle competencia al trabajador, se aumenta su empleabilidad (OIT, 2000).

4. Mejoran la precisión al determinar el **ajuste o potencialidad de una persona** para diversos trabajos (Wood, & Paine).

5. Al desagregar el perfil de una persona en habilidades y características específicas, **los planes de desarrollo** pueden relacionarse mejor con las áreas donde se necesita el desarrollo (Wood, & Paine).

Desarrollando un Modelo de Competencias

Estudiar en profundidad las competencias de las personas que ocupan los cargos clave de una empresa, en particular, de aquellos que más influyen en el proceso de generación de valor. Esta metodología es aplicada para generar modelos de competencias de cargos claves con el fin de aplicarlos tanto a procesos de selección como de desarrollo.

El primer paso y más importante en un estudio de competencias es identificar los criterios o medidas que definen desempeño superior en los puestos a ser estudiados. Los criterios ideales son medidas duras, tales como ventas o ganancias para gerentes de negocios, o patentes o publicaciones para investigadores científicos.

Además de los criterios duros y particularmente en el caso de que estos no estuvieran disponibles, pueden servir evaluaciones por parte de jefes, pares, subordinados y/o clientes.

La investigación indica que las evaluaciones de pares tienen alto criterio de validez, es decir, predicen resultados duros del trabajo.

En resumen:

1. Datos duros: ventas, ganancias, productividad.
2. Evaluaciones de supervisores.
3. Evaluación de pares.

4. Evaluación de subordinados (ej. estilo gerencial, moral).

5. Evaluación de clientes.

Modelo de competencias para gerentes	
Peso	**Competencia**
XXXXXX	Impacto e Influencia
XXXXXX	Orientación al Logro
XXXX	Trabajo en Equipo y Cooperación
XXXX	Pensamiento Analítico
XXXX	Iniciativa
XXX	Desarrollo de Otros
XX	Autoconfianza
XX	Capacidad Directival / Asertividad
XX	Búsqueda de Información
XX	Liderazgo de Equipo
XX	Pensamiento Conceptual

65

Especificación de Cargos Futuros

A veces puede ser necesario agregar una visión de futuro sobre las competencias de los cargos claves.

Por este motivo, puede llegar a requerirse agregar algunos pasos más para establecer cuáles serán las competencias que se requerirán a futuro en tales puestos.

Para ello pueden utilizarse tres métodos, a saber:

1. Estimaciones de competencias futuras por paneles expertos.

2. Extrapolación de competencias de otros cargos correlacionados al cargo futuro.

3. Muestreo de empleados que realizan actualmente trabajos análogos en otras unidades de la organización o fuera de esta.

Validando el Modelo

El reporte que incluye el modelo de competencias se presenta a un nuevo panel experto para que lo validen y/o hagan correcciones al respecto. También, en algunos casos, se pueden comparar los resultados obtenidos con uno de los modelos genéricos de competencia diseñados por McBer, a saber:

1. Técnicos y profesionales.

2. Vendedores.

3. Trabajadores de Servicio Social (médicos, enfermeras, etc.)

4. Gerentes.

5. Empresarios.

Estos modelos genéricos no substituyen el trabajo de especificación de cargos, pero sirven para confirmar la presencia de competencias relevantes para cada tipo de cargo.

CASO DE COMPETENCIAS: HEADHUNTER SELEXPROM

La empresa de Headhunting SELEXPROM (una de las líderes en Selección de Ejecutivos) es contactada por un importante cliente, AUTOCROL, que se dedica a la importación de automóviles y camiones.
La importadora le informa a SELEXPROM que desean potenciar su equipo ejecutivo, y por lo tanto quieren incorporar a la empresa a personas calificadas, con experiencia relevante, para los siguientes cargos:

1) **Gerente de Finanzas**: reportará al Gerente General y trabajará en la Casa Matriz de AUTOCROL, a cargo de la planificación financiera, presupuesto de caja, supervisión de las áreas de contabilidad y tesorería, planificar las importaciones de vehículos, y tendrá a su cargo

a un Jefe de Operaciones Financieras (que cuenta con tres ayudantes) y a un Jefe de Contabilidad (que dispone de cuatro ayudantes).

2) **Jefe de Ventas**: reportará al Gerente General, y será el encargado de lograr las metas de ventas, dirigir y supervisar a los quince vendedores de todo tipo de vehículos, los que están ubicados tanto en la Casa Matriz de AUTOCROL como también en las tres sucursales de la empresa (de tres a cinco vendedores en cada sucursal).
3) **Jefe de Capacitación**: reportará al Gerente de Gestión de Personas. Deberá organizar y efectuar cursos, organizar charlas y efectuar entrenamiento en terreno periódicamente a los quince vendedores, para capacitarlos acerca de todas las características técnicas de cada uno de los vehículos y diferentes modelos que vende AUTOCROL, y por ello deberá estudiar bien los catálogos y utilizar toda la información que reciba de parte de los fabricantes de los vehículos.

Los gerentes de SELEXPROM se reúnen ante esta solicitud y acuerdan que, para efectuar eficazmente el proceso de reclutamiento y selección de los tres ejecutivos deberán determinar un máximo de cuatro competencias claves, las que podrían ser diferentes para cada uno de los cargos solicitados. Dichas cuatro competencias deberán ser evaluadas en las entrevistas y exámenes a que someterán a los postulantes. Para elegir esas competencias claves y fundamentales deciden ocupar un documento, que contiene 14 competencias relevantes para selección de ejecutivos.

SE SOLICITA

Elegir las **cuatro principales competencias** que deberían usarse para seleccionar cada uno de los cargos.

RESPUESTAS EN CAPITULO 19

DETALLE DE LAS 14 COMPETENCIAS MÁS UTILIZADAS:

(Fuente: DDI - Development Dimensions International)

LIDERAZGO ESTRATÉGICO EN LA TOMA DE DECISIONES

Capacidad para reunir, analizar y proyectar información estratégica relacionada con los objetivos y proyectos de largo plazo. Establecer planes y alternativas sobre la base de datos, restricciones y recursos disponibles.

Habilidad para desarrollar evaluaciones de proyectos y criterios para tomar decisiones estratégicas, seleccionando las mejores estrategias para cumplir los objetivos.

Llevar a cabo implementación de planes, con orden y secuencia adecuada, usando los recursos necesarios - Identifica las tareas y recursos claves necesarios para lograr objetivos.

Ejecuta planes - Se asegura que se lleven a cabo estas estrategias; monitorea los resultados y hace ajustes.

HABILIDAD PARA LOGRAR RESULTADOS

Tener muy claros los objetivos y comprometerse fuertemente para lograr los resultados esperados. Saber distinguir lo que es necesario e importante para el éxito de la empresa. Enfocarse siempre en lograr los objetivos, superando dificultades. Capacidad de guiar a la gente, con mucho trabajo y dedicación, hacia las metas, reforzando estrategias o mediante cambios de planes y estrategias. Establecer urgencias y prioridades para cumplir los objetivos. Establecer normas de excelencia para incrementar la productividad.

ESTABLECER RELACIONES ESTRATÉGICAS DE TRABAJO

Capacidad para cooperar con otras áreas; establecer colaboración para cumplir los objetivos de la empresa.

Crear relaciones de trabajo efectivas con grupos, áreas, departamentos.

Lograr acuerdos con directivos y jefes para apoyar nuevas ideas y establecer buenas relaciones interpersonales, para que la gente se sienta valorada.

CAPACIDAD EN LA TOMA DE DECISIONES

Capacidad para reunir información relevante, interpretarla, detectar oportunidades, amenazas, dificultades, evaluar y elegir oportunamente los caminos y cursos de acción apropiados. Comprometerse con las decisiones tomadas, comunicarlas y explicarlas. Detectar oportunidades y tomar decisiones que sean consistentes con la información disponible y visualizando las probables consecuencias.

ALINEAR EL DESEMPEÑO PARA LOGAR EL ÉXITO

Capacidad para guiar a otras personas de forma tal que cumplan con los objetivos asignados.
Establecer metas y colaborar con los subordinados, reforzando los comportamientos y habilidades que se necesitan para lograr metas, y revisar el desempeño con los subordinados.

FACILITAR EL CAMBIO

Frente a los problemas que se presenten, tener capacidad para estimular al grupo para encontrar nuevos caminos y oportunidades, en forma innovadora; lograr un reconocimiento y aceptación de la innovación en el trabajo.
Estar abierto a las ideas planteadas por otros y vencer la resistencia al cambio.

COACHING

Darle a un grupo o a subordinados una guía y orientación. Tener capacidad para retroalimentarlos y así ayudarles a que refuercen sus conocimientos y competencias para realizar un trabajo y solucionar dificultades en sus tareas. Analiza los comportamientos, da consejos e información, da retroalimentación y verifica la comprensión.

GUIAR A TRAVÉS DE MISIÓN Y VALORES

Considerar la misión y valores de la organización como referente para la toma de decisiones.
Ayudar a otros a entender la misión y valores de la organización. Realizar acciones que reflejen la misión y valores de la organización.

FORMAR UN EQUIPO EXITOSO

Capacidad para formar un equipo capaz de lograr los objetivos. Aclarar el propósito e importancia del equipo.
Definir bien los roles y responsabilidades de los integrantes del equipo, y proporcionar los recursos necesarios o ayudar a superar los problemas que enfrente el equipo.

ENFOQUE AL CLIENTE

Tener capacidad para entender las necesidades, preferencias y prioridades de los clientes. Manejar información que sea de interés para los clientes. Poder desarrollar y mantener buenas relaciones con clientes, para beneficio mutuo.
Las necesidades de los clientes son prioritarias y orientan las acciones, planes y proyectos.
Compartir información con los clientes y crear relaciones de cooperación.

ADAPTABILIDAD

Saber enfrentar con eficiencia las modificaciones en el trabajo o en el ambiente laboral.
Capacidad para adaptarse y entender los cambios y enfrentar las modificaciones o variaciones como oportunidades para aprender.

INNOVACIÓN

Capacidad para plantear soluciones innovadoras, diferentes y novedosas para tratar con los problemas del trabajo.
Saber sugerir diversos recursos e ideas innovadoras para enfrentar situaciones complejas.

COMUNICACIÓN (ORAL)

Capacidad para comunicar planes y proyectos; saber transmitir información con total claridad y en forma ordenada a través de medios orales a individuos y grupos de diferentes niveles. Poder captar la atención de los demás, asegurándose que el mensaje oral se entendió.
Al comunicarse oralmente, ser capaz de seguir un orden lógico y enfatizar los puntos relevantes del mensaje,

manteniendo la atención de quienes escuchan. Dar ejemplos, tener un adecuado lenguaje corporal y una voz que evite la monotonía.

COMUNICACIÓN ESCRITA

Capacidad para comunicar por escrito planes y proyectos; saber redactar información con total claridad y transmitirla ordenadamente a través de medios escritos a individuos y grupos de diferentes niveles. Poder captar, con la comunicación bien redactada, la atención de los demás, asegurándose que el mensaje escrito se entendió.
Al comunicarse por escrito, ser capaz de seguir un orden lógico y enfatizar los puntos relevantes del mensaje, presentando la información y conclusiones en un formato entendible.
Ser capaz de escribir mensajes para diferentes niveles organizacionales: directivos, gerentes, técnicos, operarios, etc., usando conceptos que sean claros para las diferentes audiencias.

DESARROLLO DEL LIDERAZGO EN LA GESTION DEL CAPITAL HUMANO

El liderazgo es fundamental en toda organización. Un líder es aquella persona de la empresa que, por medio de su ejemplo personal, y por las decisiones que adopta y comunica, es capaz de influir y crear en sus subordinados un clima de motivación, confianza y compromiso, lo cual le permite conducir eficazmente a dicho grupo de personas hacia el logro de los objetivos estratégicos de la organización.

Existen muchos estilos de liderazgo. Algunos son más rígidos en su forma de liderar, otros son más flexibles. Algunos poseen ciertas características autoritarias, otros presentan rasgos más bien democráticos y participativos. Algunos son más cercanos a la gente, otros actúan algo más distantes.

Sin embargo, cualesquiera que sean sus rasgos individuales, para ser de hecho un verdadero líder, esa persona debe ser capaz de ejercer su influencia, comunicar con eficacia, motivar, dar confianza y comprometer a su grupo para que se lleven a cabo las actividades necesarias para alcanzar las metas.

ESTILOS Y CONDUCTAS DE LIDERAZGO

Un estilo positivo, claro y eficaz de liderazgo es significativamente necesario para una organización.

En toda empresa hay líderes, tanto formales como informales.

Los formales son aquellos que ejercen un liderazgo y además ocupan un alto cargo en la compañía. Líderes informales son personas que, aun sin ocupar una posición jerárquica de alto nivel, ejercen una influencia que es propia de un líder, por sus conocimientos técnicos o profesionales, por la forma en que dirigen equipos, y por su estilo de comunicación y motivación hacia los demás integrantes de la empresa.

Ambos liderazgos, si son positivos, contribuyen al éxito de la empresa.

Las conductas esenciales que son recomendables para caracterizar a un liderazgo adecuado son las siguientes:

- ALINEAMIENTO: Se preocupa de alinear a todo el personal tras el logro de los objetivos estratégicos
- ENFOQUE: Se enfoca en mejorar la productividad de la compañía
- ENFASIS: Prioriza y enfatiza periódicamente los objetivos claves de la organización
- TRATO: Se preocupa de tratar a la gente con dignidad y respeto
- COMUNICACIÓN: Intenta comunicar oportunamente, con claridad y amplitud, todo lo que sea relevante
- SOPORTE: Ayuda a los individuos para que éstos alcancen su máximo potencial
- RECONOCIMIENTO: Reconoce el esfuerzo y resultados logrados de las personas

- RETENCION: Se preocupa de retener al personal clave de una empresa
- CAPACITACION: Promueve el aprendizaje continuo de los individuos e incentiva el progreso de las personas con las que trabaja
- MOTIVACION: Motiva al personal para enfrentar y salir de los problemas que aparezcan dentro de la empresa o en su entorno

LIDERAZGO Y ESTRATEGIA

Es fundamental un buen liderazgo para lograr cumplir con las metas estratégicas. Para ello, se requiere crear una visión compartida sobre dónde estamos, hacia dónde vamos y cómo lo conseguiremos...

Luego, es preciso obtener compromiso hacia las metas mutuas, y comunicarse abiertamente, incluyendo una discusión de ventajas, logros a alcanzar y barreras que podrían surgir.

El liderazgo entonces debe relacionarse completamente con las estrategias de la empresa. Es para ello necesario:

- Crear y llevar a cabo planes para asegurar el compromiso de los miembros del equipo hacia la misión, valores, estrategias y objetivos de la empresa.
- Crear un plan para cooperación entre las áreas de la compañía, con el objeto de romper las posibles barreras funcionales que existan, y simultáneamente implementar acciones específicas para que las relaciones entre todos los integrantes de la empresa sean eficaces y productivas.
- Definir y describir las competencias principales del liderazgo y su importancia para el éxito de la empresa, del equipo en general y de cada trabajador en particular.
- Enfatizar la importancia del control gerencial en la obtención de resultados para la gente, procesos, clientes e inversionistas.

El Reto del Liderazgo frente al Medio Ambiente Social, Económico, Legal, etc.

En el mundo actual el cambio es permanente. Todo cambia permanentemente. Los líderes deben comprender y tener presente el medio ambiente social, económico, legal, político y tecnológico, que cambia continuamente y tener las habilidades necesarias para enfrentar los cambios y para tener éxito.

Para un líder, ser capaz de entender los efectos y consecuencias del cambio en el entorno le permitirá tomar decisiones que conducirán al éxito personal y organizacional.

Entonces, un líder debe estar atento y analizar los cambios específicos en el ámbito social, económico, legal, político y tecnológico que ocurren en el entorno externo a la empresa, y tratar de visualizar qué podría ocurrir en el corto, mediano y largo plazo a raíz de dichos cambios y tendencias, y cómo podrían afectar a la empresa y a sus integrantes.

El Líder frente al Mercado

Los clientes externos de la empresa también sufren los cambios en el medio ambiente social, económico, legal, político y tecnológico. Entonces, un líder que pretende que su empresa tenga éxito en el mercado también debe preocuparse de analizar y tomar medidas referentes al impacto de los cambios en el mercado y en la competencia, tanto para el corto como para el mediano y largo plazo.

El liderazgo frente al impacto de los cambios en la empresa

Las empresas cambian continuamente y lo seguirán haciendo, ya que el medio ambiente, la competencia y los clientes también van cambiando y evolucionando.

Una empresa no puede estar inmóvil frente a los cambios en el medio ambiente social, económico, legal, político y tecnológico y frente a su impacto en el mercado, en los clientes, en la competencia.

¿Qué deben hacer los líderes ante este cambio continuo? ¿Cómo se preparan y capacitan los líderes para ser exitosos ante el cambio permanente?

EL LÍDER Y LAS ETAPAS SUCESIVAS DE DESARROLLO PARA LOGRAR EL ÉXITO EN LA EMPRESA

¿Cómo fortalecer al liderazgo? Hay varios aspectos claves para hacerlo.

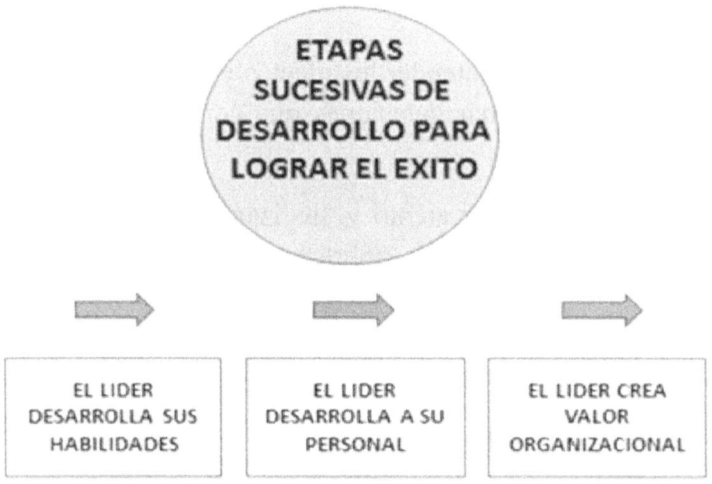

- En primer término, un líder debe desarrollar y ampliar sus propias habilidades, con el fin de ser capaz de motivar y dirigir a otros.
- A continuación, un líder debe desarrollar a su personal, preocupándose por lo tanto de capacitar y crear compromiso en la gente que dirige.
- Luego, teniendo un equipo eficiente y comprometido, un líder debe crear un valor organizacional y así puede satisfacer a los clientes externos, que compensarán el valor creado.

Finalmente, un líder estará en condiciones de desarrollar y hacer crecer al negocio si los tres factores anteriores funcionan adecuadamente. El líder logrará que el negocio sea exitoso y así los inversionistas evaluarán bien a la empresa y ésta incrementará su valor en el mercado.

Estas etapas sucesivas se relacionan con una serie de comportamientos

que producen importantes niveles de desempeño de los líderes dentro de la organización.

Un líder debe contar con competencias o habilidades tales como:

enfoque al cliente; toma de decisiones; empuje para lograr resultados; alinear el desempeño para lograr el éxito; dirección, orientación y motivación de subalternos; adaptabilidad; innovación; tener un equipo exitoso; guiar a través de la misión y valores; comunicación; facilitar el cambio; creación de relaciones estratégicas de trabajo, etc.

Estas competencias se relacionan directamente con las etapas sucesivas de desarrollo del liderazgo, descritas anteriormente.

- Para desarrollar sus propias capacidades, un líder requerirá de adaptabilidad e innovación.

- Para desarrollar a su personal, un líder necesitará alinear el desempeño para lograr el éxito; ser capaz de dar dirección, orientación y motivación a sus subalternos; tener un equipo exitoso; guiar a través de la misión y valores; facilitar el cambio.

- Para desarrollar buenas relaciones con los clientes externos y satisfacer sus necesidades, el líder deberá crear relaciones estratégicas de trabajo y tener buena comunicación.

- Y para el desarrollo del negocio, el líder deberá enfocarse en el cliente, ejercer un liderazgo estratégico, tomar decisiones adecuadas y oportunas y movilizar a la organización hacia los resultados.

Es muy importante que un líder se asegure de comunicar la visión de la empresa a todo el personal. En la visión se explica el propósito de la organización, es decir la razón de ser de una compañía, y debe ser lo suficientemente clara y precisa como para impulsar a una empresa, inspirando y movilizando al personal hacia las metas.

El comunicar la visión es una labor importante y permanente del liderazgo.

Una visión, para ser sólida y significativa, debe cumplir con ciertos requerimientos, tales como:

- Ser consistente con los recursos y las capacidades existentes en la organización.
- Entregar lineamientos y criterios que guíen la toma de decisiones y comportamiento.
- Ser ambiciosa, exigiendo logros importantes.
- Ser fácilmente comprendida.
- Ser reconocida como valiosa, útil y significativa.
- Producir compromiso y motivación.

El líder también debe ser capaz de crear confianza en la empresa y en sus jefaturas. Un líder logra relaciones de confianza recíprocas cuando actúa con integridad y consistencia, en sus conductas y relaciones. Cuando el personal entiende la visión de la empresa, la confianza lograda será fundamental para obtener el compromiso hacia la visión. El grado de confianza que la gente tiene en sus líderes es una forma de medir la efectividad de ese liderazgo.

La confianza es clave y esencial para tener un liderazgo efectivo y exitoso y generalmente se obtiene a través de las experiencias de la gente. Si el personal de una empresa confía en sus líderes, por sus palabras y sus conductas, realizará cualquier esfuerzo para apoyarlos y trabajar positivamente junto con ellos.

Cuando existe confianza, hay respeto y tranquilidad, se logra un ambiente que fomenta la productividad y la creatividad. Cuando las acciones de un líder son claras, coherentes y bien comunicadas, el personal siempre confía.

Conductas como las siguientes crean confianza:

- Ser transparente, abierto y honesto en las relaciones de trabajo.
- No ser despectivo con las prácticas antiguas que se pretenda cambiar.
- Compartir ideas, sentimientos y razonamientos.
- Ser consistente en respetar los valores básicos que guían las actividades.
- Solicitar, respetar y valorar las ideas de los demás, y evaluarlas francamente.
- Comunicar tanto las buenas noticias como las malas.
- Otorgar responsabilidades al personal y apoyar sus decisiones.
- Comprender y apreciar el impacto e implicaciones de las decisiones tomadas.
- Comunicar y recordar la visión y los valores de la empresa.

Un líder debe ser capaz de identificar y tratar de remover aquellos obstáculos que puedan existir en una organización para generar la confianza. En muchas ocasiones, estos obstáculos se presentan bajo la modalidad de malas prácticas que son habituales, políticas poco claras o incoherentes, sistemas inadecuados, falta de comunicación, estructura confusa o mal definida, etc.

Un líder debe poder inspirar compromiso. Cuando la gente es motivada en forma positiva, generalmente se compromete mucho con un proyecto o tarea, ya que sabe que su compromiso contribuirá a las metas estratégicas, a la satisfacción personal y al reforzamiento de la autoestima.

Las empresas más exitosas cuentan en todos sus niveles con un alto porcentaje de personal que tiene pasión y se compromete realmente para alcanzar los objetivos relevantes de la organización. Un líder debe ser capaz de generar un alto nivel de compromiso, dando confianza, dando el ejemplo, explicando las metas y siendo coherente en sus acciones.

Habitualmente, el personal de una organización trabajará para conseguir un objetivo si es que se percibe como valioso y que vale la pena. En consecuencia, el líder debe ayudar a que la visión de la empresa sea considerada como algo importante y significativo.

Para ello, no es suficiente que el líder comunique la visión, sino que debe promover una conversación, un debate constructivo, consultando a las personas acerca de qué es lo que creen que es más significativo en su trabajo, qué es lo relevante en la visión y en las estrategias para conseguir las metas, y promover que dichas personas argumenten y hagan presente sus ideas y sugerencias para realizar la visión.

Un líder eficaz involucra a la gente desde un principio en los objetivos, empodera al personal para organizar y ejecutar su trabajo, y da el apoyo necesario para que todo funcione correctamente.

Es posible que un líder detecte que algunas personas presenten una conducta evidentemente contraria a la visión y objetivos, y se resistan a comprometerse, desempeñándose de hecho en contra de la visión y valores, y en la práctica bloqueando el avance hacia los objetivos. En ese caso, **el líder debe investigar las causas de esas conductas**, asegurarse que dichos trabajadores han entendido correctamente la visión y los valores de la compañía, y decidir planes de acción donde se incluyan medidas concretas acerca de cómo enfrentarán, tanto él como otras jefaturas, la resistencia o las conductas poco comprometidas.

En otras ocasiones el líder puede encontrarse con personas que hacen solo lo justo para cumplir con sus tareas, y, aunque no muestran resistencia a la visión, no se les ve comprometidos con la empresa y no entregan todas sus capacidades y talento en el trabajo que realizan.

Frente a esta situación, el líder eficaz debe ser sincero con dicha gente, conversar con ellos, alabar su trabajo y sus competencias personales, y escuchar sugerencias e ideas de dichas personas sobre el trabajo, las metas, la visión, etc. Reunirse con estas personas y analizar francamente dichos temas individualmente con ellas seguramente las comprometerá mucho más y tendrán más confianza con los líderes.

Es necesario que el líder siempre incentive niveles de compromiso mayores, animando a la gente y encontrando métodos para establecer una relación clara entre el trabajo de cada persona y el cumplimiento de la visión. Para ello se requiere del líder mucha paciencia, esfuerzo, dedicación y apoyo hacia la gente.

La comunicación de un líder con el equipo y la organización implica compartir pensamientos, sentimientos y razonamientos.

Un líder necesita saber acerca de los sentimientos y aspiraciones de su gente, y los empleados requieren poder tener empatía con su líder. Este debe asegurarse de compartir información con transparencia, criterio y claridad, en forma oportuna.

Un jefe debe tener valor para ser franco y claro, ya que es indispensable que los empleados conozcan y entiendan lo que piensa y siente su jefe. Es por ello que debe mantener siempre abiertas las líneas de comunicación en ambos sentidos, y con ello creará confianza.

Cuando un jefe comunica con claridad y verdad, facilita que sus empleados también le hagan saber sus pensamientos, sugerencias y opiniones, lo cual permite al líder saber qué terreno pisa y también aprender de sus trabajadores.

Cuando un jefe comunica con claridad y verdad sus puntos de vista, muestra sus sentimientos, sus creencias sobre temas de interés, y reconoce que no siempre tiene todas las respuestas.

Un líder efectivo comparte información, problemas y aspiraciones, y evita dejar márgenes confusos para que la gente adivine. Por ende, no debe evitar expresar confusión o frustración cuando un asunto lo supera, y es posible que su gente sienta lo mismo. Por eso, un líder confía en que la gente será discreta.

Un buen jefe promueve el involucramiento, puesto que un líder no lo sabe todo, y por eso necesita la cooperación de sus empleados, que poseen habilidades y perspectivas valiosas.

Un jefe debe meditar a quién necesita que se involucre y participe en su grupo. En general, las personas están más dispuestas a comprometerse e involucrarse cuando se les pide ayuda en vez de darles instrucciones. Cuando se pide cooperación o sugerencias a la gente, esto también incrementa su autoestima.

Un buen líder debe explorar ideas de sus empleados sobre proyectos, enfoques o soluciones. Debe conocer bien los procesos y trabajos de otros para saber a quién involucrar, y, en caso de dudas, preguntar si el involucrar a alguien es adecuado.

Escuchar con empatía es comprender el alcance de lo que una persona está sintiendo. Si un jefe está de acuerdo con su empleado y responde con empatía, implica que entiende lo que está diciendo y sintiendo. Un líder abierto a los sentimientos de los demás genera confianza, y siendo empático reunirá la información que necesita para trabajar en colaboración.

Para escuchar y responder con empatía, es necesario, antes de expresar sus propios sentimientos o ideas: entender los de los otros; mostrar un interés sincero por las preocupaciones, ideas y preguntas de los demás; preguntar a los otros cómo se sienten acerca de problemáticas específicas; tratar de entender el marco de referencia de una persona; escuchar para captar el sentimiento; no dar respuesta mientras la persona está hablando; escuchar los mensajes subyacentes.

La autoestima. Un jefe debe tener presente que a la gente le gusta sentirse bien con ellos mismos. Quieren que sus capacidades e ideas sean valoradas y quieren sentirse satisfechos y realizados con el trabajo que realizan.

Entonces, un buen líder buscará incrementar la autoestima de su gente:

- colaborando con las metas y aceptando que los intereses de otros son tan importantes como los suyos.

- reconociendo sincera y específicamente los logros, los talentos y contribuciones de otros.
- pidiendo y escuchando las opiniones de otros.
- ante problemas que se presenten, estimulando a las personas en vez de criticar.
- enfocándose en encontrar soluciones en lugar de buscar culpables.
- mostrando interés en los procesos y trabajos de otros.
- cuidando la manera en que sus propias metas e intereses afectan a los otros.
- buscando beneficios mutuos.
- respetando el tiempo de otros.
- llegando preparado a las reuniones
- reconociendo los comportamientos efectivos de otros.

Un líder da apoyo, pero sin evitar la responsabilidad.

Un buen jefe se compromete a dar a la gente el apoyo prometido para trabajar dentro de los límites organizacionales, para que la gente sepa que pueden contar con su jefe para recibir apoyo y liderazgo.

También les dice que respeta su capacidad para realizar el trabajo, así como sus ideas de cómo hacerlo.

Algunos líderes pueden fácilmente dejar ir la responsabilidad de la acción, pero están menos dispuestos a confiar en que otra gente piense por ellos mismos.

El apoyo mutuo mantiene equilibrada la asociación. Sin existir equilibrio, sin duda que una asociación se derrumbará. Para proporcionar apoyo sin quitar responsabilidad, el líder:

- consulta como puede ayudar a otros a terminar la tarea.

- verifica periódicamente el progreso de la tarea.
- da los recursos que necesita la gente y cumple las promesas.
- promueve que los empleados expresen sus pensamientos o preocupaciones acerca del logro de su parte de un plan y contribuye según sea necesario.
- aclara responsabilidad y líneas de autoridad antes de comenzar una tarea.
- establece métodos para monitorear el progreso y para descubrir la necesidad de apoyo o recursos adicionales.

La gestión del capital humano de una empresa debe encargarse de actividades que tiendan a desarrollar a los líderes, apoyarlos, y promover su perfeccionamiento, dado que son claves

para el éxito de la organización. Para abordar adecuadamente el proceso de desarrollo del liderazgo, la gestión del capital humano deberá desarrollar las siguientes actividades:

a) Incentivar el trabajo coordinado entre los líderes de las áreas funcionales, para lograr los objetivos estratégicos de la empresa.

b). -Enfatizar a los gerentes y jefes para que procedan a delegar tareas cuando sea posible.

c). - Entrenar a los líderes para que promuevan y creen un buen clima interno, caracterizado por la confianza, la delegación de atribuciones y el trabajo en equipo, para lo cual el estilo de dirección y liderazgo son fundamentales.

d). - Hacer presente a los gerentes y jefes que es esencial que se preocupen de desarrollar las competencias del personal, a través de planes de capacitación, entrenamiento y desarrollo, todo ello unido a planes de carrera que servirán de motivación y para incrementar la productividad.

e). - Incentivar a los jefes y gerentes para crear equipos de trabajo que busquen la calidad, para que haya alineamiento tras las metas claves, para mejorar procesos, en un estilo participativo y creativo.

f) Recordar a los jefes la importancia de dar apoyo y reconocimiento, como reflejo de un estilo de dirección cercano y motivador.

Hay varios métodos para ejercer los estilos directivos: reforzar la capacidad de liderazgo, aprender a dar dirección (coaching), y practicar el empoderamiento (empowerment) son factores muy relevantes para facilitar las comunicaciones, clarificar los objetivos, incentivar, motivar y retener al personal y mantener un buen clima laboral.

EL ROL CLAVE DEL EMPODERAMIENTO (EMPOWERMENT): EJERCER AUTORIDAD Y PRACTICAR LA DELEGACION

Un gerente, ejecutivo o jefe, ejerce diariamente su autoridad, dando órdenes, tomando decisiones, explicando objetivos que deben lograrse, calificando las conductas de sus colaboradores, etc.

Pero también es importante la delegación o empoderamiento, que consiste en traspasar en forma medida y responsable parte de sus tareas y atribuciones a sus colaboradores, para que estos asuman trabajos y decisiones que antes estaban concentrados en su jefe.

El traspaso de tareas y decisiones no significa olvidarse de ellos, puesto que, ante la gerencia general, el jefe o gerente sigue siendo siempre el responsable, y no podría nunca un jefe, ante un error o fracaso de un colaborador, dar la excusa de que "esto lo delegué" o "no sabía lo que se estaba haciendo".

¿Por qué resulta bueno, necesario y motivador el proceso de empoderar a los colaboradores?

Con el empoderamiento se pueden lograr éxitos y avances en lo individual, en lo grupal y en lo organizacional.

Hay muchas definiciones acerca de la acción de empoderar, como, por ejemplo:

- Libertad para actuar
- Delegación con autoridad
- Motivación e Iniciativa respecto a objetivos claros
- Dejar a la gente pensar y actuar dentro de límites preestablecidos
- Permitir a la gente hacer lo que están calificados para llevar a cabo
- Autorizar a la gente a hacer aquello por lo cual se pueden hacer responsables
- Etc.

Hay tres aspectos con los cuales se puede caracterizar el empoderamiento: capacidades, enfoque y apoyo.

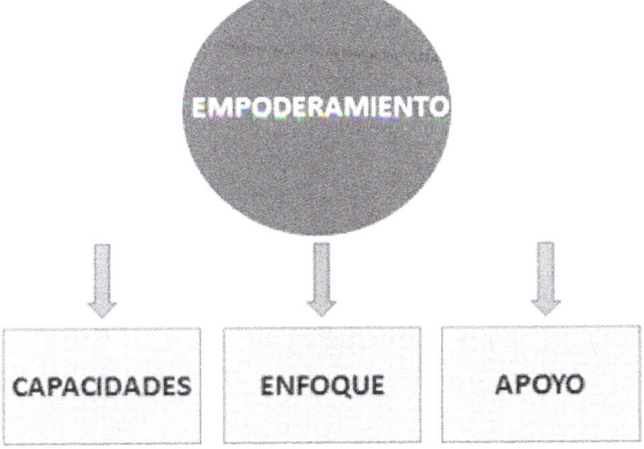

1.-Capacidades

Por capacidades queremos decir que cada individuo debe sentir que tiene los requisitos profesionales, técnicos e interpersonales y las capacidades individuales, ya sea ejecutivas o administrativas, necesarias para poder llevar a cabo su trabajo.

Un empleado empoderado debe tener las capacidades profesionales, técnicas y competencias personales requeridas para lograr mejoras de procesos, hacer buenas sugerencias, dar ideas y promover la cooperación y el trabajo en equipo.

Para llevar a cabo un efectivo empoderamiento, es recomendable que la empresa efectúe talleres sobre esta materia para el equipo gerencial, y estimule la capacitación y los programas de "entrenamiento cruzado" (interdepartamentales) para todos los empleados.

Entre los temas más relevantes que pueden consultarse y analizarse para determinar las "capacidades" en una empresa tenemos los siguientes:

- ¿Las personas en general tienen las capacidades técnicas y habilidades requeridas para lograr mejoras en los procesos?
- ¿El personal sabe cómo desarrollar por sí mismo sus propias capacidades?
- ¿Puede decirse que esta empresa la gente es realmente capaz de trabajar en equipo con otros y llegar a acuerdos para hacer mejoras?
- ¿La gente y los supervisores promueven la cooperación y el trabajo coordinado en su área de trabajo y con otras áreas?

2.-Enfoque

Por enfoque queremos decir la forma en que una persona se relaciona con su trabajo, cómo se siente acerca de sí misma y acerca de la organización en la cual trabaja.

Un empleado empoderado tendrá confianza en sus capacidades y su enfoque será tomar los errores como oportunidades.

Para lograr un enfoque adecuado, es necesario que la empresa apoye las nuevas iniciativas de los empleados, estimule los esfuerzos para identificar y remover los obstáculos existentes a la calidad, promueva la mejora de procesos y estimule la satisfacción de los clientes.

Es también útil proporcionar una perspectiva amplia y general a la gente ("big picture") e invitarlos a dar sus ideas.

Entre los temas más relevantes que pueden consultarse y analizarse para evaluar el "enfoque" que prevalece en una empresa tenemos:

- ¿El personal siente que esta es "su empresa"?
- ¿Las personas tratan los errores como oportunidades para mejorar?

- ¿La gente tiene confianza en su habilidad para hacer mejoras?
- ¿Los empleados creen realmente que "la calidad comienza con nosotros"?
- ¿La gente se pone firme cuando encuentra oposición a sus ideas o sugerencias?

3.-Apoyo

El apoyo implica tener acceso a información relevante, recibir reconocimiento por tomar la iniciativa, estimular la retroalimentación, mantener una comunicación abierta, y tener la autoridad para actuar en el nivel apropiado en la toma de decisiones.

Un empleado empoderado tendrá la autoridad para implementar mejoras dentro de límites claros y obtendrá apoyo de la gerencia. Es necesario que la empresa reconozca la iniciativa y la toma de riesgos, destaque los resultados de departamentos que practican el empoderamiento, y estimule y apoye equipos de trabajo para la calidad.

Entre los temas más relevantes que pueden consultarse y analizarse para determinar el "apoyo" tenemos:

- ¿Los empleados reciben reconocimiento por tomar la iniciativa y hacer esfuerzos para mejorar?
- ¿El personal recibe apoyo gerencial para acciones de mejoras?
- ¿La gente tiene acceso a información relevante y a personas de todos los niveles jerárquicos de la empresa?
- ¿Los ejecutivos planifican las actividades de trabajo en forma efectiva, apoyando siempre a las personas en sus labores, de forma que todos estén preparados para dar lo mejor de sí?

Para poder determinar hasta qué punto el empoderamiento se está practicando en una compañía podemos utilizar los temas antes mencionados y consultarlos en una encuesta formal de empoderamiento. Las respuestas nos darán un indicio claro sobre la aplicación de esta práctica.

¿Qué se requiere de los gerentes o jefes para practicar el empoderamiento?

Capacidades: es necesaria que el gerente o jefe sepa adaptarse a nuevas ideas, saber ser guía para su grupo y brindarle retroalimentación, lo cual permite que sus subalternos asuman responsabilidades.

Enfoque: es requerida la disposición del gerente o jefe para dar empoderamiento a sus empleados. El gerente o jefe debe estar involucrado emocionalmente con el empoderamiento, y poner en práctica las acciones respectivas.

Apoyo: el gerente o jefe debe otorgar facilidades para instaurar el empoderamiento en la organización, promover el empoderamiento que se le brinda a los clientes internos, recibir apoyo del jefe inmediato para implementar el empoderamiento en cada área, y tener el apoyo de la alta gerencia para aplicar empoderamiento en la empresa.

CASO PRÁCTICO DE LIDERAZGO Y DELEGACION: COMPAÑÍA MINERA METALIX S.A.

La Compañía Minera Metalix S.A. recientemente había cumplido treinta años de operaciones. Extraía y exportaba minerales a varios continentes y, con excepción de algunos años puntuales, sus ventas y utilidades eran generalmente considerables. Varios miles de personas trabajaban para esta compañía, la cual contaba con operarios, técnicos y profesionales altamente especializados.

Roberto, que ocupaba el cargo de gerente de operaciones mineras, contaba con cinco supervisores a su cargo; había transcurrido solo un mes desde su nombramiento en su puesto, pero él conocía muy bien dicha área de operaciones mineras, ya que allí anteriormente había sido supervisor por un período de siete años.

A comienzos del mes de diciembre, Roberto citó a una reunión a sus cinco supervisores (cuatro de ellos con varios años de experiencia y uno de ellos, Joaquín, con solo seis meses en el cargo), y les presentó, durante casi dos horas, sin espacio para consultas ni interrupciones, los planes y objetivos del área a su cargo para el próximo año, siguiendo las instrucciones del gerente general. Las metas eran realmente muy exigentes, y Roberto insistió ante el grupo que él estaba convencido que con el máximo de esfuerzo y dedicación dichos objetivos podrían cumplirse.

Por otra parte, les dijo que, por razones presupuestarias, la gerencia general le comentó que el año siguiente no se incorporarían más operarios a esa área, y que la maquinaria con la cual contaban no sería reemplazada, pero sería mantenida eficazmente y en forma periódica para asegurar su buen estado.

Finalmente, les dijo a sus supervisores que, ante el más mínimo problema o ante cualquier duda que se les presentara, debían consultarle directamente a él para tratar de encontrar una solución. Les pidió actuar a tiempo frente a las posibles dificultades que surgieran en el trabajo, comunicándole a él de inmediato cualquier inconveniente que ocurriera, para poder resolverlo con rapidez y así no atrasar las labores.

Seis meses después, en el mes de junio, Roberto enfrentaba diversos problemas. Ante sus exigencias y lineamientos, los supervisores durante los últimos meses le habían informado inmediatamente acerca de una serie de problemas menores, muchos de los cuales estaban pendientes de ser resueltos, porque Roberto no disponía del tiempo suficiente para analizarlos o no los conocía con mucho detalle, y además él tenía que tomar decisiones frente a otros problemas recientes, de mucho mayor impacto.

Por otra parte, a esas alturas del año las exigentes metas cuantitativas parecían inalcanzables, a pesar del esfuerzo de él y de sus supervisores. Adicionalmente, otros objetivos que él les había presentado en diciembre pasado no habían sido comprendidos en su totalidad por algunos de sus supervisores o requerían de apoyo del gerente, pero Roberto no se había hecho del tiempo necesario para reunirse con ellos individualmente y así poder analizar y clarificar aquellas metas que sus supervisores no comprendían del todo o se necesitaban gestiones de apoyo por parte de Roberto.

Finalmente, a Joaquín, el supervisor que tenía menos experiencia, Roberto lo había reprendido fuertemente a mediados de abril por no haber cumplido las metas del primer trimestre del año, y le había advertido que solicitaría su desvinculación de la empresa si no se desempeñaba con mayor eficiencia en los próximos meses.

CONSULTAS

- Comente el rol desempeñado de Roberto en su calidad de líder
- ¿Cuáles conductas de liderazgo no se advierten en las acciones de Roberto?

RESPUESTAS EN CAPITULO 19

CAPÍTULO 15

REESTRUCTURACIONES, FUSIONES Y ADQUISICIONES

CAPÍTULO 15 : REESTRUCTURACIONES, FUSIONES Y ADQUISICIONES

CAMBIOS QUE IMPACTAN EN EL CAPITAL HUMANO

CAMBIOS DE PROPIEDAD

En el dinámico mundo de los negocios, donde los mercados y los competidores van variando continuamente, se producen cambios importantes a nivel de propiedad de las empresas, lo cual lleva como consecuencia a modificaciones estructurales de gran importancia y, lógicamente, el capital humano sufre los efectos de estos cambios tanto en la propiedad como en la organización de las compañías.

Los principales cambios que pueden ocurrir en la vida de una empresa son reestructuraciones, fusiones y adquisiciones.

I). -REESTRUCTURACIÓN.

En este caso, una empresa introduce una restructuración profunda, ante cambios significativos y permanentes en las ventas o utilidades de la compañía, o ante cambios relevantes en la estructura del capital debido al retiro de socios importantes, o por la dictación de nuevas normas o leyes negativas para el desarrollo de la empresa, o por relevantes cambios en sus actividades productivas o comerciales, como, por ejemplo:

- la descontinuación de la venta de varias líneas de productos
- cambios significativos en las modalidades de venta
- agotamiento de minerales en faenas extractivas
- dificultades en la producción agrícola
- nuevos y poderosos competidores
- obsolescencia tecnológica
- pérdida de clientes o mercados claves

En definitiva, pueden existir numerosas causas internas y/o externas que lleven a una empresa a implementar una fuerte restructuración de sus actividades, lo cual implicará una redefinición de sus operaciones comerciales, productivas y administrativas, y con ello un nuevo organigrama, el cual puede traducirse, por ejemplo, en la eliminación de gerencias y jefaturas y/o en una fuerte reducción de la dotación de personal en general.

Todo esto tiene obviamente un impacto en la gestión del capital humano y en las personas que trabajan en la organización.

EJEMPLO DE RESTRUCTURACION:

ELIMINACION DE CARGOS Y CAMBIOS DE JEFATURAS

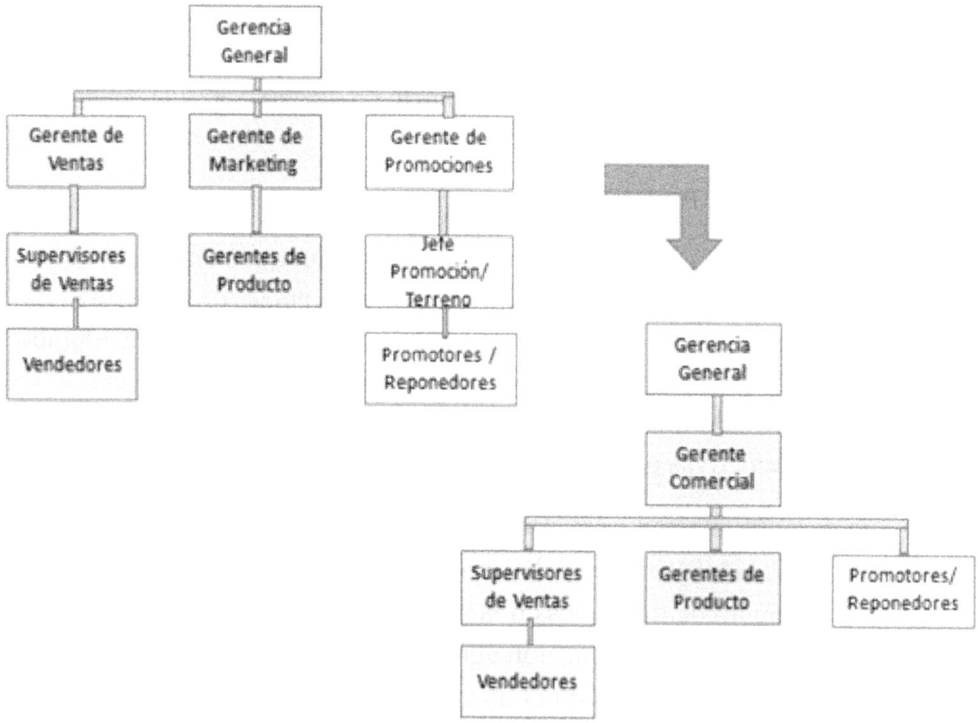

Hay ocasiones en que la restructuración es algo previsto durante mucho tiempo, dado que la empresa se ha ido deteriorando en sus capacidades comerciales, en su participación de mercado, etc., por lo cual muchos gerentes y empleados asumen que pronto llegarán cambios fuertes.

En otras ocasiones, la posibilidad de una restructuración se conversa solo a niveles jerárquicos altos o entre propietarios o grandes accionistas, y la mayoría del personal ignora lo que va a ocurrir.

Cualquiera sea el caso, la labor de gestión del capital humano, en conjunto con la alta gerencia, es muy relevante en estos procesos de restructuración. Lo sugerido es una llevar a cabo una buena planificación, comunicación e implementación.

Planificación:

Analizar, acordar y establecer un plan concreto, por escrito y con un cronograma definido, indicando en él qué ocurrió con la empresa y su entorno, por qué razones se efectúa una restructuración, qué cambios concretos va a implicar en las operaciones de la empresa, cómo va a afectar y modificar los trabajos y actividades que se realizan.

Planificar cuál será el nuevo organigrama, cuál será la dotación de personal por área que a futuro existirá en la empresa, quiénes permanecerán trabajando, quiénes deberán dejar la empresa y cuáles serán las condiciones que se ofrecerán a los desvinculados (legales y extralegales).

Comunicación:

a). - A nivel general.

Es necesario que el plan y cronograma de restructuración sea comunicado en forma amplia, a todo el personal, en forma clara, franca y transparente. Para ello es útil tener un comunicado escrito, con detalles, que sirva de pauta para los que informarán, y reunirse personalmente con grupos de personas, por cada área de la empresa; dependiendo del tamaño de esta, las reuniones podrán ser dos, tres, cuatro o más. Para evitar rumores o confusiones, el proceso de comunicación o información debe realizarse simultáneamente a todo el personal o, si no es posible, dentro de un lapso breve, como por ejemplo dentro de una mañana o de una tarde.

No es recomendable informar un proceso de este tipo en varios días consecutivos porque, como ya lo dijimos, crecerán los rumores, las dudas y las confusiones.

Es importante también preparar por escrito un listado de todas las posibles preguntas y respuestas que habrá en las reuniones, para no ser sorprendidos con una consulta respecto de la cual no existe una respuesta clara. Mientras todo esté analizado, definido y aclarado, mejor será el proceso de información y menos dudas se producirán en el personal.

b). - A nivel grupal e individual.

Después de completar el comunicado a todos los empleados, es necesario que la alta gerencia y la gestión del capital humano tengan, a la mayor brevedad, reuniones individuales, o con grupos muy pequeños de tres o cuatro empleados de la misma área, enfocándose en dos tipos de personas:

1.- Con aquellos gerentes, jefes, supervisores, profesionales, operarios y empleados en general que permanecerán en la empresa.

A ellos se les debe volver a comentar y explicar las causas y consecuencias de la restructuración anunciada, incluyendo el nuevo organigrama y esquema de trabajo, y explicarles por qué ellos han sido seleccionados para seguir en la compañía. En este tema, debe resaltarse que la empresa confía en sus capacidades, su experiencia, su compromiso y lealtad hacia la organización, y que se cuenta con ellos para seguir trabajando con ánimo y esfuerzo, para levantar a la compañía en este momento complejo, y hacerla crecer y desarrollarse a futuro.

2.- Con los gerentes, jefes, supervisores, profesionales, operarios y empleados en general que serán desvinculados y no permanecerán en la empresa.

Junto con comentarles y explicarles las causas y consecuencias del proceso de ajustes y cambios anunciados, se les debe volver a informar el cronograma de salida y los beneficios y compensaciones legales y extralegales que recibirán.

Si la empresa cuenta con recursos para hacerlo, es conveniente que la indemnización sea algo superior a la estrictamente legal y además ofrecer, si es posible, cartas de recomendación y también la inscripción en empresas de "outplacement", que son especialistas en recibir por un tiempo determinado a personas recién desvinculadas y donde se les capacita y motiva para enfrenar su futuro laboral.

Implementación:

El tiempo de implementación de una restructuración depende del tamaño y complejidad de cada empresa, de los recursos involucrados y de la magnitud de los cambios que se introducirán.

En general, ejecutarlo todo muy rápido no es recomendable, salvo en empresas simples con pocos productos y una estructura sencilla.

Tampoco es conveniente dilatar el proceso por demasiado tiempo.

Tras la etapa de comunicación general e individual, es importante que el proceso avance sin pausas, y si hay más demora en alguna área en particular que ello no sirva de excusa para seguir avanzando en las demás áreas.

Para la implementación se requiere de un monitoreo permanente de la alta gerencia y de la gestión del capital humano.

Pueden darse complejos momentos de adaptación, cambios de rutinas de trabajo, nuevas jefaturas, etc., todo lo cual, en un comienzo puede llevar a errores, confusiones, lentitud y sobrecarga de trabajo ante una dotación que ha sido reducida.

II). -FUSIÓN

En este caso, dos empresas que operan en un mismo mercado, o en uno similar o complementario, deciden unirse y formar una sola.

Esta unión o fusión de compañías generalmente se implementa para lograr economías de escala, para ampliar líneas de productos, para alcanzar cuotas de participación de mercado más altas, para llegar a nuevos países o regiones geográficas, etc.

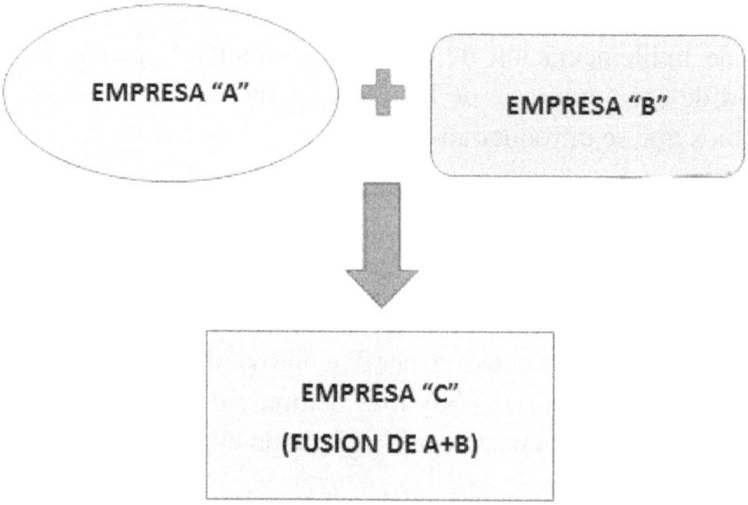

Es decir, puede haber muchas causas económicas, productivas, comerciales o financieras que lleven a dos o más empresas a acordar un proceso de fusión. Esto implicará unir dos o más compañías que seguramente tienen una historia distinta, formas de organización y de operación diferentes y un capital humano acostumbrado a distintos tipos de liderazgo y a diferentes políticas y procedimientos.

La fusión tendrá un impacto importante en la forma de operar y con certeza implicará una redefinición de las operaciones comerciales, productivas y administrativas, y a partir de ello existirá un nuevo organigrama, el cual, tal como en el caso de las reestructuraciones, se va a traducir en la eliminación de gerencias y jefaturas y/o en una reducción de la dotación de personal en general.

Todo esto tiene obviamente un impacto en la gestión del capital humano y en las personas que trabajan en la organización. Este proceso puede ser hecho por etapas o muy rápidamente, pero lo que es claro es que un tema muy relevante es la duplicación de cargos.

Lo sugerido, al igual que en un caso de restructuración, es una llevar a cabo una buena planificación, comunicación e implementación.

Planificación:

Las empresas que se fusionarán, a través de sus líderes autorizados, deberán analizar, acordar y establecer un plan concreto, por escrito y con un cronograma definido, indicando por qué razones se efectúa la fusión, qué cambios concretos va a implicar en las operaciones de la nueva empresa fusionada, cómo va a afectar y modificar los trabajos y actividades que se realizan hasta ahora, y cuál será el nuevo organigrama.

También debe decidirse cuál será la dotación de personal por área que a futuro existirá en la empresa unificada, quiénes permanecerán trabajando, quiénes deberán dejar la empresa y cuáles serán las condiciones que se ofrecerán a los desvinculados de ambas empresas (compensaciones legales y extralegales).

Si dos empresas se fusionan, es evidente que se duplicarán los directorios, los gerentes, los jefes, los técnicos, operarios, etc.

Es por ello que para definir un nuevo organigrama para la compañía fusionada será necesario que las autoridades de las dos empresas analicen en profundidad, honesta y francamente, cuál sería la mejor estructura organizacional y las mejores personas para ocupar los cargos de la nueva empresa fusionada.

No es fácil hacerlo, ya que habrá duplicaciones de gente talentosa y experimentada, pero es imposible, en la práctica, que tras un proceso de fusión permanezca el mismo número de empleados.

Deberán adoptarse decisiones dolorosas respecto de algunas personas, pero de hecho no existen otras alternativas.

Comunicación:

a). - A nivel general.

Es necesario que el plan y cronograma de fusión sea comunicado en forma amplia, a todo el personal de las empresas involucradas, clara y detalladamente.

Es necesario preparar un comunicado escrito único para las compañías, con detalles, que sirva para los encargados de comunicar, y reunirse personalmente con todas las personas, formando grupos en las empresas que se van a fusionar.

Para evitar rumores o confusiones, el proceso de comunicación o información debe realizarse simultáneamente en las compañías afectadas. Esto debe ocurrir a la misma hora, y a todo el personal.

Informar un proceso de este tipo en varios días en las empresas producirá rumores, dudas y confusiones.

Todas las posibles dudas deben estar previamente analizadas y deben darse respuestas iguales en las empresas que se fusionarán.

b). - A nivel grupal e individual.

Tras informar a todos los empleados de ambas compañías, a la mayor brevedad deben organizarse reuniones individuales, o con grupos muy pequeños de la misma área, enfocándose en tres tipos de personas:

1.- Con aquellos gerentes, jefes, supervisores, profesionales, operarios y empleados en general que permanecerán en la empresa fusionada, en el mismo cargo previo a la fusión.

A ellos se les debe explicar los planes y oportunidades de la nueva compañía, incluyendo el nuevo organigrama y esquema de trabajo, y explicarles por qué ellos han sido seleccionados para seguir en la organización fusionada.

Debe destacarse que la nueva empresa confía en sus habilidades, conocimientos, compromiso y lealtad hacia la organización, y que se cuenta con ellos para seguir trabajando con ánimo y esfuerzo, para hacer crecer y desarrollar la nueva empresa unificada.

2.- Con aquellos gerentes, jefes, supervisores, profesionales, operarios y empleados en general que permanecerán en la empresa, pero ocuparán un rol o cargo diferente al que tenían antes de la fusión.

A ellos se les debe informar en detalle el nuevo organigrama y el nuevo esquema de trabajo, y explicarles por qué ellos han sido seleccionados para seguir en la nueva compañía, ocupando nuevos cargos o roles, a raíz de la duplicación de cargos que se van a producir con la fusión.

Es importante comunicarles que han sido elegidos por su talento y capacidad, que se confía en su adaptación y su flexibilidad para asumir cargos diferentes dentro de la nueva organización, y que en la empresa fusionada habrá nuevas oportunidades de crecimiento y desarrollo personal.

3.- Con los gerentes, jefes, supervisores, profesionales, operarios y empleados en general que serán desvinculados y no permanecerán en la empresa unificada.

Explicar nuevamente en ambas empresas la duplicación de cargos que se ha dado producto de la fusión, comentar lo difícil que ha sido elegir a quienes permanecen y a quienes serán desvinculados, e informar el cronograma de salida y los beneficios y compensaciones legales y extralegales que recibirán.

Al igual que en una restructuración, si la empresa fusionada puede hacerlo, se sugiere que la indemnización sea algo superior a la estrictamente legal y además ofrecer, si es posible, cartas de recomendación y también la inscripción en empresas de "outplacement", para que reciban a las personas recién desvinculadas de ambas empresas y donde se les capacitará para enfrenar su futuro laboral.

Implementación:

Es conveniente designar un comité gerencial unificado especialmente para implementar la fusión, que dirija y coordine todo el proceso, y que esté formado por autoridades de las empresas involucradas.

El tiempo de implementación de una fusión dependerá del tamaño y complejidad de las actividades, procesos internos, productos y estructura de cada empresa involucrada, del capital humano afectado y del tamaño de los cambios que se introducirán en la nueva empresa. Es difícil hacer una fusión muy rápido, pero igualmente no es conveniente hacerlo en forma lenta o muy espaciada.

Tras la comunicación inicial, es importante fijar un cronograma realista, y que se avance sin pausas. Si una de las empresas tarda algo más en un área, ello no es excusa para seguir avanzando en las demás áreas.

Para la implementación se requiere de un monitoreo permanente y decisiones criteriosas del comité gerencial unificado designado para la fusión, con el apoyo de la gestión unificada del capital humano, ya que en un proceso como éste se formarán nuevos equipos de trabajo y nuevas dependencias jerárquicas.

Además, surgirán procesos difíciles de adaptación, se presentarán cambios de rutinas de trabajo, habrá nuevas jefaturas que deberán conocer otras realidades, etc., todo lo cual, en un comienzo puede llevar a la existencia de vacíos, duplicaciones, conflictos de autoridad, y a la necesidad de rehacer descripciones de cargos y procedimientos.

III). -ADQUISICIÓN

Esta situación se produce cuando una empresa, generalmente más grande en tamaño, adquiere a otra de similar o menor tamaño.

Habitualmente este caso se da entre empresas que actúan en un mismo mercado, pero también puede darse entre compañías que operan en un mercado similar o en uno complementario.

Puede haber causas económicas, productivas, comerciales o financieras que lleven a una empresa a hacer una oferta para comprar la propiedad de otra compañía.

La empresa compradora generalmente tiene varios objetivos para proceder a la adquisición, entre ellos:

para lograr cuotas de participación de mercado más altas, para llegar a nuevos países o regiones geográficas, para alcanzar importantes economías de escala, para diversificar y ampliar líneas de productos, etc.

Al igual que en el caso de las fusiones, una adquisición implica en la práctica unir a dos compañías con formas de organización y de operación diferentes, un capital humano diverso y posiblemente acostumbrado a cierto estilo distinto de liderazgo, diferentes políticas y procedimientos, y con una historia de logros, éxitos y errores totalmente distinta.

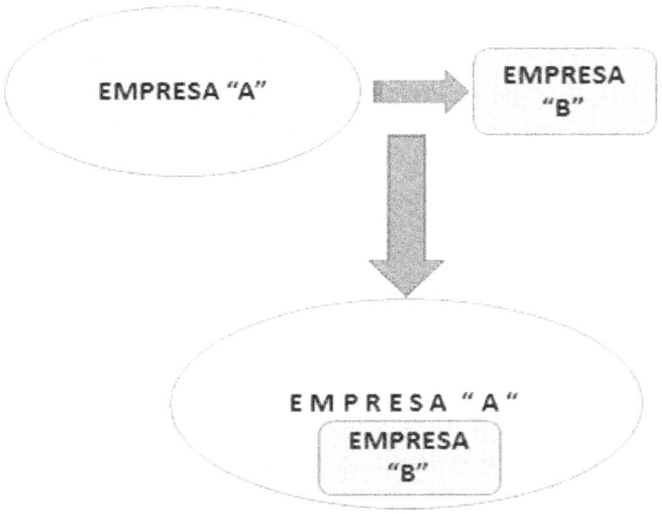

La adquisición va a impactar mucho más en la empresa adquirida que en la compañía compradora.

Es lógico y habitual que los compradores impongan sus criterios, sus políticas y su tipo de organización a aquellos que forman parte de la empresa adquirida. La adquisición sin duda implicará una redefinición de muchas de las operaciones comerciales, productivas y administrativas en la nueva empresa que surgirá posteriormente a la compra.

Ello dependerá principalmente de la mayor o menor complejidad de los negocios que tenía la empresa adquirida, de su estructura del capital humano con el cual contaba al momento de la adquisición.

Seguramente, por la duplicación de cargos que se produce en estos casos, será necesario modificar el organigrama, la eliminación de gerencias y jefaturas y probablemente una disminución del número de empleados.

Lo normal en estos casos es que la gerencia de la empresa compradora efectúa un análisis estructural, comercial y financiero y determina cuál será la nueva organización y los eventuales cambios que se llevarán a cabo tras la adquisición.

Es muy relevante la gestión del capital humano de la empresa compradora, quien deberá tratar de conservar o retener a todas las personas talentosas y con potencial de desarrollo que trabajan en la compañía adquirida.

La empresa compradora debe concentrarse en implementar una buena planificación, comunicación e implementación.

Planificación:

La alta gerencia de la empresa compradora deberá establecer un plan concreto, por escrito y con un cronograma definido, indicando los motivos por los cuales se efectúa la adquisición, las numerosas ventajas que ella tendrá para los negocios y para las personas que allí trabajarán y qué cambios concretos va a implicar en las operaciones de la empresa.

Anunciar también cuál será el nuevo organigrama, cuál será la dotación de personal por área que a futuro existirá en la empresa posterior a la compra, quiénes permanecerán trabajando, quiénes deberán dejar la empresa y cuáles serán las condiciones que se ofrecerán a los desvinculados (compensaciones legales y extralegales).

En la planificación, las autoridades de la compañía compradora deberán meditar y decidir cuál sería la mejor estructura organizacional y las mejores personas para ocupar los cargos de la nueva empresa.

Como es sabido, habrá duplicaciones de gente talentosa y experimentada, por lo cual es casi imposible que tras un proceso de adquisición permanezca el mismo número de empleados.

Cuando el negocio adquirido es igual o muy similar al de la empresa adquirente, es mucho más difícil conservar al personal de la empresa adquirida.

Por el contrario, si la compañía comprada tiene negocios complementarios y no idénticos a los de los compradores, subirán mucho las posibilidades de conservar a un buen porcentaje de los empleados de la empresa comprada.

Comunicación:

a). - A nivel general.

Es necesario que el plan y cronograma de adquisición sea comunicado en forma amplia, a todo el personal de las dos empresas involucradas, clara y detalladamente.

El comunicado escrito y oral a los empleados va a tener matices de diferencia entre ambas empresas.

En la empresa compradora se enfatizará que la adquisición es un paso más en el crecimiento de la empresa, que se agregarán nuevos negocios, productos o territorios y que se incorporará a gente talentosa proveniente de la compañía adquirida.

Por otra parte, en la empresa comprada se informará que el proceso de adquisición va a significar desvinculaciones, que se tratará de retener a todos aquellos ejecutivos y trabajadores que se estima serán de utilidad para la empresa adquirente, y que aquellos que deban partir serán tratados con respeto y con los beneficios legales que correspondan y con los beneficios extralegales que se definan por parte de la empresa.

El proceso de comunicación o información, para evitar rumores o confusiones, debe realizarse simultáneamente en las dos compañías.

Esto idealmente debe ocurrir a la misma hora, y comunicarse a todo el personal.

Deben darse respuestas iguales en las dos empresas y para ello todas las posibles consultas deben estar previamente analizadas y con respuesta preparada.

b). - A nivel grupal e individual.

Tras informar a todos los empleados de ambas compañías, a la mayor brevedad deben organizarse reuniones individuales, o con grupos muy pequeños de la misma área, enfocándose en dos tipos de personas:

1.- Con aquellos gerentes, jefes, supervisores, profesionales, operarios y empleados de la empresa compradora, que permanecerán en el mismo cargo previo a la adquisición, y también con los ejecutivos y empleados de la empresa adquirida que serán conservados en la nueva empresa post-adquisición.

A ellos se les debe explicar el crecimiento y las nuevas oportunidades en la nueva compañía, y explicarles que están confirmados en sus cargos, que se confía en su talento y compromiso, y que se cuenta con ellos para seguir trabajando con ánimo y esfuerzo, para hacer crecer y desarrollar la empresa.

2.- Con los gerentes, jefes, supervisores, profesionales, operarios y empleados en general que serán desvinculados y no permanecerán en la empresa compradora.

Explicar en ambas empresas la duplicación de cargos que se ha dado producto de la adquisición, comentar lo difícil que ha sido elegir a quienes permanecen y a quienes serán desvinculados, e informar el cronograma de salida y los beneficios y compensaciones legales y extralegales que recibirán.

Si la empresa compradora puede hacerlo, se sugiere que la indemnización sea algo superior a la estrictamente legal y además ofrecer, si es posible, cartas de recomendación y también la inscripción en empresas de "outplacement", para que reciban a las personas recién desvinculadas de ambas empresas y donde se les capacitará para enfrentar su futuro laboral.

Implementación:

La implementación de la adquisición dependerá del tamaño y complejidad de los negocios que se integran, productos y servicios que ofrece la empresa adquirida y del nivel de los cambios que se introducirán en la nueva empresa.

Es importante fijar un cronograma realista, y que se avance sin detenimientos.

Para la implementación se requiere de un monitoreo permanente y decisiones criteriosas del comité gerencial, con el apoyo de la gestión del capital humano, ya que en un proceso como éste posiblemente habrá nuevos equipos de trabajo y nuevas dependencias jerárquicas y surgirán algunos procesos difíciles de adaptación, sobre todo en el personal de la empresa adquirida que fue conservado en la compañía compradora.

CASO PRACTICO: COMERCIAL MATERIX S.A.Y DISTRIBUIDORA FERRETAL S.A.

La empresa Comercial Materix S.A. tenía quince locales de venta de materiales para la construcción, artículos para reparación de viviendas y mejoramiento del hogar, los que comercializaba tanto en modalidad mayorista como minorista.

Su participación de mercado llegaba a un 8%. Su gran éxito y crecimiento se debía a la buena ubicación de sus locales, a una estrategia gradual pero constante de apertura de nuevos locales, a precios razonables y a un buen servicio a los clientes.

Cuando Ana Luisa, gerente general de un importante banco, le consultó a Emilio, gerente general de Materix, si él podía indagar, bajo absoluta confidencialidad, si los socios de la empresa estaban dispuestos a vender su empresa a un competidor más grande, Emilio procedió a llamar a los cinco principales propietarios, quienes tuvieron una reunión tres días después para analizar y debatir si decidían entrar en un proceso de negociación para vender su compañía.

Transcurrido un mes, y luego de varias reuniones, cuatro de los cinco socios mayoritarios, los cuales representaban un 75% de la propiedad, finalmente acordaron iniciar las conversaciones.

Entonces Emilio le informó a Ana Luisa que estaban dispuestos a negociar una posible venta de Materix. La gerente del banco le informó a Emilio que la compañía interesada era Distribuidora Ferretal, la segunda empresa más grande del mercado, que contaba con 35 locales de venta y aproximadamente un 25% de participación.

Ferretal pensaba que adquiriendo a Materix llegaría como mínimo a un 33% de participación de mercado, con un total de 50 locales sumando ambas distribuidoras, y así podría enfrentar con más recursos y mayor presencia de locales a las otras grandes empresas del mercado.

Las negociaciones entre los propietarios de Ferretal y Materix concluyeron en noviembre, después de cuatro meses de reuniones, análisis y discusiones. Finalmente se acordó que Ferretal compraría el 75% de las acciones de Materix y que tomaría el control de la empresa a partir de enero del año siguiente.

Durante el mes de diciembre, ambas empresas anunciaron simultáneamente a todo su personal la compra de Materix por parte de Ferretal.

En el comunicado común acordado por Ramiro, gerente general de Ferretal, con Emilio, gerente general de Materix, se indicaron los motivos principales por los cuales se efectuaba la adquisición y las numerosas ventajas que ella tendría para los negocios y para las personas que allí trabajarán.

Se informó que, tras la compra, todos los locales de ambas empresas seguirían funcionando sin grandes variaciones, y por lo tanto el personal que trabajaba en cada local debía continuar desempeñándose en sus labores normales.

No obstante, el comunicado fue claro al explicar que habría un proceso gradual de unificación logística, comenzando con el traslado del inventario desde la bodega o depósito de Materix hacia la bodega de Ferretal, la cual era bastante más grande y tenía suficiente capacidad disponible. Esto implicaría con seguridad una reducción en el personal de bodega y logística de Materix.

Se informó también que en las oficinas de gerencias, administración, finanzas, adquisiciones y recursos humanos de Ferretal se concentraría el personal que quedaría al mando de la empresa, básicamente los ejecutivos, jefes y administrativos de la empresa compradora, y a dichas oficinas se integrarían algunos ejecutivos y empleados de Materix, previa evaluación y decisión de la gerencia general de Ferretal.

Mientras el personal de Ferretal recibió la noticia con bastante satisfacción y tranquilidad, en el caso de los gerentes, jefes, empleados y operarios de Materix se originó una gran inquietud respecto de su futuro laboral.

En general, los trabajadores de los locales de venta de Materix quedaron algo más tranquilos, pero los de logística, bodega, adquisiciones y administración de Materix pensaron que sus días en la empresa estaban contados y la mayoría expresó que deberían iniciar la búsqueda de un nuevo empleo de inmediato.

Algunos ejecutivos de Ferretal, en una reunión privada, criticaron el hecho de que el comunicado no haya incluido un cronograma sobre los siguientes pasos, y también se sintieron algo sorprendidos y molestos porque no se había hecho

CAPÍTULO 16

CONTROL DE GESTION Y AUDITORIA DE RR.HH.

CAPÍTULO 16 : CONTROL DE GESTION Y AUDITORIA DE RR.HH.

CONTROL DE GESTION Y KPIs ("Key Performance Indicators": Indicadores Claves de Gestión)

Aspectos principales de la evaluación de la gestión de personas por parte de la alta gerencia

1. Precisar las funciones que desarrolla la Gestión de Personas
2. Determinar la importancia de dichas funciones
3. Analizar el desempeño actual de dichas funciones
4. Definir qué se debe mejorar
5. Verificar si utiliza bien sus recursos
6. Estudiar cómo puede ser más eficaz la Gestión de Personas

Algunos ejemplos de Indicadores para evaluar gestión de personas

1. La proporción del staff de recursos humanos: se refiere al tamaño de éste en relación con el número de empleados. En USA se calcula en 4 por cada 1,000 ...pero es un dato relativo.
2. Costo de la administración de recursos humanos por empleado: dividir costo total del staff por número de trabajadores.
3. Costo de beneficios por empleado. Dividir costo total de los beneficios entre número de trabajadores.
4. Capacitación: porcentaje que representa el costo total de capacitación sobre el valor total de la nómina de sueldos. En USA se calcula un promedio de 1,4% al año.
5. Dividir los recursos destinados a Capacitación entre los empleados capacitados.

6. Razón de Personal de Gestión de Personas versus Dotación: Tasa de empleados de GP que atienden las necesidades de todo el personal
7. Razón de Reuniones de Evaluación de Desempeño/Dotación: Tasa de reuniones efectivas de desempeño respecto a la dotación de la empresa.
8. Razón de Contratos de Trabajos Actualizados/Dotación: Tasa de contratos de trabajo debidamente regularizados respecto a la dotación de la empresa.

Otros ejemplos de KPI para evaluar gestión

- Ingreso por Empleado
- Horas Extra
- Rotación
- Ausentismo
- ROI del Capital Humano
- Calidad de la contratación
- Adecuación del proceso de selección
- Retención de Talento
- Despidos Voluntarios
- Desarrollo de Competencias Claves
- Empleados Capacitados – Horas de capacitación efectiva por empleado
- Evaluación de la capacitación
- Costo de capacitación por empleado
- Accidentabilidad
- Tiempo promedio de vacantes sin cubrir
- Productividad

Algunos indicadores clave de desempeño (KPI) del área de recursos humanos y qué miden

KPI O INDICADORES CLAVES	OBJETIVO (QUE MIDEN)
1 Rotación de personal	Proporción de la dotación promedio de personal que abandona la empresa en un período dado
2 Horas de capacitación promedio anual por trabajador	Esfuerzo y recursos destinados por la empresa a la formación anual promedio de sus empleados
3 Tasa de accidentabilidad	Proporción de empleados accidentados en un periodo dado
4 Tasa de ausentismo	Proporción de la jornada efectiva no laborada por los empleados en un periodo dado

5 Razón de Personal de Gestión de Personas/ Dotación	Tasa de empleados de la empresa que atienden las necesidades y asuntos de todo el personal
6 Razón de Reuniones de Evaluación de Desempeño/Dotación	Tasa de reuniones efectivas de desempeño respecto a la dotación de la empresa
7 Razón de Contratos de Trabajos Actualizados/Dotación	Tasa de contratos de trabajo debidamente regularizados respecto a la dotación de la empresa

MEDICION DE LOS PROCESOS CLAVES EN LA GESTION DE PERSONAS

Los procesos claves deben estar bien realizados ya que Gestión de Personas tiene relevancia estratégica

• Las personas son la principal fuente de desarrollo de la empresa. Son una fuente clave de ventaja competitiva.

• Gestión de Personas debe reforzar las capacidades de las personas. Es necesario dirigirla, capacitarlas, desarrollarlas, compensarlas e incentivarlas.

Los procesos claves deben estar bien realizados ya que Gestión de Personas tiene relevancia estratégica

• En la dinámica del mundo actual, se debe dedicar recursos a la gestión de personas ya que

- el cambio es permanente
- hay mayor acceso a la información
- mayor competitividad
- preocupación por el medio ambiente y comunidades, etc.

Y todo impacta en la relación con las personas y de ellas con el medio.

¿Qué medir de los procesos claves en la Gestión de Personas?

- Los resultados de los procesos de gestión de personas
- La calidad y estilo de liderazgo
- El soporte en la gestión del capital humano

son medibles de distintas maneras, para poder determinar la eficiencia para cada uno de ellos.

Resultados de los análisis de eficiencia de los procesos claves en la gestión de personas

El análisis cualitativo y el uso de índices y estadísticas relacionadas con la gestión del capital humano nos revelará:

- las áreas más fuertes
- las que deben mantenerse y desarrollarse, y
- las más débiles, en donde es necesario intervenir para corregir problemas y enmendar errores.

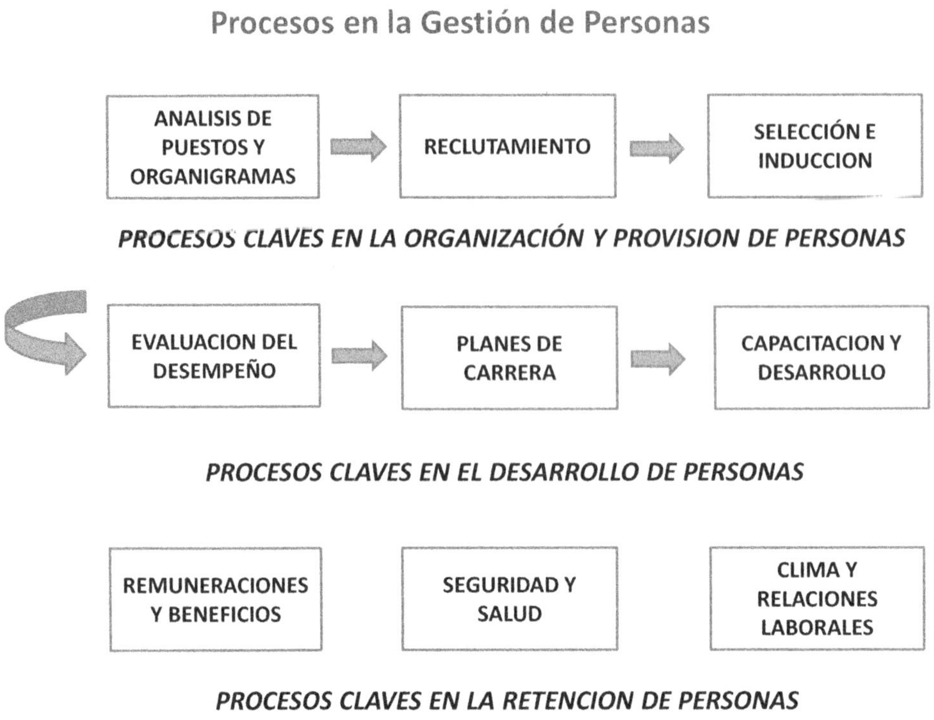

Control de Recursos Humanos

Los subsistemas de control de recursos humanos incluyen bancos de datos, sistemas de información y auditorías de recursos humanos.

El control es un proceso de cuatro etapas:

1. Establecer los estándares deseados
2. Supervisar el desempeño de las personas
3. Comparar el desempeño con los estándares deseados
4. Aplicar medidas correctivas para corregir desviaciones

El control se basa en la información que se obtiene del procesamiento de datos.

Datos de los procesos claves en la gestión de personas

- Los datos se almacenan en un sistema de información de recursos humanos que sirve de base para toma de decisiones.

- La gestión de personas es una responsabilidad de línea y una función de staff; por ello es necesario que todos los gerentes y jefes cuenten con información consistente y actualizada sobre su personal.

CONTROLES E INDICADORES QUE SE UTILIZAN PARA EVALUAR LA GESTIÓN DE PERSONAS

ROLES FUNDAMENTALES DE GESTIÓN DE PERSONAS

- Asegurar que una empresa cuente con un excelente equipo humano, que le permita alcanzar sus objetivos.
- Adoptar medidas que hagan atractivo el ingresar y permanecer trabajando en la empresa, motivadamente y con compromiso, a personal calificado y potencial de desarrollo.

- Proporcionar a las personas un entorno de trabajo de alta calidad, que logre un nivel de eficiencia que permita a la compañía ser competitiva con las otras empresas del mercado.
- Gestión de Personas es un Socio Estratégico.

- Debe comunicar a todas las áreas el plan estratégico definido por la empresa.

- Convencer sobre la importancia de la Gestión de Personas para el logro de las metas estratégicas.
- Asegurarse de que todos los esfuerzos en capital humano están alineados y contribuyen con los objetivos estratégicos.

- Efectuar adecuadamente los procesos básicos (reclutamiento, selección, capacitación, evaluación) y los otros procesos.
- Medir objetivamente el resultado de dicha gestión.

ANÁLISIS DE PUESTOS Y DESCRIPCIONES DE CARGOS

Análisis de Puestos

- Verificar si la organización dispone de análisis de puestos completos y precisos para todos los puestos existentes.
- Revisar si los análisis de puestos son actualizados periódicamente.
- Verificar la eficacia de los métodos que se utilizan: Cuestionarios, Observación, Entrevistas, Registros hechos por el mismo empleado.

Descripciones de Cargos

- Verificar si la organización dispone de descripciones de cargo **completas y precisas para todas las posiciones existentes.**
- Revisar si las descripciones de cargos son **actualizadas periódicamente**.
- Comprobar si la compañía tiene y utiliza un listado descriptivo sobre **habilidades o competencias individuales**, aplicables a los procesos de selección, capacitación y evaluación.
- Verificar si la gerencia general, ejecutivos y jefes **se involucran y contribuyen** en la creación, revisión y actualización de las

descripciones de cargos y en las habilidades necesarias para desempeñar cada cargo.

Procesos relacionados directamente con las descripciones de puesto o cargo:

- Proceso de reclutamiento: perfil de los postulantes.
- Proceso de selección de personal: planificación de entrevistas
- Proceso de evaluación del desempeño: para establecer objetivos y medir conductas y resultados
- Proceso de capacitación y desarrollo: conocimientos y las competencias o habilidades necesarias para ejercer un cargo.
- Cálculo de dotación de personal: una planeación dotación de personal requiere conocer los requisitos de cada puesto.
- Escalas de remuneraciones: valor de cada puesto
- En seguridad y salud: requisitos muy específicos de cada trabajo, que quedan en el contenido de la descripción.

RECLUTAMIENTO

- Revisar si en los procesos de reclutamiento se analizan previamente el organigrama actual y futuro, la descripción del cargo y las competencias requeridas para ocupar el cargo.
- Comprobar que se analizan todas las alternativas de reclutamiento, tanto el externo como el interno, o ambos.
- Verificar si en los procesos de reclutamiento los postulantes que se han incluido efectivamente cumplen con los requisitos determinados, de acuerdo con la descripción del cargo y las competencias requeridas para ocupar el cargo.

SELECCIÓN

- Revisar si existe un listado disponible con posibles preguntas para las entrevistas de selección, preparadas de acuerdo con la descripción de cargo y a las competencias exigidas para desempeñar dicho cargo.
- Comprobar si las personas que entrevistan son las que corresponde, han sido preparadas y acordaron criterios para realizarlas, en cuanto a la descripción del cargo, al perfil requerido y al tipo de preguntas más relevantes.
- Verificar si se practica un esquema ordenado de entrevistas, y se aplican pruebas y exámenes que sean necesarios según el perfil del cargo por llenar.
- Revisar si se efectúan entrevistas estructuradas o conductuales.
- Verificar si en las entrevistas estructuradas se pregunta sobre experiencias previas de trabajo, conocimiento del puesto, sobre cómo realizar una tarea determinada o resolver problemas concretos del puesto.
- Si se aplica una entrevista conductual, revisar si se pide a los candidatos que relaten incidentes reales de su pasado laboral que sean relevantes para el puesto al cual postulan dado que el comportamiento pasado es un buen instrumento de predicción del comportamiento futuro.
- Revisar si el área de gestión de personas realiza planes de inducción al personal seleccionado.

Errores en los procesos de Selección que los pueden llevar al fracaso

- Puede deberse a no seguir adecuadamente los pasos del proceso de selección.
- Descripciones de cargo mal elaboradas pueden llevar a una selección errónea.
- Si el proceso de inducción y socialización no se hace o está mal realizado, la persona seleccionada puede fracasar.

Medición del proceso de Selección

La selección puede ser medida a través de los siguientes indicadores:

- Tiempo de reclutamiento (días entre la solicitud y la incorporación): Corresponde al número de días promedio que se dio entre la emisión de una solicitud de contratación y la fecha en que efectivamente se incorporó el trabajador.
- Personas vigentes después de un año de contratadas: Del total de personas contraídas en un año, cuántos de ellas siguen en la empresa tras doce meses de trabajo.
- Rendimiento: Evaluación del rendimiento o desempeño de los empleados contratados en los últimos doce meses
- Tasa de desvinculaciones o rotación total: Se calcula dividiendo la dotación total promedio anual por el número de total de trabajadores que voluntaria e involuntariamente dejaron la empresa, ya sea que renunciaron o fueron despedidos. Porcentaje que representa la tasa de rotación total en el periodo de un año.
- Tasa de renuncias voluntarias: Se calcula dividiendo la dotación total promedio anual por el número de trabajadores que dejaron voluntariamente a la empresa, renunciando a su trabajo. Porcentaje que representa la tasa de rotación voluntaria en el periodo de un año.
- Tasa de desvinculaciones involuntarias: Se calcula dividiendo la dotación total promedio anual por el número total de trabajadores que involuntariamente dejaron su trabajo al ser despedidos por la empresa. Porcentaje que representa la tasa de rotación involuntaria en el período de un año.

DESVINCULACIONES

- Comprobar si a los empleados desvinculados se les advirtió claramente sobre su insuficiente desempeño en las etapas de evaluación de su trabajo, o en entrevistas con su jefe directo.

- Verificar si se han utilizado programas externos de "outplacement" para personas desvinculadas, en las empresas donde se otorga dicho beneficio.
- Revisar si la empresa se preocupa de capacitar y ayudar a aquellos empleados que están declinando en su rendimiento y son candidatos a una posible desvinculación.
- Comprobar que, cuando se implementan programas amplios de desvinculación, ya sea por necesidad de ahorros, por proyectos finalizados, por fusión de empresas, etc., la empresa comunica estos programas en forma clara y anticipada a todos los empleados, incluyendo:
  - los motivos de dichas desvinculaciones
  - las compensaciones legales y voluntarias que se otorgarán
  - se entregan mensajes de tranquilidad al personal que permanece.

EVALUACIÓN DEL DESEMPEÑO

- Revisar que los gerentes y jefes son entrenados y comprenden lo que es el proceso de una evaluación del desempeño.
- Comprobar que todas las etapas y la periodicidad del proceso de evaluación se cumplen en todas las áreas.
- Verificar si los empleados reciben feedback, entienden el contenido y aplicación de la evaluación de su desempeño y si tienen alguna sugerencia práctica para mejorar dicho proceso.
- Revisar si los evaluadores aplican en toda la organización criterios y formas de evaluación razonablemente uniformes, coherentes y consistentes.

- Comprobar que la cantidad y complejidad de los objetivos sean razonablemente logrables de acuerdo con las características de cada cargo y según los recursos disponibles.
- Verificar que las capacidades o habilidades individuales que se evaluarán sean lógicas y coherentes según cada cargo.
- Revisar que cada empleado comprende la relación entre evaluación del desempeño y su impacto en capacitación, remuneraciones, incentivos y planes de carrera.

Errores en la evaluación del desempeño que pueden ser causa de problemas

Cuando el proceso es mal ejecutado, las personas:

- No entienden en qué y cómo se las evalúa.
- No saben bien cómo se relaciona con incentivos económicos.
- No hay feedback periódico sobre su evaluación.
- No conocen los objetivos y alcance de su cargo
- No comprenden cuáles son los indicadores que deben cumplir y por los cuales se los evalúa.
- No la ven como oportunidad de mejora.
- No relacionan la evaluación del desempeño como origen de oportunidades de capacitación y de desarrollo en la empresa.

Medición de la evaluación del desempeño:

- Resumen de evaluación general del año anterior confrontándola con otros objetivos: Resultado promedio de todas las evaluaciones de desempeño anual de los empleados, calificadas por sus jefes de acuerdo con el nivel de cumplimiento de objetivos al inicio del año.

- Porcentaje de evaluaciones excelentes, muy buenas, buenas, regulares e inaceptables. Distribución porcentual de las mismas, por niveles y áreas.

- Evaluación del rendimiento de los empleados nuevos, contratados en los últimos dos años: Resultado promedio de todas las evaluaciones de desempeño anual de los empleados con menos de dos años, calificadas por sus jefes según el nivel de cumplimiento de objetivos establecidos al inicio del año.

- Evaluación de rendimiento de los empleados capacitados en los últimos doce meses: Resultado promedio de todas las evaluaciones de desempeño anual de los empleados que hayan asistido a cursos de capacitación para mejorar sus competencias, calificadas por sus jefes de acuerdo con el nivel de cumplimiento de objetivos establecidos al inicio del año.

ENTRENAMIENTO, CAPACITACIÓN Y DESARROLLO

- Comprobar la existencia de un programa de buena calidad de entrenamiento, capacitación y desarrollo, con nombre y cargo de los empleados, las materias o actividades en que se entrenarán o capacitarán, organismo capacitador o el entrenador, las fechas tentativas y los objetivos perseguidos.

- Verificar que los empleados y sus jefes directos conocen dicho programa y comprenden los objetivos que se pretende alcanzar.

- Revisar si las actividades programadas de entrenamiento, capacitación y desarrollo se han originado en las evaluaciones del desempeño o si han surgido ante requerimientos específicos de una gerencia por necesidades concretas de un área de la empresa.

- Comprobar la aplicación ordenada y precisa de las fases del proceso de capacitación y desarrollo:

1 detectar necesidades de capacitación

2 formular un programa de capacitación

3 ejecución de la capacitación

4 evaluación de resultados del programa de capacitación

- Revisar cómo se detectan las necesidades específicas de capacitación y desarrollo.
- Verificar si para capacitar se analizan los tres niveles:
    - Análisis Organizacional: Perspectiva general de la organización, misión estratégica, estrategia de recursos humanos.
    - Análisis de Tareas: Concentrarse en las tareas requeridas para lograr las metas, y las descripciones de puestos como fuente de información.
    - Análisis de las Personas: Determinar necesidades individuales de capacitación, entrenamiento y desarrollo es el nivel final. ¿Quién necesita ser capacitado? ¿En qué materias?
- Las entrevistas de selección y las evaluaciones del desempeño son claves en este análisis.
- Comprobar si la actitud de los empleados y de sus jefes directos es positiva hacia el programa de capacitación.
- Verificar si el área de gestión de personas efectúa una evaluación de las actividades realizadas de capacitación y desarrollo, por ejemplo, a través de encuestas y entrevistas con los empleados que asistieron y con sus jefes directos.
- Evaluar, transcurrido un tiempo prudente, si los empleados aumentaron sus conocimientos, mejoraron sus habilidades y destrezas para ejecutar tareas, modificaron positivamente sus comportamientos, y/o elevaron su nivel de abstracción para desarrollar ideas y conceptos.

Errores en procesos de Capacitación que no resultan bien

- Cuando la detección de necesidades de capacitación no es adecuada.
- Cuando no existe una relación entre misión estratégica de la empresa y los objetivos del programa de capacitación.
- Cuando las descripciones de cargo son defectuosas y llevan a decisiones erróneas de capacitación.
- Si el análisis de las personas no considera las necesidades individuales de capacitación.
- Cuando la evaluación de desempeño efectuada es deficiente y esto impacta en programas de capacitación inadecuados.

Medición del entrenamiento, capacitación y desarrollo

- Inversión en capacitación como porcentaje de la planilla de sueldos: Este medidor se calcula como el total anual gastado en cursos de capacitación comparado con el valor total de la planilla anual de sueldos de la empresa.
- Horas de entrenamiento por empleado al año: Promedio de horas de capacitación por empleado, resultante del total de horas anuales de capacitación dividido por la dotación promedio de trabajadores.
- Evaluación de cursos de capacitación: Considera todos los cursos dictados y evaluados durante el año, se determina un valor promedio que indica la calidad o deficiencia de los cursos efectuados.
- Progreso de habilidades de empleados capacitados: Comparación del nivel de competencias evaluadas antes y después del plan de capacitación.
- Gasto en capacitación por empleado: Promedio de gasto en capacitación por empleado, resultante del total gastado en capacitación dividido por la dotación promedio de trabajadores.

- Porcentaje de cursos dictados en el año por primera vez sobre el total de cursos dictados: De todos los cursos dictados en el año, qué porcentaje corresponde a cursos nuevos.

PLANIFICACIÓN Y ANÁLISIS

Planificación, Análisis y Eficiencia organizacional

- Revisar si los planes de la gestión de personas son consistentes con los planes estratégicos de la empresa.
- Revisar si se evalúa quiénes debieran formar parte de la empresa y en qué número, para lograr el equilibrio entre calidad y cantidad.
- Verificar si la organización periódicamente analiza y planifica la dotación de personal actual y futura.
- Examinar si la empresa, al planificar su dotación, considera factores tales como: dotación actual de trabajadores, proyección de demanda de sus productos o servicios, nivel de productividad, índice de rotación esperado (renuncias y despidos)
- Revisar y ponderar la educación, experiencia, habilidades personales y competencias de los distintos integrantes de la empresa.
- Comprobar si la compañía se preocupa de tener o desarrollar personas para asumir cargos en reemplazo de otros empleados, y si realiza tareas relacionadas con la transición de dichas personas hacia su estatus futuro.

Medición de Planificación, Análisis y Eficiencia organizacional

- **Medidor de ventas netas por empleado:** Nivel total de ventas anuales dividido por la dotación promedio de personas durante el año.
- **Medidor de utilidad operacional por empleado:** Nivel total de utilidades operacionales anuales dividido por la dotación promedio de personas durante el año.

- **Cantidad de empleados de RR. HH por empleado de la empresa:** Número de empleados dedicados al trabajo de RR. HH versus la dotación total de la empresa.
- **Cantidad de liquidaciones de sueldo por empleado de RR. HH:** Cantidad de liquidaciones de sueldo como promedio mensual en relación con el número de empleados que trabajan en RR.HH.
- **Cantidad de búsquedas por empleado de RR. HH:** Cantidad de búsquedas en relación con el número de empleados que trabajan en RR.HH.
- **Número de empleados por supervisor:** Número de empleados que en promedio tienen a su cargo los jefes y supervisores.

PLANES DE CARRERA

- Comprobar que los jefes revisan las posibilidades de promoción de sus subalternos y el desarrollo de su carrera al efectuar la evaluación del desempeño.
- Verificar si los planes de carrera propuestos por gerentes o jefes son razonables, coherentes y alcanzables.
- Revisar si los empleados han recibido los comentarios de sus jefes directos acerca de sus posibilidades de hacer de carrera.
- Comprobar que existen reuniones de los gerentes con el área de gestión de personas para revisar los planes de carrera de los empleados con potencial para asumir cargos superiores.
- Verificar si los planes de carrera aprobados **se traducen efectivamente en actividades de entrenamiento y capacitación para ir desarrollando y preparando a dichos empleados.**
- Revisar si el área de gestión del capital humano realiza planes **de sucesión o reemplazo** para todos los cargos claves de la compañía.

- Verificar el **periódico seguimiento** de las actividades relativas a los planes de carrera.

Los planes de carrera pueden evaluarse con algunos indicadores:

- **Promociones o Traslados efectuados,** medidos como porcentaje de la Dotación Total o por Departamento.
- **Número de Empleados Listos para asumir posiciones superiores**, como porcentaje del total de posiciones claves.

REMUNERACIONES

- Comprobar si el programa de remuneraciones y beneficios es claro, consistente y conocido por los empleados.
- Verificar si el programa de remuneraciones y beneficios es motivador para los empleados y si éstos están satisfechos.
- Revisar si los incentivos que se otorgan por desempeño o por logros específicos son estimulantes y bien acogidos por los empleados.
- Comprobar si la escala de sueldos es razonable, consistente y competitiva, y si existe equidad interna y externa.
- Verificar si los beneficios voluntarios son atractivos, razonables y competitivos.

Es fundamental evitar los problemas que genera una estructura de remuneraciones mal elaborada:

- Percepción por parte de los(as) empleados(as) de falta de equidad interna
- Percepción de falta de equidad externa
- Inconvenientes para
  - atraer

- retener
- motivar

Compensación Variable

Elementos para considerar en un sistema de compensación variable:

- Definir el nivel de premiación: si los bonos e incentivos serán individuales, grupales y/u organizacionales.
- Definir la temporalidad de la premiación: si serán pagadas en el corto plazo, mediano plazo o largo plazo (compensaciones diferidas)
- Definir con claridad y precisión los indicadores e informes que deben ser medidos y que servirán para pagar incentivos y bonos.

Compensación No Económica

Para un efectivo programa de compensación no económica, considerar:

- El puesto: Las personas experimentan una compensación intrínseca cuando sus trabajos tienen una alta valoración con respecto a las dimensiones básicas del trabajo: variedad de habilidades, identidad e importancia de las tareas, autonomía y retroalimentación.
- El ambiente laboral: políticas sólidas, relaciones laborales adecuadas, buenas condiciones de trabajo.
- La flexibilidad en el ámbito laboral: horario de trabajo flexible, compartir o rotar de puesto, trabajo a distancia, trabajo de tiempo parcial, etc.

Remuneraciones y beneficios pueden ser medidos a través de los siguientes indicadores:

- Promedio de sueldos versus sueldos del mercado, por posición, departamento y total empresa obtenido en una encuesta válida de empresas comparables.
- Cantidad y contenido del plan de beneficios versus el mercado comparable: Promedio de beneficios versus beneficios otorgados en el mercado, obtenidos en una encuesta válida de empresas comparables.
- Porcentaje de servicios y beneficios introducidos en los últimos doce meses sobre total de servicios ofrecidos comparados con los existentes al inicio del año.

RELACIONES LABORALES Y CLIMA LABORAL

- Revisar si los gerentes y jefes conocen la normativa legal sobre contrataciones, desvinculaciones, horarios, vacaciones, beneficios legales, etc.
- Comprobar si los gerentes y jefes conocen las normas internas, políticas y procedimientos de la empresa sobre relaciones laborales.
- Verificar las habilidades personales de los gerentes y jefes para comunicar oportunamente temas de índole laboral y para establecer relaciones laborales francas, amplias y respetuosas.
- Revisar si los gerentes y jefes saben cómo enfocar las peticiones de sus empleados y si las hacen saber a sus propios jefes y al área de gestión del capital humano.
- Revisar si se efectúa una encuesta de clima laboral, para saber qué opiniones, pensamientos y conductas tiene el personal.

Comprobar que Gestión de Personas desarrolla actividades con el fin de prevenir y evitar conflictos laborales, tales como:

- Tener reuniones frecuentes y francas con todo el personal, diálogos abiertos y periódicos con los sindicatos, comunicaciones frecuentes a todo nivel sobre la marcha de la empresa, talleres de análisis para lograr mejoras en el trabajo, etc.

- Generar espacios para que las personas se conozcan y sean escuchadas por sus superiores, en reuniones individuales o grupales, disponer de buzones de sugerencias, o facilitar direcciones de correos para recibir ideas y denuncias.
- Promover un clima amistoso, con respeto y deferencia, entre jefes y empleados, entre representantes de la empresa y dirigentes sindicales, que permita aceptar ideas y sugerencias, y comprometer a todos los empleados en las metas de la empresa.
- Tener una actitud de colaboración con los empleados, fomentar instancias de diálogo y estar atentos a las inquietudes laborales para prevenirlas y resolverlas.

Una forma efectiva de medir el clima laboral es a través de una encuesta a todo el personal, anónima, donde se realicen múltiples consultas sobre el trabajo, las claridades de los objetivos, las relaciones con pares, jefes y subordinados, etc.

ENCUESTAS DE CLIMA LABORAL

Medición de relaciones laborales y el clima laboral

Se utilizan algunos índices tales como:

- **Número de Empleados que renunciaron en el año**, como porcentaje del total de empleados.
- **Número de Empleados que fueron despedidos en el año, como** porcentaje del total de empleados.
- **Horas totales de ausentismo** como porcentaje del total de horas trabajadas: Total de horas de empleados ausentes como porcentaje del total de horas trabajadas por todos los empleados.
- **Número de Empleados premiados año a año** por excelente desempeño.

- **Personas vigentes después de un año de contratadas**: Del total de personas contratadas en un año, cuántas de ellas siguen en la empresa tras doce meses de trabajo.
- **Antigüedad promedio de la dotación:** Número promedio de años de servicio de las personas que conforman la dotación al final de un año determinado.
- **Tasa de promoción interna:** Porcentaje de personas promovidas durante el año versus el total de personas elegidas con potencial para ser promovidas.

IMPORTANCIA DE CONTAR CON INDICADORES

- ➢ Facilita tomar decisiones
- ➢ Permite determinar desviaciones
- ➢ Seguimiento y desviación de la estrategia
- ➢ Se pone foco en los objetivos
- ➢ Aprender de lo que no está funcionando
- ➢ Ampliar la visión
- ➢ Comunicar resultados
- ➢ Uniformar el lenguaje y fuente de información
- ➢ Consolidar la información

Lo que revelan las mediciones

- ➢ Cuando en una empresa los procesos de Gestión de Personas son realizados con gran eficiencia, las políticas y procedimientos son muy claros y adecuados, y el clima laboral es inmejorable, la gestión de personas se considerará como muy buena o excelente.

- Cuando en una organización las políticas y procedimientos son entendidos y aceptados, el clima laboral es aceptable y la eficiencia en los procesos es adecuada, la gestión de personas será evaluada como buena.

- En las compañías en que la gestión de personas es evaluada como regular o con reparos, se debe a que la eficiencia en los procesos del capital humano es aceptable solo en algunos aspectos y deben mejorarse en otros, algunas de las políticas y procedimientos no son claros y hay que mejorarlos, y el clima laboral presenta problemas que deben ser resueltos.

- Cuando la eficiencia en los procesos del capital humano es escasa y dichos procesos necesitan de muchas correcciones inmediatas, cuando hay pocos procedimientos que funcionan bien, cuando el clima laboral requiere de rectificaciones, la medición de la Gestión de Personas será considerada menos que regular.

- Finalmente, si el resultado de la medición de la gestión personas es malo o deficiente, ello demuestra que existe una crisis en la Gestión de Personas.

- Los procesos son tan mal ejecutados que requieren de un plan urgente de revisión y mejoramiento al más breve plazo, los procedimientos formales en la empresa son mínimos, confusos e incoherentes, y el clima laboral es bastante malo, casi conflictivo.

SEGURIDAD Y SALUD EN EL TRABAJO

- Revisar si Gestión de Personas contempla planes y programas **sobre entorno físico del trabajo**, entorno psicológico del trabajo, aplicación de principios ergonómicos y salud ocupacional.

- **Verificar si existe un programa de prevención de accidentes que contemple:**

a) **Eliminar las condiciones inseguras**, las áreas de riesgo y el análisis en profundidad cada accidente.

b) **Reducir los actos inseguros**, detección de la propensión al riesgo en proceso de selección, capacitación sobre prevención, educación y comunicación para evitar acciones riesgosas o inseguras.

Una forma de medir la seguridad en el trabajo es llevando estadísticas detalladas y precisas sobre accidentes, desde leves hasta graves, indicando causas, características, costos involucrados, etc.

COMPETENCIAS

- Se promueve **el desarrollo de competencias con el fin de garantizar desempeños efectivos** en ocupaciones generales por sectores industriales.
- **Por ello, el énfasis está en identificar "competencias" requeridas para ser efectivo en una ocupación dada (Mertens).**
- Hay quienes enfatizan como propósito principal el **promover mejoramientos de la productividad y de las ventajas competitivas de las empresas,** poniendo énfasis en el estudio comparativo de quienes obtienen **altos niveles de desempeño** (Spencer & Spencer).

Precisión en la definición de Competencias

- Debido a que las Competencias se utilizan como elementos objetivos en los programas de selección, evaluación, capacitación, es sumamente importante que las definiciones sean suficientemente precisas como para que los gerentes puedan utilizarlas congruentemente.
- Cuando se considera un candidato para una promoción, es necesario que todos los interesados lo juzguen respecto de criterios similares (en este caso una lista de Competencias mutuamente aceptada).

Competencias Transversales

- Las competencias transversales son aquellos conocimientos, habilidades y actitudes que se piden a todos los empleados de la empresa y se definen en base a los valores de la organización.
- Definiendo así las competencias transversales, los valores (en lo que creemos) deben ser compartidos y practicados por todos los colaboradores, por lo que serán considerados en todos los procesos de recursos humanos.

Ejemplos de Competencias que puede ser transversales:

- Alta orientación al servicio
- Apego irrestricto a las normas sanitarias
- Trabajo colaborativo
- Alta tolerancia a la presión
- Honestidad e integridad
- Trato respetuoso y cordial

Empleo de las Competencias

- Verificar el uso de competencias en los **procesos de selección y capacitación.**
- Comprobar el uso de competencias para determinar el **ajuste o potencialidad de una persona** para diversos trabajos.

- Ver si se utiliza el perfil de una persona en cuanto a habilidades y características específicas en **los planes de desarrollo.**

UTILIZACIÓN DE INDICADORES: ANÁLISIS Y CONCLUSIONES

La utilización de indicadores relativos a procesos claves de la Gestión de Personas permite obtener resultados objetivos y relevantes.

Los indicadores podrían variar en cantidad dependiendo del tipo de empresa en la cual se aplique la matriz.

El uso de indicadores permite obtener resultados por períodos, por áreas funcionales, y comparaciones entre empresas. Todo ello permite al área encargada de la Gestión de Personas elaborar planes de desarrollo con el fin de hacer más eficiente el Capital Humano de una empresa.

Las conclusiones que se logran aplicando indicadores periódicamente e interpretando sus resultados llevan a planes de acción que deben ser coordinados entre las diferentes gerencias con el área de Gestión de Personas.

Habrá planes de acción para toda la empresa, otros serán por áreas y otros serán más puntuales y de responsabilidad del área de Gestión de Personas.

La medición continua y sistemática ayudará a todas las empresas a mejorar y medir cuantitativamente el capital humano.

CUESTIONARIO

- **Indique cuáles son los aspectos principales de la evaluación de la gestión de personas por parte de la alta gerencia**
- **Dar cinco ejemplos de Indicadores que se utilizan para evaluar gestión de personas**

RESPUESTAS EN CAPÍTULO 19

CAPÍTULO 17

LOGRAR LA EXCELENCIA EN GESTION DE PERSONAS

CAPÍTULO 17 : LOGRAR LA EXCELENCIA EN GESTION DE PERSONAS

Un plan para lograr la excelencia en la gestión de personas

- Dicho plan debe ser diseñado focalizándose en atraer, desarrollar y retener a personas con alto nivel de competencias.
- Este plan estratégico de excelencia debiera centrarse en definir claramente las competencias necesarias para que un empleado talentoso logre un desempeño destacado, y tener presentes las expectativas laborales que tienen personas de gran capacidad y alto potencial.
- Un plan estratégico de excelencia del capital humano debe ser desarrollado para el personal clave, vale decir aquellos jefes y profesionales con competencias que una empresa considera indispensables para ser exitosa y cumplir sus fines.
- Un plan de excelencia establecerá el marco adecuado para que la empresa sea atractiva para trabajar y motivante para alcanzar los logros, por medio de estrategias, iniciativas y procesos bien estructurados para lograr el compromiso, lealtad y confianza del capital humano talentoso.
- El plan debe responder efectivamente, a lo que los empleados claves piensan y necesitan de la empresa (con políticas de calidad, un ambiente de respeto y confianza, programas de incentivos y recompensas, etc.).

Para realizar este plan, un paso previo es la evaluación de necesidades y determinar el estado actual de la organización y de su capital humano.

Evaluación cualitativa

- Puede efectuarse a través de entrevistas a los ejecutivos: Incluyendo temas de fondo tales como la visión, las estrategias, el liderazgo y la cultura de la organización.
- Realizando "Focus Groups" (Grupos de Diálogo y Análisis) con los empleados claves y de mejor desempeño: Analizando temas concretos tales como evaluación del desempeño, capacitación, reconocimiento, remuneraciones y planes de carrera.

Evaluación cuantitativa

- Cuantificar, con una encuesta focalizada en ejecutivos cuál es la calificación de la empresa en relación con los atributos identificados en la evaluación cualitativa.

Factores que contribuyen a una gestión de personas de excelencia

1 Conducta de los líderes

- Asegurarse que todas las áreas trabajan hacia objetivos comunes
- Creer de verdad y actuar según la estrategia de la compañía
- Los líderes actúan de acuerdo con lo que predican y proponen
- Mantener líneas abiertas de comunicación
- Interesarse y promover las nuevas ideas o iniciativas

2 Entrenamiento, capacitación y recursos

- Buena capacitación para gerentes y jefes
- Uso de excelentes herramientas de entrenamiento
- Oportunidades para entrenarse en otras áreas funcionales
- Una cultura que promueve el mejoramiento continuo
- Oportunidades para entrenarse en otras sucursales, países,

- Mantener sistemas tecnológicos e informáticos de última generación

3 Remuneraciones y beneficios

- Sueldos atractivos y competitivos
- Un plan de beneficios completo y competitivo
- Plan de beneficios flexible según necesidades de las personas
- Un Sistema de evaluación del desempeño justo y equitativo

4 Desarrollo de carrera

- Política coherente de planificación de carrera y reemplazos
- Las promociones que se realizan son justas y equitativas
- Destacar y priorizar a quienes tienen un buen desempeño
- Existencia y priorización de ascensos al interior de la empresa

5 Trabajo en equipo y responsable

- Se trabaja bien en equipo
- Se fomenta encontrar soluciones creativas
- Los empleados se hacen responsables por sus resultados, sean buenos o malos
- Los problemas y errores son asumidos por quien corresponde y sin dilación

6 Valoración, reconocimiento y trabajar tranquilo

- Los líderes valoran y reconocen a los buenos empleados
- Ambiente laboral amistoso y motivador
- Espacios de libertad razonable para tomar decisiones

- Hacer del trabajo algo interesante y entretenido
- Tener un clima interno donde todos los empleados puedan **aportar con sus competencias y** desarrollar su potencial.
- Un buen balance entre horas de trabajo y vida personal
- Sentirse seguro y estable en el trabajo
- Respeto a la diversidad religiosa, política, racial, social, etc.

7 Productos y servicios de calidad

- Calidad en la comercialización de productos y prestación de servicios
- Marcas y prestigio de alto reconocimiento y valoración
- Excelencia en investigación e innovación

8 Responsabilidad por los resultados

- El personal debe tener la oportunidad real de hacer bien su trabajo y demostrar sus habilidades, y al mismo tiempo debe ser responsable por los resultados que obtenga y ser reconocido y recompensado por sus logros.
- El personal debe tener confianza en que las promesas hechas se respetan.
- Los empleados de alto rendimiento y excelentes resultados deben ser distinguidos y premiados por su ejemplo y contribución.

9 Eficiencia organizacional e innovación

Para crear un valor de marca y prestigio se requiere buscar y practicar la eficiencia organizacional y operacional en toda la empresa.

- Estimular la calidad y la innovación en el servicio al cliente, en las ofertas de productos, en los procesos internos y en los sistemas tecnológicos.

- No conformarse con el statu quo y ser abiertos a las buenas ideas, al mejoramiento continuo y al desarrollo de las habilidades de la gente talentosa.
- Un ambiente de aprendizaje permanente estimula a los empleados a enfrentarse a los nuevos desafíos competitivos y organizacionales.

10 Comunicación abierta y receptiva

- El ambiente interno debe caracterizarse por una comunicación franca, clara y en todos los sentidos, ya sea de abajo hacia arriba, inversamente y/o lateralmente.
- Los gerentes deben compartir con los empleados información importante y estar disponibles para escuchar las opiniones de la gente.
- Los empleados no deben sentirse limitados para informar problemas que se produzcan, y para participar en un diálogo sobre dichos problemas.
- No se debe despreciar a aquellas personas que propongan cambios o que consulten sobre cosas que no comprenden sobre su trabajo o sus objetivos.

11 Colaboración

- Es siempre muy importante conservar un clima de cooperación y apoyo entre todos para lograr las metas.
- La colaboración en la empresa es esencial para lograr resultados. La comunicación oportuna, clara y completa a todo nivel es clave para guiar los pasos de la empresa hacia logros importantes.

Oportunidades para crear una diferencia

- Otorgar a las personas creativas e innovadoras la oportunidad para hacer aportes y contribuir con ideas que mejorarán los servicios o productos y darán así mayor satisfacción a los consumidores.

- Tratar que los empleados tengan trabajos desafiantes y atractivos y demostrarles que su labor es importante para clientes, proveedores, empleados y directivos de la empresa.

LIDERES QUE MOTIVAN
COMUNICACIÓN ABIERTA
OPORTUNIDADES PARA CREAR UNA DIFERENCIA
GESTION DE EXCELENCIA
COLABORACION
RECONOCIMIENTO Y VALORACION
RESPONSABILIDAD POR RESULTADOS
EFICIENCIA ORGANIZACIONAL E INNOVACION

¿Cómo logramos la excelencia?

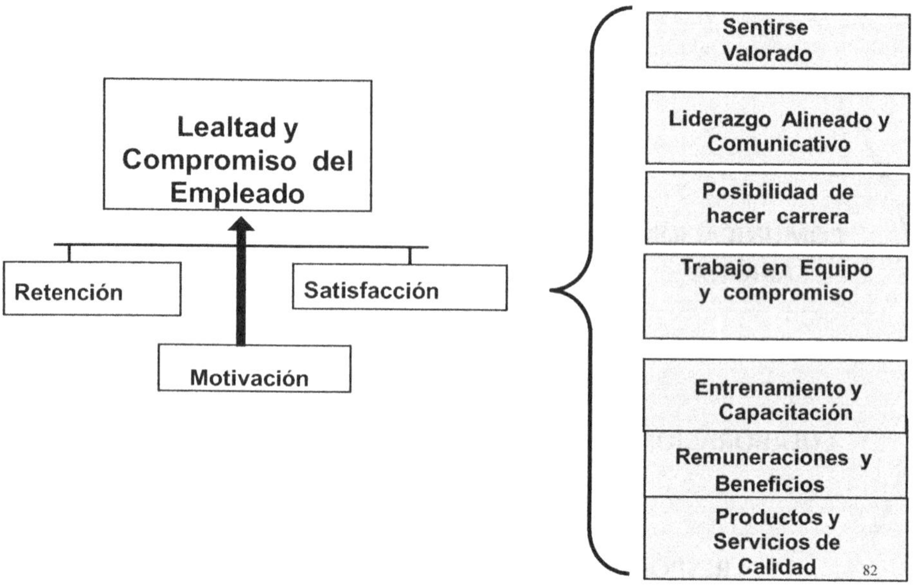

PREGUNTA

¿Qué debe contener un plan para lograr la excelencia en la gestión de personas?

RESPUESTA EN CAPÍTULO 19

18 LA GESTION DE PERSONAS EN ÉPOCA DE PANDEMIA

CAPÍTULO 18 : LA GESTION DE PERSONAS EN ÉPOCA DE PANDEMIA

Impacto de la pandemia

Este libro se ha escrito parcialmente en medio de la pandemia del coronavirus (covid-19), que ha impactado fuertemente la salud, la economía, la vida y el trabajo de las personas en todo el mundo desde principios de 2020.

Sin duda puede decirse que esta pandemia podría marcar una serie de cambios en las modalidades de trabajo. Han surgido nuevos desafíos para todos quienes forman parte de la fuerza laboral.

Es indudable que habrá más desempleo en los países, y que la recuperación económica tomará un tiempo considerable. Algunos vaticinan que cambiarán las competencias o habilidades necesarias para desempeñarse con éxito en medio de una mayor automatización en las labores productivas y un fuerte énfasis en la digitalización de tareas financieras, comerciales y administrativas, incluyendo en esto la modalidad del teletrabajo o trabajo a distancia.

Todos estos cambios en el entorno externo de las organizaciones, y los posibles cambios en la organización, en las modalidades de trabajo y en la introducción de diferentes formas de comunicarse sin duda son muy relevantes, pero también es altamente esperable que dichas tendencias no modificarán sustancialmente los procesos claves de gestión de personas que hemos descrito en los capítulos previos.

Un aspecto que ha reforzado la pandemia es la inclusión: está claro que no somos todos iguales y que vivimos y sentimos de manera distinta, pero definitivamente nos necesitamos todos.

También se ha destacado el valor de los equipos. Podríamos decir que las compañías, en tiempos de dificultad, han revalorizado el trabajar en equipo y ahora muchas organizaciones han podido capitalizar lo invertido por años en formación de equipos.

Somos individuos sociales y es muy necesario que trabajemos en red, lo cual requiere crear espacios de diseño, análisis y reflexión. En ese sentido, la Gestión de Personas es un asesor clave que no puede estar ausente.

El teletrabajo y el trabajo flexible han surgido como una opción real para empresas que no los tenían en sus planes.

En el caso del teletrabajo, o trabajo a distancia, el principal impacto será redefinir las tareas a realizar. Vale decir, es altamente posible que sea necesario adecuar las descripciones de cada cargo que se desempeñe a distancia. Y esta descripción de cargo renovada, como ya lo dijimos en el capítulo correspondiente, tendrá a su vez un efecto en los demás procesos, en cuanto al contenido del trabajo que se realizará, pero no en lo referente al fondo del proceso mismo. El teletrabajo es otra forma de trabajar, pero quien se desempeñe en esa nueva modalidad igualmente deberá ser seleccionado, evaluado, capacitado y compensado con una remuneración.

Para ser ilustrativo: las empresas necesitarán, como siempre, reclutar y seleccionar a las personas más adecuadas para desempeñarse exitosamente en las responsabilidades que asuman, ya sea que trabajen en forma presencial o a distancia con teletrabajo.

Así también, la evaluación del desempeño seguirá siendo imprescindible en la gestión de personas, comenzando como es obvio con el establecimiento de objetivos para todo el personal, lo cual deberá realizarse, aunque la forma de trabajar pueda haber sufrido cambios.

En el fondo, cada persona seguirá siendo responsable de cumplir con las metas que la organización le ha asignado, y de acuerdo con su desempeño será evaluado su trabajo, ya sea que éste lo realice en forma presencial o a distancia.

En este caso, es probable que el cumplimiento de metas en el trabajo a distancia será más fácil de evaluar que los aspectos de competencias o habilidades que pueda exhibir el trabajador en su desempeño.

Seguramente, en la descripción del cargo y en el proceso de evaluación de desempeño se deberán revisar y modificar algunas de las competencias requeridas para trabajar a distancia.

La capacitación y el entrenamiento seguirán siendo elementos fundamentales en una buena gestión de personas.

Son procesos muy necesarios en ambientes de cambio económico, laboral y tecnológico.

Detectar las necesidades de capacitación en tiempos de automatización y digitalización es una prioridad absoluta para ayudar a las personas a adaptarse a un nuevo entorno. Implementar planes de capacitación y evaluar después su efectividad son aspectos esenciales que no sufrirán modificaciones en el futuro de las organizaciones.

La administración de remuneraciones, que implica evaluar cargos y establecer escalas por tipo de trabajo y responsabilidades, tampoco presentará cambios importantes en la gestión de personas, salvo actualizar encuestas salariales e información interna y externa sobre cambios en los trabajos y sueldos de mercado.

Es claro que la Gestión de Personas tiene un rol clave en la transición y cambio en tiempos de turbulencia.

Es necesario preparar y acompañar a los líderes para enfrentar la crisis y el cambio, desarrollando un liderazgo distribuido a través de la organización, capacitando personas para la reconversión de cargos, ayudando a desarrollar nuevas capacidades y habilidades y resolviendo problemas a partir de tareas que cambiarán o desaparecerán.

Aunque los procesos de gestión de personas seguirán realizándose, es importante considerar algunos de los cambios y tendencias laborales que estarán presentes en el futuro:

1.- El surgimiento e impacto del Teletrabajo.

a). -No todas las actividades, servicios y tareas pueden aplicar el teletrabajo. Se estima que entre un 25 a 30% de todos los trabajos pueden realizarse a distancia. Debe tenerse presente este límite, para no alimentar frustraciones futuras.

b). -No cabe duda de que en muchas organizaciones puede efectuarse el trabajo a distancia de ciertos cargos, con buenos resultados. Tras la llegada del covid-19 y las consecuentes cuarentenas, muchas personas comenzaron a teletrabajar, lo han hecho exitosamente, y probablemente lo seguirán haciendo en el futuro.

c). -El teletrabajo impone indudablemente desafíos en términos de efectividad y eficiencia en las labores que se realizan a distancia. La organización debe evitar de alguna forma que se pierda el contacto entre las personas de las distintas áreas y jerarquías de una empresa, que es muy enriquecedor y positivo para el clima laboral.

d). -Para que sea productivo se necesitan algunos cambios en el comportamiento y las prácticas de las empresas y los trabajadores. Para las personas que trabajan a distancia es muy importante tener clara su descripción de cargo, los resultados esperados y mantener en todo momento la confianza y buena comunicación entre jefes y subordinados.

e). -Para los trabajadores que inician esta modalidad, un tema clave es que los derechos fundamentales sean respetados, como por ejemplo el derecho a desconexión, a tener horarios razonables, condiciones de trabajo seguras en el hogar, trabajar con protección de datos, disponer de barreras ante el ciberacoso, entre otras, De otra forma surgirán consecuencias ergonómicas y otros problemas severos, como el estrés y enfermedades sicosociales.

f). - Muchas compañías empiezan a pensar que el trabajo remoto no es tan positivo como se pensaba al inicio.

El teletrabajo o trabajo desde la casa presenta, en ciertos casos, algunas dificultades.

Por ejemplo, los proyectos más complejos, que requieren mucha coordinación e interacción habitualmente toman más tiempo con teletrabajo.

La colaboración entre profesionales a veces se hace más compleja.

La capacitación en ciertos trabajos prácticos puede convertirse en un reto difícil.

En ocasiones, la contratación e integración de nuevos empleados es un proceso algo más complicado.

Hay veces en que los trabajadores parecen menos conectados o no toman nota de las urgencias.

Muchos jefes temen que los profesionales jóvenes no puedan desarrollarse al igual que lo harían en la oficina estando juntos con otros empleados con más experiencia y aprendiendo cómo se desempeñan y transmiten sus conocimientos en el mismo lugar de trabajo.

Está claro también que, en ciertos casos específicos, por la naturaleza de la actividad y tipo de negocios de algunas empresas más complejas, se vuelve muy difícil, si no casi imposible, funcionar bien a distancia.

En dichas organizaciones, antes del trabajo a distancia, todos trabajaban y colaboraban en un solo espacio y los problemas habitualmente se resolvían en un par de horas. Con teletrabajo, sin embargo, se pueden extender un día entero, cuando los empleados están distantes en ese tipo de organizaciones que no pueden adaptarse con tanta facilidad al trabajo a distancia.

Hay ejecutivos que están convencidos que los equipos que construyen físicamente un producto idealmente deben estar juntos. Sin duda que hay cierta emoción en ser un grupo de personas que se reúnen presencialmente, con entusiasmo, y con un objetivo compartido.

Muchos trabajadores piensan que se benefician con la interacción personal durante el desarrollo de un proyecto. Indudablemente, existe un valor cuando las personas están juntas en una sala y pueden ver y leer señales que difícilmente pueden transmitirse a través de una pantalla.

Un beneficio de trabajar juntos, en persona, es el potencial para que se produzcan interacciones y conversaciones espontáneas que no se dan en un esquema de comunicación remota; por ejemplo, hay diálogos que se originan en un encuentro casual en el pasillo de las oficinas de una empresa.

Es muy probable que un número relevante de compañías utilicen un sistema híbrido, en el cual se va a combinar una parte del tiempo trabajando a distancia con otro tiempo dedicado a reuniones presenciales.

Una idea que muchas organizaciones consideran es que los equipos de trabajo se reúnan ciertos días de la semana para intercambiar ideas, colaborar y estudiar estrategias.

Un excesivo uso del trabajo a distancia puede afectar, en algunas empresas, el desarrollo profesional de algunos trabajadores, en especial de los más jóvenes.

Está claro que los empleados con menos experiencia aprenden mucho al observar y al sentarse al lado de compañeros con más trayectoria y al verlos trabajar o dar explicaciones y lecciones en las oficinas o en una planta de producción.

2.-La automatización sigue su avance en los servicios y las operaciones productivas

El cambio de mano de obra humana por máquinas, y posteriormente por inteligencia artificial, se inició desde hace décadas y seguirá aumentando, según los entendidos en la materia.

A través de la automatización, habrá destrucción de ciertos puestos de trabajo y probablemente se va a ir acelerando. El comercio electrónico está avanzando fuerte en el sector de grandes tiendas, supermercados, mayoristas, etc.

Mucha gente antes de salir a comprar prefiere hacer transacciones por internet y con ello muchas tiendas van a ser virtuales. La automatización puede hacer desaparecer algunos trabajos, pero también ofrece oportunidades para la creación de nuevos tipos de empleo, que pueden tomar un tiempo en ser una realidad.

La paulatina transformación hacia lo digital implica muchos desafíos para las empresas, especialmente en lo que se refiere a nuevas estructuras, nuevos procedimientos y en cómo adaptar la fuerza laboral a este cambio. No cabe duda de que las empresas deberán desarrollar capacidades para la gestión remota de equipos y tareas.

La automatización y la digitalización cada vez más presentes e influyentes son parte de lo que algunos denominan la cuarta revolución industrial, el nuevo mundo digital o la era de la inteligencia artificial.

Es evidente que las nuevas tecnologías están transformando el mundo del trabajo en numerosas industrias y que sofisticadas tecnologías han ayudado durante la pandemia.

Se estima que, en el futuro, resolver problemas conocidos en muchos casos dejará de ser problema de seres humanos.

La transformación digital es también una transformación cultural.

Muchos lugares de trabajo se parecerán más a un conjunto de equipos de trabajo que trabajarán en base a proyectos.

Se necesitará desarrollar nuevas habilidades para el trabajo del futuro.

3.-Las empresas darán mayor énfasis a las habilidades blandas y digitales de sus trabajadores.

Las compañías deberán capacitar a su personal en habilidades blandas y digitales del mercado del futuro.

Algunas habilidades deberán tener prioridad para ser desarrolladas con el objeto de que las personas puedan mantenerse vigentes; entre otras: creatividad e innovación, inteligencia socioemocional, percepción sensorial y el razonamiento complejo.

Esto va a requerir que las empresas entrenen a las personas de forma más integral, considerando que las competencias blandas pueden ser las que marquen la diferencia. Las habilidades sociales van a ser las que tendrán el mayor retorno. Las habilidades difíciles de poder replicar con una máquina serán posiblemente las que entreguen un mayor retorno económico.

El desarrollo de competencias para trabajar en equipo a distancia es clave, así como también comunicarse efectivamente. Es un desafío tener empatía y liderazgo en forma remota para conducir equipos con teletrabajo.

4.-Empleos que desaparecen y otros que se transforman

Las medidas restrictivas por la pandemia han destruido millones de puestos de trabajo. Reconstruir el tejido de empresas, las cadenas de suministro y los empleos llevará tiempo. Pero todas las crisis en algún momento llegan a su fin.

La oferta de empleo va a cambiar, hay algunos que se van a destruir, otros van a transformarse y otros van a surgir.

En una situación de pandemia, todo el trabajo remoto y mantener distancia entre personas se verá muy potenciado a futuro.

Es muy probable que el sector de tecnología y aplicaciones informáticas va a ir creciendo en forma importante. En muchos países hay poca gente capacitada en estos temas. Para actualizarse en el trabajo será clave capacitarse y seguir las carreras de educación en tecnología, informática y medios de comunicación digitales.

5.-El asunto inter-generacional

Los trabajadores de más edad, los informales y los rubros relacionados al turismo y recreación serán los más afectados por la pandemia y lo que venga después.

Va a haber un porcentaje de la generación mayor a los 60 años que no se subió al carro de la tecnología en su momento y ahí puede haber un problema.

Los adultos mayores pueden sufrir la obsolescencia de sus habilidades en la era de la digitalización, salvo que se capaciten y actualicen. De lo contrario, pueden enfrentarse a un retiro forzado o un camino hacia trabajos más precarios.

Los más jóvenes, que mayoritariamente dominan bien la tecnología, van a tener más oportunidades en el teletrabajo y las reuniones a distancia.

Pero, por otra parte, los que inician su primer trabajo en un período recesivo generalmente tienen menores ingresos iniciales y un aumento en el tiempo más lento que las generaciones previas y posteriores.

También es posible que se avance hacia trabajos con mayor protección o formalidad.

El trabajo, por razones legales y financieras, en muchos países se fue convirtiendo en informal; surgió mucho trabajador independiente pagado con honorarios o inclusive sin documentación.

Hoy, ante una situación compleja, sin duda es más fácil darles protección a los que están formalizados, porque están identificados. Eso puede incentivar en algo la formalización.

6.-Las nuevas reglas para conseguir un trabajo en época de pandemia

La pandemia de coronavirus ha dejado sin trabajo a millones de personas, pero se seguirá contratando gente. Algo de suerte, creatividad y una nueva mirada a tu red de contactos son necesarios para encontrar un trabajo en el difícil mercado laboral en pandemia.

Muchas entrevistas de trabajo todavía se llevan a cabo en videollamadas, y las necesidades de contratación de las empresas están cambiando tan rápido como las perspectivas económicas.

La gente necesita pensar con rapidez, ser creativos y tomar riesgos.

Sugerencias para obtener un empleo:

1 Conseguir trabajo a través de internet

Cada vez son más los trabajos encontrados a través de referencias en redes sociales. Los solicitantes en las plataformas como LinkedIn tienen buenas probabilidades de conseguir un trabajo y por lo tanto es un paso que ningún solicitante de empleo puede permitirse omitir.

Se recomienda explorar eventos virtuales a través de grupos de redes de la industria, muchos de los cuales ofrecen seminarios web gratuitos. Es una manera de aprender sobre una industria.

Aunque estén impacientes por conseguir un puesto, vale la pena mantener la calma y ser profesional al conectarse con los contactos. Quienes buscan trabajo a menudo no se dan cuenta de lo desesperados que pueden estar por conseguir un nuevo trabajo.

2 Definir metas personales

Cuando se está desempleado, puede ser difícil identificar las prioridades profesionales más allá de recibir una remuneración. Las personas que buscan trabajo a menudo no tienen metas claras. Desarrollar claridad en torno a lo que se está buscando, no es lo mismo que ser exigente. Ayuda a enfocar la búsqueda en áreas donde es más probable que tenga éxito.

3 Ser flexible y realista con respecto a la ubicación

Las complicadas reaperturas de oficinas y las medidas de distanciamiento social han llevado a muchas empresas a reconsiderar la importancia de la proximidad de un empleado a la oficina.

Los solicitantes de empleo deben estar preparados para ser sinceros sobre sus planes, como la reubicación de una pareja o una mudanza para estar más cerca de la familia. A menos que un empleador haya confirmado que una función es completamente remota y seguirá siéndolo, los candidatos deben estar preparados para regresar a la oficina al menos ocasionalmente.

Hay una gran diferencia entre un trabajo que es 100% remoto y 90% remoto. Si todavía se debe ir a la oficina, aunque sea una vez al mes, no tiene sentido mudarse a vivir lejos de la ciudad donde está la oficina.

4 Concentrarse en quién está contratando

Ser flexible en el tipo de trabajo que se busca podría ser útil para los graduados recientes y aquellos que buscan cambiar de trabajo. No se deben comprometer demasiado con un tipo de trabajo, o un tipo de industria.

El desempeño de las empresas específicas dentro de un determinado sector de actividad puede variar significativamente, y los solicitantes de empleo pueden tener más éxito desarrollando una lista de empresas prósperas a las que apuntar.

5 Prepararse para entrevistas virtuales

Hace apenas unos meses, los candidatos que fueron entrevistados y contratados virtualmente a nuevos trabajos fueron considerados pioneros. Ahora, es normal comenzar un nuevo trabajo sin conocer a nadie de su nuevo empleador en persona. Los solicitantes de empleo deben estar preparados para destacarse, incluso cuando están sentados solos en casa.

Cuando un postulante se conecta por internet por primera vez para una entrevista, los entrevistadores desarrollan una idea bastante rápida y completa sobre qué les parece el candidato y es increíblemente difícil sacarlos de eso. Es necesario comenzar bien y tener control máximo sobre ese momento inicial.

Se recomienda que los candidatos realicen una videollamada de prueba con un conocido, y asegurarse de que la tecnología de su equipo esté funcionando bien. Se requiere un nivel de concentración y energía más alto del que es necesario en un encuentro presencial.

Es necesario buscar formas de hacer un relato entretenido y emocionante para llevar a una entrevista y hablar con convicción sobre habilidades.

Se recomienda estar al tanto de lo que está sucediendo en el sector y la empresa donde trabaja el entrevistador. Durante la entrevista es bueno realizar preguntas concretas, simples y amigables, tener una conexión humana en un entorno virtual.

6 Los perfiles que demandará el mercado laboral

El mercado laboral sufrirá transformaciones con la pandemia. En los procesos de reclutamiento y selección es muy posible que para lograr obtener personas capaces y talentosas será necesario ofrecer teletrabajo y/o trabajo presencial flexible, con fórmulas híbridas presenciales y a distancia, y horarios menos rígidos que los que se aplicaban antes.

También es esperable una redefinición de perfiles, dado que se requerirá gente que domine las tecnologías de trabajo a distancia y reuniones a través de videollamadas, y que tenga tolerancia a los cambios, a la flexibilidad y a la adaptación a nuevas modalidades.

En cuanto a los puestos gerenciales y jefaturas, se buscará un liderazgo cercano y empático, inspirador para dirigir grupos humanos, capacidad de delegar, muy buena comunicación y preocupación por el bienestar de los trabajadores y sus familias

CAPÍTULO 19

RESPUESTAS Y COMENTARIOS A LAS CONSULTAS Y CASOS

CAPÍTULO 19 : RESPUESTAS Y COMENTARIOS A LAS CONSULTAS Y CASOS

Este capítulo contiene las respuestas a las preguntas planteadas en los respectivos capítulos y los comentarios y sugerencias que pueden efectuarse acerca de los casos presentados en cada materia tratada en esta publicación.

RESPUESTAS A PREGUNTAS PLANTEADAS EN EL CAPÍTULO 1

1)DEBATE: ¿SON ORGANIZACIONES?

¿Los espectadores de una película 3D?

No son una organización, ya que ésta solo existe cuando hay personas capaces de comunicarse, están dispuestas a contribuir en una acción conjunta y pretenden alcanzar un objetivo común. En este caso, los espectadores solo tienen en común el querer presenciar una película, nada más.

¿Los que asisten a un partido de fútbol?

Los que asisten solo tienen en común querer ver un partido de fútbol. Dentro del estadio sí podría haber organizaciones, como por ejemplo una organización que vende sandwiches y bebidas al interior del recinto; o una barra de hinchas organizados que van a alentar a un equipo. En estos dos casos, los que venden alimentos y los de la barra, hay personas capaces de comunicarse, dispuestas a contribuir en una acción conjunta y pretenden alcanzar un objetivo común

2)UN CASO PRACTICO: TRASLADAR UNA EMPRESA

¿Cómo evalúa el proceso? ¿Cómo debiera haberse hecho?

Falta de participación e involucramiento de los demás gerentes: El Comité de Gerentes delegó al Gerente de Recursos Humanos y su equipo de asistentes planificar y ejecutar todo el proceso.

Falta de comunicación del gerente de recursos humanos con los demás gerentes: el Gerente de Ventas reclama que su área de trabajo y la de sus vendedores es muy pequeña y falta un par de puestos de trabajo. El Gerente de Marketing se queja de que el Show Room para exhibir los productos está mal iluminado y mal ubicado. El Gerente General piensa que las dos salas de reuniones habilitadas son poco cómodas y muy estrechas.

El gerente de Recursos Humanos no estudió el tema del transporte: Muchas personas dicen que la movilización es escasa en la zona.

No hubo trabajo en equipo, no hubo buena comunicación, no se estudió el espacio, ni las necesidades de las personas.

Gestión de personas debe involucrar a toda la empresa.

Recordemos que la Gestión de Personas es tarea de todos los jefes

La administración o gestión de personas es una responsabilidad de línea y una función de staff.

3) PREGUNTAS SOBRE METAS Y ESTRATEGIA

¿Puede dar dos ejemplos de metas relacionadas con la gestión de personas que a su vez contribuyan al logro de las metas de la empresa?

¿Podría explicar de qué forma concreta contribuyen dichas metas a las metas de la organización?

Podemos dar estos ejemplos:

- La meta de la organización es aumentar 15% las Ventas
- Estrategias para lograr la meta:
    - Depto. Ventas iniciará ventas en 5 nuevas ciudades
    - Gestión de Personas reclutará, seleccionará y capacitará 5 nuevos vendedores.
    - Marketing lanzará tres nuevos productos al mercado, con apoyo publicitario.

- Finanzas proporcionará los recursos para abrir 5 sucursales, contratar 5 vendedores, importar 3 nuevos productos y financiar la publicidad.

CUESTIONARIO (CAPÍTULO 1)

1.-Una organización puede definirse como un grupo de personas con ciertas características:

a) Coordinadas, solidarias, con adecuada supervisión y con permanencia en el tiempo.
b) Coordinadas, con un objetivo, con jerarquización y con permanencia en el tiempo.
c) Coordinadas, competitivas, bien seleccionadas y con permanencia en el tiempo.
d) Coordinadas, con un objetivo, estructuradas y comprometidas con la sociedad.

2.-El ambiente externo de una organización está integrado por diversas instituciones, fuerzas u organizaciones, que influyen en la organización, entre las cuales las más habituales son:

a) Proveedores, clientes, competidores, gerentes y jefes de la organización.
b) Accionistas, compradores, consultores, técnicos y profesionales.
c) Proveedores, clientes, importadores, contadores y vendedores.
d) Proveedores, clientes, competidores y organismos reguladores.

3.-El objetivo de Gestión de Personas es:

a) Planificar, organizar, desarrollar y retener al capital humano.
b) Atraer, desarrollar y retener al capital humano.
c) Atraer, seleccionar, coordinar, remunerar y motivar al capital humano.
d) Atraer, seleccionar, motivar y controlar al capital humano.

RESPUESTAS: 1 b); 2 d); 3 b)

RESPUESTAS A PREGUNTAS PLANTEADAS EN EL CAPITULO 2

1)PREGUNTA

Un nuevo Jefe de Contabilidad asume en una empresa.

A los tres meses se da cuenta de lo siguiente:

1.-Que los trabajos están casi siempre atrasados.

2.-Que el personal de Contabilidad (10 contadores) a veces no entiende sus instrucciones.

3.-Que en estos tres meses renunciaron dos contadores.

Decide reunirse con el Gerente de Gestión de Personas.

¿Qué debiera comentarle y solicitarle respecto a cada punto?

C O M E N T A R I O S

Los trabajos están casi siempre atrasados y el personal de Contabilidad (10 contadores) a veces no entiende sus instrucciones.

El Jefe de Contabilidad debe revisar si los trabajos están bien organizados y distribuidos equitativamente.

Además, revisar con Gestión de Personas los antecedentes de cada empleado(a):

- sus estudios
- su experiencia y
- las evaluaciones que ha tenido cada uno(a).

¿Ha habido cursos de capacitación?

En estos tres meses renunciaron dos contadores.

Revisar con Gestión de Personas los niveles de remuneración que se están pagando, en relación con otras áreas y en relación con otras empresas.

¿Cómo es el clima interno?

¿Están bien distribuidos los trabajos?

¿Tienen los contadores las competencias adecuadas?

2) P R E G U N T A S S O B R E C O N F L I C T O S D E I N T E R É S

- ¿Por qué los conflictos de interés de un empleado o ejecutivo pueden ser complicados para una empresa?
- ¿Podría dar un ejemplo concreto de conflicto de interés?

Los conflictos de interés pueden producir una sensación de injusticia y alterar el clima laboral, al darse preferencia a parientes o correr riesgos con la información confidencial.

Ejemplo concreto es un cuando un gerente general de una empresa grande, con diversos accionistas, selecciona y contrata para una alta posición gerencial a un pariente directo, como sería un a primo o a un hermano en un proceso de selección.

CUESTIONARIO

1.-Mencionar 3 de los problemas originados en una deficiente gestión de personas

2.-Una Gestión de Personas ineficaz desde el punto de vista estratégico puede implicar:

e) Una baja contribución de las personas a los objetivos claves de dicha organización.
f) Una baja motivación de las personas para capacitarse en dicha organización.
g) Una baja contribución de las gerencias en el proceso de reclutar personal calificado.
h) Una deficiente coordinación del desarrollo del capital humano.

3.-Algunas de las diferencias contempladas dentro del concepto de diversidad son:

e) Edad, raza, orientación sexual, personalidad y valores.

f) Edad, raza, religión y origen geográfico.
g) Raza, religión, adaptación cultural, desempeño y comportamiento laboral.
h) Edad, raza, adaptación cultural, desempeño y personalidad.

4.-La gestión de personas es una responsabilidad de línea y una función de staff. Esto implica que:

e) Los gerentes deben planificar sus recursos humanos según el talento existente en cada área de la empresa.
f) Los gerentes tienen información actualizada del personal y participan en todos los procesos de la gestión de personas.
g) Gestión de Personas debe participar activamente en la coordinación, motivación y retención del personal.
h) Todo proyecto de inversión debe contemplar adecuadamente a qué personas de la empresa debe involucrarse.

5.-Para que los recursos humanos se conviertan en un socio estratégico, ¿qué debe hacer el área de Gestión de Personas?

e) Los ejecutivos de esa área deben coordinar y ejecutar adecuadamente los procesos de desarrollo de personas.
f) Los ejecutivos de esa área deben planificar la dotación de personal calificado, según las estrategias corporativas.
g) Los ejecutivos de esa área deben trabajar con la alta gerencia para el logro de planes y resultados concretos.
h) Es necesario dar a los gerentes una capacitación que se relacione con los objetivos estratégicos de la empresa.

RESPUESTAS:

1.-Mencionar 3 de los problemas originados en una deficiente gestión de personas:

1. Falta de personal calificado para las tareas claves
2. Alta rotación, por despidos o renuncias
3. Ausencia de motivación

4. Malas relaciones interpersonales
5. Personal que no se adapta a los cambios
6. Mucha o escasa autoridad y/o falta de delegación
7. Exceso o escasez de dotación

Respuestas a las alternativas múltiples:

2 a); 3 b); 4 b); 5 c)

RESPUESTAS A PREGUNTAS PLANTEADAS EN EL CAPITULO 3

Análisis de cargos y organigramas

a) ESTA AFIRMACION ERA FALSA POR LO SIGUIENTE:

Los conceptos incluidos en el análisis de un cargo NO pueden ser muy distintos a los incluidos en una descripción de ese mismo cargo.

b) ESTA AFIRMACION ERA FALSA POR LO SIGUIENTE:

Los organigramas SÍ son aplicables en empresas que cambian continuamente su organización o tienen alta rotación de empleados.

c) ESTA AFIRMACION ERA FALSA POR LO SIGUIENTE:

Las descripciones de cargos incluyen datos sobre las labores a realizar Y SON útiles para evaluar al postulante a un cargo.

d) ESTA AFIRMACION ERA FALSA POR LO SIGUIENTE:

En las descripciones de cargos, la sección de "resultados esperados" NO tiene directa relación y NO se detalla de acuerdo con la educación y experiencia del ocupante del cargo.

PREGUNTA

Tres de los métodos más comunes para efectuar el análisis de puestos son:

a) Observaciones, tasa de traslados y evaluación del trabajo realizado.

b) Cuestionarios, estadísticas de contrataciones y medición del tiempo destinado a

realizar cada labor.

c) Registros del empleado, observación del trabajo y cuestionarios.

d) Entrevistas sobre desempeño, evaluación del trabajo realizado y análisis

organizacional.

SOLUCION: c)

RESPUESTAS A PREGUNTAS PLANTEADAS EN EL CAPITULO 4

PREGUNTAS SOBRE NECESIDADES DE PERSONAL

En una empresa se pide a todos los gerentes una lista de necesidades de personal para los próximos doce meses, separada en personas para reemplazos y personas para los planes de expansión, incluyendo características deseables. **¿Qué deben hacer dichos gerentes?**

1.-Cada Gerente debe analizar las necesidades de personal de su área, determinando:

- el impacto del volumen planeado de producción y ventas,
- el efecto de los cambios tecnológicos que introducirá la empresa y que podrían modificar la productividad en los siguientes doce meses,
- y el impacto de la oferta y demanda en el mercado competitivo

2.-Luego, revisar su dotación actual, y determinar:

- ✓ quiénes pueden enfrentar adecuadamente estas necesidades,
- ✓ quiénes están preparados para reemplazar a otras personas y

cuáles son las necesidades de contratación y características de dichos nuevos empleados.

Los gerentes de una empresa donde trabajan 500 personas hacen un análisis de las proyecciones de ventas y un estudio detallado de personas, área por área, y determinan que la organización tiene aproximadamente unas 50 personas en exceso.

¿Qué le parece el análisis? ...

¿Qué podría hacer dicha empresa con las 50 personas que según los gerentes estarían demás?

- **El análisis está hecho de acuerdo con el Modelo de Demanda Estimada.**
- **Además, se revisó área por área, para determinar personal excesivo.**
- **Para cada una de las 50 personas que estarían de más se debiera:**
  - ✓ evaluar su rendimiento laboral, educación y experiencia,
  - ✓ analizar si existen posibilidades de recolocarlas en otras sucursales o en otras empresas de los mismos propietarios o promoverlas
  - ✓ y/o trasladarlas a otra área en reemplazo de personal de menor rendimiento.

CUESTIONARIO SOBRE MATERIAS DEL CAPÍTULO 4

1.- Mencione tres elementos claves para efectuar un pronóstico de necesidades de personal.

2.-Mencione cuatro medidas que puede tomar una empresa ante un pronóstico de exceso de empleados.

RESPUESTAS AL CUESTIONARIO

1.-Elementos claves para efectuar un pronóstico de necesidades de personal.

a) Tasas de rotación, evaluación proyectada del desempeño individual y tasa de cambios de jefaturas.

b) La demanda de productos, tasas de rotación y tiempo promedio de reclutamiento y selección.

c) Tasa de cambios de jefaturas, tasa de cesantía en el mercado y reorganizaciones proyectadas.

d) Tasas de rotación, tasa de cambios de jefaturas y resultados de las evaluaciones del desempeño.

2.-Medidas que puede tomar una empresa ante un pronóstico de exceso de empleados.

1. Despidos por reorganización de funciones;
2. Restringir o prohibir nuevas contrataciones;
3. Racionalizar trabajos para evitar horas extraordinarias;
4. Reasignar trabajadores a otras sucursales, plantas o ciudades, si ello fuera posible.
5. Anticipar proceso de pensionarse a empleados que ya pueden acceder a una pensión

RESPUESTAS A PREGUNTAS PLANTEADAS EN EL CAPITULO 5

1)P R E G U N T A

Un emprendedor que lleva trabajando un año en su pequeña empresa de 10 personas publica un aviso en Internet que dice:

Necesito un Encargado de Contabilidad para pequeña organización. Requisito: experiencia en Contabilidad. Enviar Currículum a: emprendedor95@xmail.com

Recibe más de 300 currículums por vía electrónica.

¿Qué debiera hacer con ellos?

¿Tiene errores el aviso?

- El emprendedor debe elegir a 10 de los 300 postulantes, para que participen en el proceso de selección (entrevistas, etc.)
- Para elegirlos, debe tener en cuenta a quienes (según su CV) coinciden de forma más precisa con lo definido en la Descripción del trabajo a desarrollar (que el emprendedor debiera haber escrito) en estos requisitos claves:
    - Estudios
    - Experiencia
    - Habilidades personales necesarias
- Errores del Aviso:
  1 no dice Educación requerida;
  2 no precisa años de experiencia;
  3 no pide aspiraciones de Sueldo.
  4 no indica rubro o actividad ni comuna donde se ubica la empresa

2) ¿VERDADERO O FALSO? – TEMAS DE RECLUTAMIENTO

LA PRIMERA AFIRMACION ERA FALSA POR LO SIGUIENTE:

A una empresa externa de reclutamiento, con amplia experiencia en el mercado laboral, puedo solicitarle postulantes al cargo de jefe de Marketing, pero debo aportarle información sobre tipo de empresa, descripción del cargo, objetivos, etc.

LA SEGUNDA AFIRMACION ERA FALSA POR LO SIGUIENTE:

En el reclutamiento interno NO puedo dejar de lado revisar detalladamente la descripción del cargo, aunque conozca a los postulantes.

LA TERCERA AFIRMACION ERA VERDADERA POR LO SIGUIENTE:

Si me contacto con una buena empresa de Headhunters, el acceso a una base de datos de postulantes atractivos para el puesto SÍ puede ser más rápido y efectivo comparado con usar un portal de empleos de internet.

3)¿VERDADERO O FALSO? – TEMAS DE SELECCIÓN

LA PRIMERA AFIRMACION ERA VERDADERA POR LO SIGUIENTE:

En un proceso de selección de candidatos(as) externos(as), las recomendaciones y referencias de los(as) candidatos(as) son efectivamente menos relevantes que considerar la descripción del cargo.

LA SEGUNDA AFIRMACION ERA FALSA POR LO SIGUIENTE:

Seleccionar a un(a) candidato(a) interno(a) no quiere decir que no será necesario capacitarlo, al trabajador seleccionado(a), aunque ya conoce la empresa.

LA TERCERA AFIRMACION ERA FALSA POR LO SIGUIENTE:

Al llegar a un acuerdo de reclutamiento con una empresa de Headhunters es muy necesario especificar el sueldo que se ofrecerá a los postulantes, ya que esa es una información necesaria para el headhunter para hacer contactos y revisar base de datos.

4) CASO PRACTICO – CANDIDATOS Y ENTREVISTAS

La Empresa Comercial RTM le solicita a una Agencia de Selección de Personal que le envíe tres candidatos para el puesto de Jefe de Investigación de Mercados. Luego de las entrevistas hechas por Gerentes de la empresa, ningún candidato resultó aprobado.

¿Qué debe hacer la Empresa Comercial RTM?

1. RTM debe solicitar que se le envíen, a lo menos, **tres nuevos candidatos**
2. Se debe revisar con la Agencia si la **descripción del cargo** fue bien entendida por ellos, para asegurarse que comprenden los requisitos para ser seleccionado(a).
3. Analizar con la agencia **cuáles han sido los puntos débiles** de los candidatos enviados: ¿experiencia? ¿idioma? ¿educación? ¿habilidades?

Comentarios sobre Caso Práctico de Reclutamiento:

Administradora de Inversiones Proyección

PREGUNTAS:

¿Qué le parece el proceso de reclutamiento realizado en la empresa?
¿Cómo evalúa lo que hizo en este caso la Gerente de Finanzas, Daniela?
¿Qué opina del rol, participación y decisiones del Gerente General y del Gerente de Gestión de Personas?

1.- ¿Qué le parece el proceso de reclutamiento realizado en la empresa?

a. El proceso de reclutamiento y selección no fue bien estructurado ni coordinado por Gestión de Personas, para definir previamente si se hiciera reclutamiento interno, externo o mixto.
b. No se acordó con la agencia externa los criterios de competencias, requisitos del cargo, y además Gestión de Personas no procedió a coordinar el orden y estructura de las entrevistas que deberían hacerse en Administradora de Inversiones Proyección. El proceso de entrevistas en la empresa fue deficiente y poco estructurado.
c. Respecto de Mariana, ella sin duda puede haber experimentado enojo con la decisión de del Gerente General de recurrir al reclutamiento externo, aunque no lo demostró debido a su personalidad, pero su estado de ánimo puede ir desmejorando, al ver que no le dieron la oportunidad que seguramente esperaba. Su satisfacción laboral posiblemente empeorará y su identificación y compromiso con la empresa pueden reducirse paulatinamente a raíz de esta decisión.
d. Mariana debió ir a Gestión de Personas para saber por qué no fue considerada en un ascenso. Y debió enfrentarse y hablar claramente con su jefa sobre su plan de carrera, especialmente porque ha tenido una buena evaluación de desempeño.
e. Si Mariana tiene problemas de liderazgo, podría buscarse una capacitación para ella en ese tema. No fue sugerido ni por Daniela ni por Ricardo.
f. Los demás empleados pueden considerar que en la empresa hay pocas oportunidades de promociones internas, o sea de ascender de puesto, lo cual también puede producir insatisfacción laboral, y al bajar las expectativas, los empleados más cercanos a Mariana pueden desmotivarse.
g. Analizando la selección de Esteban (a través de una agencia externa) ésta parece ser una persona adecuada, por su experiencia y trayectoria.
h. No hubo una comunicación clara sobre criterios de reclutamiento a los empleados. La inexistencia de posibilidades

de hacer carrera en una empresa para muchos jefes y supervisores puede ser algo frustrante, especialmente para alguien como Mariana que tenía la experiencia y las evaluaciones suficientes como para ser considerada para ser promovida. Si la empresa se comporta en forma rígida y en la práctica se demuestra que las posibilidades de ser promovido en el futuro son casi imposibles, los profesionales talentosos se desmotivarán y buscarán otras alternativas laborales en el mercado.

2.- ¿Cómo evalúa lo que hizo en este caso la Gerente de Finanzas, Daniela?

a) Mariana había sido siempre bien evaluada, y por eso Daniela, Gerente de Finanzas, optó por reclutamiento interno, pero no supo defender a Mariana ante el Gerente General, quien no aceptó la posibilidad de dicho reclutamiento interno, es decir no quiso darle la oportunidad de promoverla al cargo que quedó vacante.
b) Daniela no ejerció un liderazgo para enfrentarse al Gerente General y defender su punto de vista.
c) Daniela también en ningún caso intentó retener a Mauricio.
d) Aspecto positivo de Daniela son las comunicaciones: planteó de inmediato el tema al Gerente General y al de Gestión de Personas y después fue a comunicar a Mariana la decisión tomada.

3.- ¿Qué opina del rol, participación y decisiones del Gerente General y del Gerente de Gestión de Personas?

a) La decisión del Gerente General de no aceptar a Mariana puede considerarse como poco analítica, no respetó la opinión de la gerente de esa área.

b) Además, no midió el impacto de esta decisión en las demás personas de la empresa y no evaluó las ventajas de una promoción interna en este caso particular.
c) Ricardo tuvo un mal desempeño. No analizó el posible reclutamiento interno o uno mixto. No propuso acciones, tales como capacitar a Mariana; no aportó datos sobre el desempeño de dicha persona; dejó que los otros gerentes tomaran decisiones sin participar; cuando Santiago optó por el reclutamiento externo, Ricardo no hizo revisión de la descripción del cargo con Gerencia General y Gerencia de Finanzas, ni se la hizo llegar a la agencia externa para el proceso de selección.

RESPUESTAS A PREGUNTAS PLANTEADAS EN EL CAPITULO 6

1) ¿ES SIEMPRE NECESARIO ENTREVISTAR?

- Reclutar entre varios candidatos es siempre más positivo que tener una sola opción.
- Siempre es mejor conocer a las personas antes de contratarlas.
- Es importante hacer uso de la descripción de cargos, y efectuar una evaluación de conocimientos y experiencia previa.
- Es relevante entrevistar para saber cómo reaccionarán frente a situaciones difíciles o imprevistas.

2) CANDIDATO A GERENTE DE FINANZAS

¿Qué tipo de pregunta es...?

- **¿Por qué le interesa este trabajo? NO ES una pregunta estructurada.**
- **¿Qué habilidades tiene usted para desempeñarse bien en esta empresa? NO ES una pregunta estructurada.**
- **¿En qué consiste un portafolio equilibrado de inversiones? ES una pregunta estructurada.**
- **¿Qué tipo de puesto le interesaría desempeñar en el futuro? NO ES una pregunta estructurada.**
- **¿Qué ha hecho usted frente a un flujo de caja negativo? ES una pregunta estructurada.**
- **¿A dónde ha viajado este último año? NO ES una pregunta estructurada y probablemente sea una pregunta inútil.**

3) ¿VERDADERO O FALSO? – Entrevistas de Selección

LA PRIMERA AFIRMACION ERA FALSA:

Un profundo análisis de los estudios universitarios y otros cursos a los que ha asistido un(a) candidato(a) EN NINGÚN CASO nos permiten predecir la capacidad que tendrá para adaptarse a nuestra empresa. Para ello se requieren otros antecedentes y preguntar sobre su experiencia pasada y cómo reaccionaría frente a ciertos hechos o circunstancias.

LA SEGUNDA AFIRMACION ERA FALSA:

Una entrevista no estructurada efectivamente permite explayarse a las personas, pero ELLO NO PERMITE conocer mejor cómo reaccionará para enfrentar los problemas que tendrá en su futuro puesto en la empresa.

CUESTIONARIO

1.-Defina en qué consiste el proceso de reclutamiento.

2.-Una gran empresa decide utilizar solo el reclutamiento externo. Mencionar cuatro desventajas de no utilizar reclutamiento interno.

3.-Con respecto al reclutamiento externo tradicional, mencione cuatro organizaciones o métodos que pueden utilizarse para solicitar candidatos.

4.- Un emprendedor publica un aviso en Internet que dice: "Necesito un Encargado de Contabilidad para pequeña organización. Requisito: experiencia en Contabilidad. Enviar currículo a SeleccionABC@gmail.com". Mencionar cuatro errores de este aviso.

RESPUESTAS AL CUESTIONARIO

1.-Defina en qué consiste el proceso de reclutamiento.

- Es un proceso para atraer y obtener candidatos en cantidad suficiente.
- Atraer y obtener candidatos en forma oportuna.
- Y con las capacidades necesarias para lograr las metas de la compañía.

2.-Una gran empresa decide utilizar solo el reclutamiento externo. Mencionar cuatro desventajas de no utilizar reclutamiento interno.

a) No se da una buena señal a los demás trabajadores, al recurrir solo al mercado externo;
b) No es estimulante, ya que no se dan oportunidades al personal vigente;
c) El reclutamiento externo en general es más lento;
d) El no utilizar reclutamiento interno es más costoso;
e) Los requerimientos de capacitación pueden ser altos ya que las personas reclutadas externamente no conocen bien la cultura organizacional.

3.-Con respecto al reclutamiento externo tradicional, mencione cuatro organizaciones o métodos que pueden utilizarse para solicitar candidatos.

a) Instituciones educacionales
b) Institutos de capacitación
c) Empresas de headhunters
d) Ferias de empleo
e) Organizaciones gremiales
f) Empresas de outplacement
g) Por contactos o referencias personales
h) Archivos de postulantes previos
i) Recomendaciones de los propios empleados

4.- Un emprendedor publica un aviso en Internet que dice: "Necesito un Encargado de Contabilidad para pequeña organización. Requisito: experiencia en Contabilidad. Enviar curriculum a SeleccionABC@gmail.com". Mencionar cuatro errores de este aviso.

a) No dice cuál es la educación requerida.
b) No precisa cantidad de años de experiencia que son necesarios.
c) No indica cuál es el tipo de habilidades requeridas.
d) No pide las aspiraciones de Sueldo.
e) No se especifica qué empresa o tipo de empresa es la que publica el aviso

Comentarios sobre el Caso de Reclutamiento y Selección

Forestal Santa Rosa

Preguntas:

1).-Analice y evalúe paso a paso el proceso de reclutamiento llevado a cabo en Forestal Santa Rosa. Evalúe aspectos positivos y negativos. Indique, además: ¿qué se debería haber hecho en Forestal Santa Rosa para que dicho proceso fuera adecuado y positivo?

2).-Analice y evalúe en detalle el proceso de selección y entrevistas realizado. ¿Cree usted que Gustavo fue una buena o errónea selección? Explique, además, en concreto: ¿qué se debería haber hecho en Forestal Santa Rosa para que estos procesos fueran un éxito?

COMENTARIO GENERAL:

- Procesos de reclutamiento y selección muy básicos y no coordinados con Gestión de Personas.
- Para responder estas preguntas, es necesario analizar y evaluar cada una de las etapas de los procesos de reclutamiento, selección e inducción.

PREGUNTA 1

1. Detección de vacante o puesto nuevo: bien realizada, dado el crecimiento de la empresa.
2. Definir descripción del cargo y nuevo organigrama: era esencial, pero no se hizo.
3. Requisitos de educación, experiencia, etc.: no se establecieron, con lo cual no se detectó que el postulante no cumplía con todos los requisitos del cargo.
4. Definir método de reclutamiento: no se analizó reclutamiento interno; solo se hizo el externo, pero con el error de tener solo dos candidatos, lo que impidió comparar, y no se coordinó el proceso con el Jefe de Personal.
5. Definir previamente remuneración que se ofrecerá durante el proceso, era esencial, pero no se hizo.

PREGUNTA 2

1. Definir entrevistadores y decisores: no hubo plan y no se hizo participar al Jefe de Personal.
2. Definir examen psicológico, otros exámenes, etc.: no se hizo y no se preguntó al Jefe de Personal.
3. Acordar criterios de las entrevistas: no se acordaron criterios, no se acordaron preguntas estructuradas para medir capacidades, cada gerente entrevistó por separado, y todo sin considerar al Jefe de Personal.
4. Selección de empleados alineados: el postulante contratado no estaba alineado con lo que se requería en la empresa, no se detectó en las entrevistas y por lo tanto no se preparó una capacitación.

5. Llenar solicitud de empleo; solicitar referencias, nada de eso se hizo.

6. Establecer programa de inducción: no hubo proceso de inducción ni se

capacitó al contratado.

<u>Comentarios al caso práctico de Inducción: Empresa Promo Five Stars</u>

Se debiera analizar y comprobar lo que la Gerente General informa al Directorio de la Empresa Promo Five Stars. ¿Ha hecho Carmen Gloria lo suficiente? ¿Ha solicitado ayuda al Gerente de Gestión de Personas y a otros Gerentes?

1. Verificar si al entrevistarlo, al contratarlo y en los primeros días de iniciar su trabajo Carmen Gloria le expuso con total claridad, transparencia, detalles y precisión las principales metas u objetivos que debía cumplir en su trabajo.

2. Comprobar si la Gerente General le explicó a Rodrigo cómo estaba organizada el área de Producción y los medios materiales y humanos con los cuales contaría para lograr dichas metas.

3. ¿Se aseguró Carmen Gloria que Rodrigo comprendió bien sus objetivos y los recursos con que contaría para cumplir con su trabajo?

4. Al ingresar a la empresa, ¿Hizo Gestión de Personas un completo programa de inducción para Rodrigo? ¿Incluyó en él los organigramas, procedimientos internos, entrevistas con otros Gerentes, visita a la planta de producción, exhibición de los productos, visitas a proveedores, etc.?

5. ¿Le dio Carmen Gloria un apoyo suficiente para ir resolviendo sus dudas iniciales y posteriores?

6. En estos seis meses, ¿hizo Carmen Gloria reuniones quincenales o mensuales con Rodrigo para hacerle ver que no se estaba acercando a las metas y analizar con él los motivos de dicho problema y posibles soluciones?

7. Si Rodrigo presentaba algunas deficiencias en su trabajo, ¿se conversó con él para ofrecerle ayuda, como por ejemplo algún tipo de capacitación o entrenamiento en temas puntuales o concretos que él no domina?

8. ¿Le ofreció Carmen Gloria ponerse de acuerdo en un plan concreto para mejorar su desempeño, con detalle de objetivos, medios, indicadores y evaluación de su mejora, en un plazo, por ejemplo, de tres meses?

9. Si Carmen Gloria y Gestión de Personas han hecho todos los esfuerzos posibles (incluyendo los indicados anteriormente) ¿han analizado si es posible y conveniente reubicar a Rodrigo en otro cargo dentro de la empresa?

RESPUESTAS A PREGUNTAS PLANTEADAS EN EL CAPITULO 7

1) ¿VERDADERO O FALSO?

LA PRIMERA AFIRMACION ERA FALSA

No es práctico evaluar a una persona con metas semanales y es demasiado breve el tiempo como para controlar semanalmente si ha cumplido con lo que se le dio como trabajos y metas para esa semana. Cumplir metas relevantes requiere mucho más que una semana.

LA SEGUNDA AFIRMACION ERA VERDADERA

La evaluación del desempeño también tiene mucha relación con la descripción del cargo, ya que en ella puedo encontrar los trabajos que deben hacerse y cuáles son en líneas generales los resultados esperados.

LA TERCERA AFIRMACION ERA FALSA

No es efectivo que cuando una persona es mal evaluada la causa fundamental de ese problema sea que dicha persona fue mal seleccionada. Pueden ser adicional o alternativamente otros factores, entre los cuales está una mala definición de objetivos, falta de seguimiento, no se dio una capacitación adecuada, etc.

2) PREGUNTAS: RESPONDA, ¿CUÁLES SON METAS MEDIBLES Y CLARAS?

- Mejorar el trabajo en la bodega de productos perecibles, la que está a cargo de un jefe y diez operarios. ES UNA META POCO CLARA Y NO MEDIBLE
- Incrementar las ventas en la zona que va desde Rancagua hasta Concepción, para contribuir al logro de las metas totales de la zona sur. ES UNA META POCO CLARA Y NO MEDIBLE
- En las diez sucursales del banco, todos los meses resolver como mínimo un 90% de los reclamos de los clientes en cada sucursal en un plazo máximo de diez días, dejando además cada solución por escrito,

documentada y detallada en un archivo especial. ES UNA META CLARA Y MEDIBLE

3) PREGUNTAS–PROCESO DE EVALUACIÓN

1.-Si la evaluación del desempeño de un empleado(a) es muy mala, lo más lógico es proceder al despido de dicho(a) empleado(a)

No necesariamente. Si es joven, se le puede capacitar. Si es antiguo en la empresa, se le puede dar una última oportunidad. Y se debe analizar si el mal desempeño es 100% de su responsabilidad.

2.-Si un jefe no se reúne cada 3 o 4 meses con su subordinado para evaluar cómo van sus trabajos, el subordinado debe exigir tener dicha reunión.

El subordinado no debe exigir, pero sí debe sugerir la reunión, e insistir si se tarda mucho.

3.-Si en un área de la empresa el 85% de las evaluaciones del desempeño son malas, el jefe de dicha área debiera ser despedido.

Se deben analizar las causas del problema y hacer un diagnóstico. ¿Se detectó a mediados de año? ¿Qué medidas tomó el jefe?

4) ¿VERDADERO O FALSO? PLAN DE CARRERA

- **LA PRIMERA AFIRMACION ES FALSA:** Un plan de carrera puede experimentar muchos cambios, de acuerdo con la marcha de la empresa, de cambios organizacionales, del rendimiento de la persona, etc. Estos cambios deben ser siempre informados a la persona interesada.
- **LA SEGUNDA AFIRMACION ES VERDADERA:** Un plan de carrera efectivamente puede ser interrumpido o modificado radicalmente si el profesional tiene una mala evaluación del desempeño.

- **LA TERCERA AFIRMACION ES FALSA:** Existen planes de carrera diferentes pero interesantes tanto para una persona con estudios universitarios como para un trabajador con experiencia laboral, pero sin estudios superiores.

5) PREGUNTAS Sobre Reemplazos de Personal

- **¿Qué problemas tiene una empresa que no cuenta con reemplazos posibles para cargos claves?** Tendrá que recurrir con urgencia al reclutamiento externo, lo cual implicará tiempos de demora y costos del proceso de reclutar y seleccionar.

- **¿Qué debe hacer una empresa para contar con posibles reemplazos?** Preparar personas con potencial, desarrollar planes de carrera para dichas personas, y preocuparse de seleccionar personas con potencial para ir asumiendo mayores responsabilidades.

Comentarios al caso práctico de evaluación del desempeño:

Fábrica de Muebles Decostream

1. Lo que hace bien Margarita: Efectúa el proceso de evaluación anual del desempeño. Le establece los objetivos para el año siguiente. Felicita a J. Miguel por sus logros pasados y se preocupa de mejorar su desempeño, aprobando un curso de capacitación para él.

2. Error clave de Margarita: no efectúa reuniones periódicas formales y por ello no se entera a tiempo que un objetivo no fue comprendido, y que otro objetivo tiene problemas para ejecutarse debido a un atraso de una máquina.

3. Error de José Miguel: recibe las metas y aparentemente no pregunta mucho. El objetivo de hacer un procedimiento sobre producción no sabe cómo hacerlo ni cuál es el propósito. No pregunta detalles sobre esa meta a su jefa al inicio del año.

4. Tardanza de José Miguel: reacciona tarde frente a un objetivo que no va a poder cumplir por el atraso de una máquina. Lo transmite meses más tarde a Margarita.

5. Margarita no se coordina con gestión de personas: no chequea con Recursos Humanos que el curso que pidió para José Miguel solo se hará en Noviembre (muy tardío en el año).

6. Gestión de personas no supervisa el proceso, no chequea con José Miguel si tiene claros sus objetivos, ni con Margarita si está haciendo reuniones periódicas de seguimiento.

7. La evaluación del desempeño se realiza, pero tiene errores serios:

- Hay objetivos poco claros y otros incumplibles para J. Miguel
- No hay reuniones periódicas entre gerenta y supervisor para aclarar o

  modificar objetivos
- Gerenta y supervisor se comunican poco o nada con Gestión de Personas.
- Gestión de Personas no advierte ni corrige los errores señalados y no

  avisa a tiempo que el curso solicitado solo se puede realizar en

  Noviembre.

Comentarios al caso práctico sobre Evaluación del Desempeño

Comercial Amerix S.A.

1.-Crítica detallada del proceso de evaluación del desempeño

Lo primero es evaluar si Amerix está realizando un proceso formal y uniforme de evaluación del desempeño, el cual contempla 5 etapas:

1.-Establecer objetivos y metas anuales y trimestrales a Roberto, incluyendo objetivos numéricos o cuantitativos, y metas cualitativas que sean objetivamente medibles, alcanzables y evaluables. El objetivo sobre exhibición de productos del año actual está dentro del ámbito de control de Roberto, pero está mal redactado, no se indican cifras, porcentajes, plazos, forma concreta de medición, etc. Esto llevó a discusiones entre jefe y subordinado.

2.-Formalización de las competencias individuales de Roberto (iniciativa, creatividad, comunicación, orientación al resultado, etc., etc.) que sean necesarias para el desarrollo del cargo, las cuales serán evaluadas junto con los resultados cuantitativos y cualitativos del desempeño de cada persona;

3.-Efectuar la medición periódica del desempeño de Roberto, lo cual implica tener reuniones individuales de evaluación cada tres o cuatro meses como mínimo, para medir el avance, corregir desviaciones o atrasos y enmendar rumbos si fuere necesario;

4.-Determinar los planes de capacitación y desarrollo de carrera para Roberto, que se originan en la evaluación del desempeño anterior y que se medirán en el futuro cercano; (el propio Roberto debió pedir un curso)

5.-Decidir un cambio de puesto, promoción, y/o traslado, y los cambios de remuneración u otorgamiento de incentivos variables que se puedan originar a partir de la evaluación del desempeño de Roberto.

Además, podría haberse analizado la posibilidad de realizar una Evaluación 360 grados.

De todas estas 5 etapas, puede decirse que en este caso se analizó y completó sólo la primera, y no hubo mayor análisis, discusión, decisiones o propuestas sobre las otras cuatro etapas del Proceso de Evaluación del Desempeño.

2) Evalúe los tres objetivos relevantes establecidos para Roberto para el año siguiente, 2018.

a) Se debe evaluar si los tres objetivos de desempeño que Amerix estableció a Roberto cumplen con los requisitos:

•Son claros y comprensibles

•Son medibles, numéricos, o que su realización implica un trabajo concreto

•Son controlables

•Son precisos para un período determinado de tiempo

•Son razonablemente alcanzables

b) El primer objetivo es claro, preciso, alcanzable, controlable y medible.

El objetivo 2, sobre pedidos de los clientes, está dentro del ámbito de control de Roberto, pero está mal redactado, no se indican cifras, porcentajes, plazos, forma concreta de medición, etc. Esto llevará a discusiones entre jefe y subordinado. El tercero tampoco es suficientemente claro, ni medible. Esto llevará a discusiones entre jefe y subordinado.

c) Desde el punto de vista estratégico, los más relevantes son el 1 y el 3, ya que se alinean con metas estratégicas de la empresa. Mientras que el objetivo 2 es una mejora administrativa.

3) Analice los roles desempeñados por Francisca, Roberto y Verónica, y argumente qué debiera corregirse.

1.-A pesar de recibir instrucciones de Gestión de Personas, Francisca hizo un mal trabajo.

No se coordina bien con Verónica, y no pone sobre la mesa aspectos esenciales de un proceso de evaluación:

a) No fija con claridad los objetivos de Roberto

b) No hace Evaluación de competencias

c) No presenta un Plan de Capacitación y Desarrollo

d) No se refiere al Plan de Carrera

e) No menciona el impacto de los resultados de Roberto en sus remuneraciones e incentivos

f) La frecuencia de las evaluaciones que hace Francisca del trabajo de Roberto es difusa, desordenada y poco metódica.

g) No hay adecuada coordinación de Francisca con Verónica, de Gestión de Personas, ya que, por ejemplo, Francisca de inmediato acepta la sugerencia de Roberto de hacer un curso el año próximo, sin consultar con G. de Personas.

RESPUESTAS AL CUESTIONARIO

1.-La evaluación del desempeño pretende asegurarse de que...

b.-Se implanten los procesos organizacionales adecuados para maximizar la productividad.

2.-Los datos de evaluación del desempeño son potencialmente útiles en:

a.-Planeación de recursos humanos, selección, capacitación y planes de carrera.

3.-El punto de partida del proceso de evaluación del desempeño es:

b.-Identificar las metas específicas del desempeño.

4.-Los objetivos que se medirán en la evaluación del desempeño se originan...

d.-En la descripción del cargo y en el plan estratégico de la empresa.

RESPUESTAS: 1 b); 2 a); 3 b); 4 d)

RESPUESTAS A PREGUNTAS PLANTEADAS EN EL CAPITULO 8

1) ¿VERDADERO O FALSO?

LA PRIMERA AFIRMACION ES VERDADERA: Un buen plan de capacitación efectivamente ayuda a disminuir las renuncias y rotación del personal calificado, ya que motiva a las personas y les da herramientas para realizar mejor su trabajo.

LA SEGUNDA AFIRMACION ES FALSA: El factor más importante para decidir la clase de capacitación que se dará a un(a) trabajador(a) NO es priorizar los intereses y aspiraciones que dicha persona ha comunicado a su jefe, sino realizar el análisis de las debilidades y carencias de esa persona para capacitarla en lo que realmente necesita.

LA TERCERA AFIRMACION ES FALSA: Un plan de desarrollo de un joven profesional debe focalizarse prioritariamente en las habilidades que dicho profesional necesitará en el futuro, cuando se le asignen nuevas responsabilidades.

LA CUARTA AFIRMACION PUEDE SER VERDADERA O FALSA, DEPENDIENDO DEL POTENCIAL: En vez de gastar dinero en capacitar a un joven inexperto, es más beneficioso buscar en el mercado una persona experta, la cual no necesitará capacitarse.

- ES FALSA EN JOVENES CON POTENCIAL, ya que se puede invertir dinero en personas jóvenes con potencial.
- ES VERDADERA SI NO SE VE POTENCIAL, ya que en ese caso el gasto en el joven será inútil.

2) P R E G U N T A S

1 Si un empleado asiste por seis meses a un curso para aprender un nuevo software de contabilidad, y no lo logra aprender bien. ¿De quién es la responsabilidad?

Es posible que el curso elegido no fuera el más adecuado.

Responsable: Área de Gestión de Personas.

Otra posibilidad es que el curso prometía mucho más que lo que en realidad se explicó en clases. Responsable: el instituto que dicta el curso.

También es posible que el curso fuese muy bueno pero que el empleado de Contabilidad no fue capaz de entenderlo, o no asistió a muchas clases, etc. Responsable: el empleado de Contabilidad y/o su Jefe, que no se dio cuenta que el curso era demasiado complejo para dicho empleado.

2 El Jefe de Marketing asiste a un curso de un año para perfeccionar Técnicas de Análisis de Mercado. A los dos meses, le comenta a su superior, la Gerente Comercial, que se va a retirar, ya que no le alcanza el tiempo, dada la gran cantidad de trabajo que tiene. ¿Qué ocurrió en este caso?

Cuando se tomó la decisión de inscribirlo, tanto el Jefe de Marketing como su superior, la Gerente Comercial, debieran haber calculado y analizado si tendría tiempo para asistir al curso. Ambos serían responsables de no haberlo hecho.

Otra posibilidad es que su superior le haya aumentado fuertemente sus tareas al Jefe de Marketing, sin haber previsto que ese hecho le iba impedir prácticamente asistir al curso.

3 Ante múltiples solicitudes de capacitación, la Gerente de Gestión de Personas se reúne con el Gerente General y le informa que los recursos no alcanzan para todas las solicitudes. El Gerente General le pide que priorice, que solo implemente lo más necesario. ¿Cómo debiera priorizar la Gerente de Gestión de Personas?

La Gerente de Gestión de Personas debiera:

Reunirse por separado con el Gerente de cada Área para priorizar y hacer un nuevo listado, junto con ellos, de las necesidades de cada uno.

Después de tener dichas reuniones, debe reunirse con el Gerente General y volver a priorizar un listado de acuerdo con la visión de ambos acerca del aporte de cada capacitación a los planes y objetivos estratégicos de la empresa y de acuerdo con los recursos disponibles.

Análisis del caso práctico de capacitación Empresa Hortimax S.A.

Pregunta 1: Analizar el proceso de capacitación llevado a cabo en Hortimax respecto de Pablo y Constanza. Evaluar cómo fueron efectuadas estas actividades (éxitos y/o errores)

1. No se aplicaron en profundidad un análisis organizacional, un análisis de tareas y un análisis de personas. 10

2. Las etapas del proceso de capacitación no fueron adecuadamente cumplidas por los jefes. Sandra, la jefa de Pablo, no detectó que la principal necesidad de él actualmente era perfeccionar su inglés, en vez de preocuparse por el idioma alemán, que no era una necesidad inmediata; y Daniel, jefe de Constanza, fue reactivo, no analizó su desempeño, y no tuvo un diálogo claro con ella, ya que terminó capacitándose en un curso de Excel intermedio, que no era de utilidad para su trabajo. 10

3. No se aprecia que hayan hecho un análisis de los métodos de capacitación más adecuados para cada persona. 10

4. Un programa efectivo de capacitación comprende aquellas actividades a las que un empleado asiste para adquirir conocimientos técnicos o profesionales que no tiene, o que debe mejorar o perfeccionar para efectuar adecuadamente su trabajo y poder cumplir con las exigencias y las metas que la empresa le establece. Es necesario medir la capacidad actual en una materia y ver lo que se necesita para mejorar el trabajo. 10

5. En la sesión de evaluación del desempeño, un jefe debe conversar francamente con el evaluado y determinar con precisión y realismo las áreas débiles donde su reporte directo precisa ser entrenado o capacitado. Para establecer este programa, la primera etapa es detectar claramente las necesidades de capacitación en las reuniones de evaluación del desempeño hechas por las jefaturas. 10

6. Aplicar un modelo de evaluación de la capacitación, como por ejemplo el de Kirkpatrick, con el cual se habría determinado la insatisfacción de ambas personas, que no aprendieron lo que se esperaba, que no pudieron

aplicar nuevos conocimientos, y además el impacto en el negocio fue nulo y el retorno sobre la inversión fue negativo. 10

Pregunta 2: Plantear cómo debiera haberse hecho este proceso y explicar el rol que debieron haber cumplido los jefes mencionados, los empleados mencionados y el área de capacitación para lograr un eficiente proceso.

1. En ambos casos, el de Pablo y Constanza, se puede concluir que Sandra y Daniel, sus jefes directos, tuvieron la buena intención de ayudarlas a desarrollarse y a reforzar sus capacidades. Sin embargo, un diagnóstico equivocado y la descoordinación con los planes del negocio llevaron a Pablo a asistir a clases de alemán avanzado, aunque los planes para exportar a Alemania no estaban definidos y eran muy lejanos aún, mientras que la necesidad mayor de Pablo actualmente era tomar clases de inglés avanzado, idioma que utilizaba diariamente en sus contactos comerciales.

2. Por otro lado, en el caso de Constanza se aprecia una descoordinación y falta de comunicación entre su jefe y el área de Gestión de Personas. Una conversación previa y a fondo entre Constanza y Daniel, y entre éste y María Cristina, la jefa de capacitación (Gestión de Personas) habría permitido concluir que lo que ella necesitaba era aprender un nivel claramente avanzado de Excel, y no uno intermedio.

Esta descoordinación y la falta de comunicación han hecho perder el tiempo a Constanza y dinero a la empresa.

3. En los dos casos las personas que fueron a los cursos de capacitación sintieron un cierto grado de frustración, por no poder mejorar las habilidades que efectivamente requerían, y por utilizar su tiempo en cursos costosos para la empresa y que a ellas no les fueron útiles.

Hubo fallas evidentes en la comunicación entre los jefes de Pablo y Constanza con la jefa del área de capacitación, lo cual derivó en que no se eligieron las mejores alternativas de capacitación para ambas personas. Tanto Pablo como Constanza esperaron demasiado tiempo para manifestar su disconformidad a Gestión de Personas, área que de todas formas no hizo ni los análisis ni los seguimientos que correspondían.

4. Por otra parte, la política adecuada es que el área de gestión de personas planifique, organice y concrete el programa de capacitación de acuerdo con los procesos de evaluación del desempeño y según los planes estratégicos, para cubrir las necesidades que surgen de dicha evaluación, y debe ser coordinado con jefes y gerentes y comunicado oportunamente a los que participarán en ellos.

Comentarios al Caso práctico de Dotación y Capacitación: Manufacturas Consuthel

- **¿Cree usted que Consuthel está preparada para iniciar la fabricación de la línea de repostería?**

Tal como dijo el Gerente de Producción, es necesario evaluar qué recursos productivos y tecnológicos se necesitarán para este proyecto, y ver el requerimiento de refrigeración de tortas y pasteles. Además, se deberá estudiar el tema del personal con el que se cuenta, tanto en cantidad como en habilidades. Consuthel necesitará efectuar un proceso interno de reclutamiento, para ver cuáles trabajadores podrían incorporarse a la nueva línea de fabricación y cuál sería la capacitación necesaria que requerirán para sus nuevos trabajos. Y, por otra parte, efectuar también un proceso de reclutamiento externo y selección para llenar los cargos necesarios para la nueva línea de fabricación que no puedan ser asumidos por el personal actual.

- **¿Qué debiera hacer Consuthel para implementar este proyecto desde el punto de vista del capital humano?**

Determinar cuántos trabajadores se necesitarán por área y con qué características. Es decir, ver la dotación que será necesaria en cada departamento de la compañía.

Luego, desarrollar las descripciones de cargo de cada uno de los nuevos puestos de trabajo que demandará la nueva línea de fabricación y las ventas y contabilización de los nuevos productos.

Después de estimar la dotación necesaria y las descripciones de cargo, iniciar el proceso de reclutamiento y selección. Comenzando primero en forma interna y luego con fuentes externas de reclutamiento.

Finalmente, será necesario efectuar un plan de capacitación específico para todos quienes asumirán los nuevos trabajos.

CUESTIONARIO

1.-Mencione las etapas del proceso de capacitación y desarrollo.

2.-Para determinar las necesidades específicas de capacitación y desarrollo, se realizan tres análisis a diferentes niveles. Mencione estos tres análisis y dé una explicación de cada uno de ellos.

3.-Explique en qué consisten las dos primeras etapas del Modelo de Kirkpatrick.

RESPUESTAS AL CUESTIONARIO

1.-Mencione las etapas del proceso de capacitación y desarrollo.

a) Detección de Necesidades de Capacitación (DNC)
b) Programa de Capacitación
c) Ejecución de la Capacitación
d) Evaluación y Control

2.-Para determinar las necesidades específicas de capacitación y desarrollo, se realizan tres estudios en diferentes dimensiones. Mencione estos tres estudios y dé una explicación de cada uno de ellos.

I. **Estudio analítico de la organización:** Perspectiva general de la organización, misión estratégica, planes y metas, estrategia de recursos humanos.
II. **Estudio de los trabajos que se realizan:** Concentrarse en las tareas requeridas para lograr las metas, siendo muy relevantes las descripciones de puestos como fuente de información.

III. **Estudio de necesidades del trabajador**: Determinar necesidades individuales de capacitación, entrenamiento y desarrollo es el nivel final. ¿Quién necesita ser capacitado? ¿En qué materias?

3.-Explique en qué consisten las dos primeras etapas del Modelo de Kirkpatrick.

Nivel 1: Reacción y/o satisfacción, y acción planeada

Pretende medir cómo los asistentes se sintieron con la capacitación y el entrenamiento recibido.

Muestra la reacción o la satisfacción personal de los participantes respecto del programa de capacitación.

Es el nivel más elemental: se enfoca en el programa, en el facilitador y en cómo fue en la práctica la aplicación de la capacitación.

Nivel 2: Aprendizaje de nuevas habilidades

Pretende medir el aumento en los conocimientos y habilidades antes y después de la capacitación.

Los asistentes a la capacitación deben adquirir nuevas habilidades y conocimientos, cambiar sus comportamientos como resultado de la capacitación.

Las personas con la capacitación debieran construir nuevas habilidades que mejoren su desempeño individual.

RESPUESTAS A PREGUNTAS PLANTEADAS EN EL CAPITULO 9

1)PREGUNTAS

¿Qué debe hacer un gerente si un profesional de Marketing que trabaja con él le plantea que considera que su remuneración es muy baja y no ha tenido aumentos en los últimos 2 años?

- Primero, hay que confirmar que no se le han dado aumentos. Luego, revisar las últimas evaluaciones del desempeño de dicho profesional y revisar si, debido a dicho desempeño, se le avisó al profesional de Marketing que no tendría aumento de sueldo.
- El gerente debe revisar si el sueldo del profesional de Marketing está en el tope máximo de la Escala de Remuneraciones de la empresa y por esa causa no se le puede aumentar.
- Además, debe consultar con Gestión de Personas si, según las últimas encuestas, el sueldo de dicho profesional es razonable y competitivo comparado con el mercado.

Un Analista de Contabilidad se queja ante la Gerente de Finanzas porque se enteró que otro empleado de su área, la Analista de Costos, tiene un sueldo que es 15% superior al suyo, lo cual estima como poco justo. ¿Qué debe hacer la Gerente de Finanzas?

- La gerente debe revisar si ambos cargos están razonablemente clasificados en la Escala de Remuneraciones de la empresa.
- Debe verificar con Gestión de Personas si, de acuerdo con las últimas encuestas, los sueldos de ambos analistas son competitivos con el mercado.
- Por último, revisar las últimas evaluaciones del desempeño de ambos profesionales. Podrían estar en el mismo nivel de la Escala, pero con desempeños muy diferentes.

2) ¿QUÉ OPINA DEL SUELDO QUE OFRECE "¿MI EMPRESA", COMPARADO CON EL MERCADO?

	CARGO : JEFE DE MANTENCION		
	Trabajadores	Ventas MM	Sueldo Mensual
MINERA A	1.000	US$ 200	$ 2.500.000
MINERA B	1.500	US$ 180	$1.950.000
MINERA C	950	US$ 100	$ 1.650.000
MINERA D	1.800	US$ 320	$2.800.000
MINERA E	1.350	US$ 290	$2.300.000
MINERA F	1.950	US$ 210	$ 2.000.000
PROMEDIO	1.425	US$ 217	$ 2.200.000
MI EMPRESA	1.100	US$ 170	$ 1.600.000

COMENTARIOS:

- ✓ La muestra comparativa es razonable si vemos promedio de trabajadores y promedio de ventas.
- ✓ El sueldo de MI EMPRESA parece ser bajo.
    - Empresa C vende menos, pero paga más.
    - Empresa A tiene menos trabajadores y paga más.
    - La Empresa B tiene ventas casi iguales, pero paga más.
    - Las empresas D, E y F venden más y pagan más.
- ✓ ¿Qué es más importante: el nivel de ventas o el número de trabajadores?
- ✓ ¿Cuál es la política de sueldos de MI EMPRESA?
    - ¿Paga incentivos variables?

- ¿Qué otros beneficios da a su personal?

Comentarios al caso de Remuneraciones: Comercial Vendemás

1.-- Analice el plan de remuneraciones para el área de Ventas de la COMERCIAL VENDEMÁS, destacando los aspectos positivos y negativos, y justificar si a su juicio se cumplen objetivos deseables tales como: remunerar según valor del puesto; recompensar por desempeño y dedicación; lograr en los empleados una aceptación y percepción de equidad interna y externa.

El análisis debe contemplar los datos cualitativos y cuantitativos del caso, evaluando la situación actual que se expone, poniendo énfasis en comentar los aspectos relevantes y relacionados con:

a.-Esquema actual de la empresa no paga remuneraciones equitativas según valor del puesto y valores del mercado; 10 puntos

b.--Política vigente es positiva en general ya que recompensa por desempeño y dedicación, relacionando ventas con remuneraciones fijas y variables;

c.-La actual política de pagos logra en los vendedores una sensación de motivación, ya que ganan bien y por sobre el mercado. No ocurre lo mismo con el Gerente de Ventas y los Jefes de Ventas ya que su sensación es de injusticia y de estar pagados bajo el mercado y sin diferencia sustancial con los vendedores.

Es necesario además evaluar el actual esquema de comunicaciones de la empresa en el tema de remuneraciones, para fortalecer la interacción y relaciones del Gerente de Ventas con la Gerente General y Gestión de Personas y visualizar un esquema alternativo.

2.-- a) Elabore un nuevo plan de remuneraciones para el área de Ventas, diferente al actual, que considere al Gerente de Ventas, a los Jefes de Ventas y a los Vendedores, y que tome en cuenta los datos del mercado.

Incluya en su propuesta nueva: sueldos brutos, bonos trimestrales, bonos anuales y comisiones, y determine el total anual de ingresos, es decir lo que se recibiría como remuneración total en cada cargo.

b) Argumente por qué motivos propone este nuevo plan de remuneraciones para cada cargo, qué ventajas tiene, qué objetivos se cumplen.

La propuesta de nuevo plan de remuneraciones debe:

1 hacer un planteamiento claro, concreto y numérico de las compensaciones propuestas para todos los cargos mencionados.

2 replantear, proponer y justificar las remuneraciones fijas, los bonos por desempeño y las comisiones de todos los cargos, comparando cifras y componentes en forma separada y global.

3 Presentar una propuesta que logre proteger la equidad interna y externa, según datos de mercado y relacionar los objetivos de la propuesta con los objetivos de ventas de la empresa.

4 La propuesta debe asegurar la facilidad y transparencia en los cálculos de las remuneraciones flexibles.

5 Enfocar los aspectos motivacionales y plan de carrera del personal de ventas con la nueva propuesta.

3.-- Calcule el costo anual (total actual) que hoy tiene la empresa, y el costo anual total que la nueva propuesta tendría para la empresa.

- Considerar todos los componentes de la remuneración
- Tener en cuenta los valores mensuales, trimestrales, semestrales y anuales
- Al hacer el cálculo, multiplicar por el número de trabajadores contemplados

UN EJEMPLO DE PROPUESTA TOTAL CON SUELDOS, BONOS Y COMISIONES:

	ACTUAL	Total individual	Costo Total
1	Gerente de Ventas	39.500.000	39.500.000
2	Jefes de Ventas	26.800.000	53.600.000
10	Vendedores	26.500.000	265.000.000
			358.100.000

	MERCADO	Total individual	Costo Total
1	Gerente de Ventas	43.000.000	43.000.000
2	Jefes de Ventas	29.000.000	58.000.000
10	Vendedores	23.200.000	232.000.000
			333.000.000

	PROPUESTA	Total individual	Costo Total	
1	Gerente de Ventas	43.000.000	43.000.000	8,90%
2	Jefes de Ventas	29.100.000	58.200.000	8,60%
10	Vendedores	26.000.000	260.000.000	-1,90%
			361.200.000	0,86%

RESPUESTAS A PREGUNTAS PLANTEADAS EN EL CAPITULO 10

CUESTIONARIO

¿Cuál es el propósito de otorgar incentivos no monetarios?

Su propósito es premiar a un trabajador por su esfuerzo y sus logros, sus iniciativas, etc.

¿Qué incentivos no monetarios puede nombrar?

Pasajes aéreos, viajes de turismo, mercaderías, vales para comprar en supermercados, vestuario, pago de diplomados, certificados de reconocimiento, cursos de capacitación, etc.etc.

¿Por qué se otorgan incentivos?

En general pretenden incentivar el logro de objetivos y resultados que la empresa ha establecido. Se otorgan incentivos para premiar el desempeño en el puesto y las competencias individuales que exhibe un empleado.

¿Cuáles son las ventajas y desventajas de las Remuneraciones Fijas?

Ventajas de las Remuneraciones Fijas

- Facilita lograr el equilibrio interno (consistencia de los sueldos dentro de la empresa)
- Facilita obtener el equilibrio externo (competitividad frente al mercado externo de sueldos)
- Facilita la administración de remuneraciones a través de escalas de sueldos
- Ofrece una base lógica y racional para distribuir los recursos destinados a sueldos en la empresa.
- Facilita la planificación financiera, siendo parte de los costos fijos de la organización.
- Los premios por buen rendimiento pueden darse a través de un aumento de la remuneración fija.

Desventajas de las Remuneraciones Fijas

- No ofrece una motivación intrínseca al empleado.
- No incentiva el espíritu emprendedor ni la aceptación de mayores responsabilidades.
- Puede funcionar como un factor para conservar la rutina y el statu quo.
- La remuneración se otorga por el puesto que se ocupa y por el tiempo destinado según un horario de trabajo, pero no por el desempeño en el puesto ni por alcanzar metas o resultados.

¿Cuáles son las ventajas y desventajas de las Remuneraciones Flexibles?

Ventajas de las Remuneraciones Flexibles

- Ajusta la remuneración al desempeño, al uso de competencias y al logro de resultados.
- Funciona como motivación intrínseca, dando importancia a la autorrealización personal.
- Premia el buen desempeño e incentiva la creatividad y el espíritu innovador.
- Funciona como autoevaluación, al haber una retroalimentación a través de los incentivos.
- Un incentivo solo se otorga frente a un logro, y con ello no afecta los costos fijos de la organización.

Desventajas de las Remuneraciones Flexibles

- Al haber remuneraciones variables, se produce cierta pérdida de control en la administración de remuneraciones.
- De alguna forma puede alterar las escalas de remuneraciones, porque introduce pagos variables y adicionales al sueldo.
- Puede producir desigualdad de ingresos entre los que obtienen buenos incentivos y quienes no los reciban.
- Se pueden dar quejas y hasta conflictos por parte de empleados que no recibieron beneficios.
- Si los incentivos están mal diseñados, puede producir un impacto en costos no deseado.

Comentarios sobre el Caso de Incentivos y Beneficios

PRODEC Productos Deportivos de Calidad

PREGUNTA:

- **¿Cómo distribuiría usted los $825 millones anuales entre beneficios voluntarios, incentivos y comisiones? Justifique su respuesta.**

Primeramente, dejemos en claro que los beneficios, incentivos o comisiones que se propongan deben ser competitivos con el mercado, por lo cual es fundamental contar con una encuesta de beneficios y rentas variables que se pagan en las empresas competidoras de PRODEC.

Dicho esto, siendo PRODEC una empresa con un fuerte énfasis comercial, y teniendo un 50% de su personal en las áreas de ventas y marketing, es necesario establecer atractivos incentivos en ambas áreas, ventas y marketing. Hablamos de pagos variables, o sea incentivos, bonos y comisiones de acuerdo con el cumplimiento de metas de ventas y participación de mercado.

La idea es ofrecer un importante plan con incentivos y comisiones por ventas donde se destinen unos $500 millones anuales. Esto es posible implementar dado que los resultados de ventas por área y por producto pueden medirse en forma concreta y clara.

Se justifica esta fuerte inversión en incentivos y comisiones ya que existe una clara relación entre el esfuerzo de estas áreas comerciales de la empresa, y de los individuos que allí trabajan, con los resultados que se logren.

Se trata de una empresa con un flujo de trabajo regular, donde la cantidad vendida es lo más importante. Además, el costo de los bienes o servicios de la empresa son claros y consistentes, por lo cual se puede introducir un plan con importantes pagos variables e incentivos.

Los otros $325 millones anuales deben destinarse a beneficios tales como un bono para comida (o un comedor gratuito para empleados al interior de la empresa), un bono de transporte y un bono escolar para hijos de trabajadores.

Esta empresa necesita atraer y retener personal calificado y ser competitiva en sus beneficios.

Es necesario premiar actitudes y logros en profesionales y personal calificado, que valora los beneficios, que sirven como una forma de motivación y logro de lealtad por parte del personal.

RESPUESTAS A PREGUNTAS PLANTEADAS EN EL CAPITULO 11

P R E G U N T A S

¿Qué debiera hacer una empresa que está contratando trabajadores para faenas mineras en una ciudad a tres mil metros de altura?

Previo al inicio del trabajo, la empresa debe efectuar a cada trabajador exámenes de salud completos y en especial aquellos exámenes relacionados con la capacidad respiratoria y cardiovascular, para ver la adaptación de cada trabajador para esforzarse en una ciudad que está a tres mil metros de altura.

¿Qué medidas debieran tomarse cuando en una sección de producción industrial de una empresa manufacturera se producen en promedio diez accidentes al año en el uso de la maquinaria?

- Investigar todos los accidentes: cómo, por qué y cuándo se produjeron.
- Se deben verificar detalladamente las condiciones materiales en las cuales se realizan los trabajos. Revisar la seguridad de operación de máquinas y equipos y del recinto físico donde se trabaja.
- Analizar si los procesos y procedimientos para trabajar son los adecuados.
- Verificar si los trabajadores utilizan vestimenta de seguridad y protectores adecuados.
- Revisar si el personal antiguo y nuevo ha sido capacitado sobre los riesgos del trabajo que se realiza y las precauciones que deben tomar.
- De acuerdo con los resultados de los puntos antes mencionados, adoptar todas las medidas que eviten o prevengan nuevos accidentes.

RESPUESTAS AL CUESTIONARIO

1.- ¿Cuáles son las dos medidas concretas que todo programa de prevención de accidentes debiera contemplar?

A.- Eliminar las condiciones inseguras:

- definir áreas de riesgo
- analizar en profundidad cada accidente
- apoyo gerencial a medidas de prevención

B.- Reducción de actos inseguros:

- detectar propensión al riesgo en proceso de selección
- capacitación, educación y comunicación para evitar acciones riesgosas o inseguras
- vestuario e implementos de protección para quienes trabajan en áreas riesgosas

2.- Mencione los costos indirectos que se originan en los accidentes del trabajo.

El costo indirecto de los accidentes puede significar múltiples consecuencias:

- Gastos de fabricación
- Gastos generales
- Ventas no realizadas
- Utilidades disminuidas
- El costo del tiempo perdido por el accidentado
- Reducción de capacidad del accidentado al volver a trabajar
- Menor productividad del reemplazante
- Impacto en el grupo de trabajo
- Impacto en la familia de la víctima
- Posible desprestigio de la empresa

RESPUESTAS A PREGUNTAS PLANTEADAS EN EL CAPITULO 12

RESPUESTAS AL CUESTIONARIO

1.-Mencione los factores que inciden en las relaciones laborales

- Tipo de empresa
- Estructura organizacional
- Rol de gestión de personal o de capital humano
- Relaciones con sindicatos
- Situación financiera de la compañía
- Ambiente de seguridad y salud
- Estilo de comunicaciones Estilo de liderazgo

2.- ¿Qué tipo de acciones son positivas para promover las buenas relaciones laborales de la organización con el o los sindicatos?

- Capacidad de diálogo y reconocimiento de las partes como negociadores válidos
- Reconocimiento de la empresa de los derechos de libre asociación y reunión
- Transparencia, apertura y franqueza en la gestión del personal
- Información sobre la marcha de la empresa y su estrategia de actuación
- Sistemas y políticas de personal coordinados e integrados
- Prácticas adecuadas de gestión de recursos humanos
- Consulta continua entre trabajadores y empleadores sobre los mutuos problemas e intereses.
- Establecimientos de órganos permanentes de consulta y discusión.

COMENTARIOS SOBRE EL CASO TALLER MECÁNICO Y ELECTRICO ELECTRO-RAM

¿Qué debiera haber hecho la empresa en el tema de comunicaciones?

- La empresa debe ser clara, oportuna y transparente en las comunicaciones que son importantes para la organización y sus trabajadores.

- Es necesario establecer canales para conocer las opiniones y pensamiento de los empleados.
- Cada supervisor debe tener una comunicación abierta y de doble dirección con su gente.
- Las personas deben sentir que no es riesgoso decir lo que piensan.
- Si un trabajador no está satisfecho con la decisión de su supervisor en un tema importante, debe tener la posibilidad de ir a conversar con alguien de mayor autoridad.
- No es sano que usualmente se sepan cosas de importancia, en primer lugar, a través de rumores.
- Enfatizar el desarrollo de habilidades de comunicación de los gerentes y jefes.
- Promover acciones con el fin de prevenir y evitar conflictos, tales como:
  - reuniones frecuentes y francas
  - diálogos abiertos y flexibles
  - conferencias
  - comunicaciones periódicas sobre la marcha de la empresa y sus proyectos

RESPUESTAS A PREGUNTAS PLANTEADAS EN EL CAPITULO 13

ANALISIS DE LA ENCUESTA EN FABRICA DE CALZADOS MAYSHOES

- Es muy valioso que la empresa haya decidido llevar a cabo una encuesta de clima laboral. Gracias a ello, los gerentes han conocido las opiniones de los empleados sobre muchos temas de interés.

- Se puede apreciar, por los resultados, que la gente opina muy bien sobre el trabajo que desarrolla la empresa, sobre el apoyo que reciben de los gerentes, sobre cómo está organizada la empresa y sobre las buenas comunicaciones y relaciones existentes con los jefes y con otras áreas.
- Se recibieron respuestas muy positivas sobre el funcionamiento de Mayshoes, las cuales quedan demostradas en opiniones mayoritarias en cuanto a que, a juicio de los empleados, los departamentos operan con eficiencia, la calidad del trabajo hecho es excelente, el trabajo está bien organizado, y las labores están justamente distribuidas entre los empleados de cada departamento.

- Así mismo, mayoritariamente los empleados dicen que los supervisores o jefes destacan y reconocen a las personas por un trabajo bien hecho, les ayudan cuando requieren asistencia con un problema relacionado con su trabajo, y expresan que los jefes son receptivos a las sugerencias de los empleados.
- Con respecto a la Gerencia o Jefatura, hay también una buena opinión. La gran mayoría de los empleados respondió que la Gerencia o Jefatura es respetada por los empleados, y que hay suficientes contactos entre la Gerencia o Jefatura y los empleados en esta empresa. La mayoría piensa que la compañía está bien manejada y que efectúa un excelente trabajo en mantener a su gente informada acerca de temas que les afectan.

- En cuanto a Relaciones Laborales, el clima es positivo. Logran respaldo materias tales como: La gente con la cual trabajo usualmente se llevan bien entre ellos, y usualmente hay buena cooperación entre mi departamento y otros departamentos.
- También en el tema Satisfacción Laboral, la gran mayoría de los encuestados considera que en su trabajo efectúa tareas que considera valiosas, que la gente se siente orgullosa por lo que hace, y que los empleados de esta empresa son tratados con respeto, independientemente de su puesto.

¿Dónde están las áreas débiles?

- Hay procesos de gestión del capital humano que no están funcionando adecuadamente. Queda claro que en esta empresa muchos empleados no entienden claramente cómo es evaluado su desempeño laboral y además piensan que los parámetros y lineamientos con los cuales su desempeño es evaluado no son del todo apropiados para apreciar y calificar el trabajo que realizan.
- Otra área débil es el entrenamiento y capacitación, puesto que un porcentaje mayoritario del personal opina que en la empresa no se ofrecen adecuadas oportunidades para entrenarse para un mejor trabajo. Además, muchos expresan que el entrenamiento que alguna vez recibieron no fue el más adecuado para prepararlos para el trabajo que ahora realizan.

- La tercera área con más respuestas negativas fue Desarrollo de Carrera Laboral. Una gran mayoría de los encuestados piensa que muchos empleados aceptarían una posición de supervisor o jefe si es que se les ofreciera, pero lamentablemente esa oferta no se produce. También opina la mayoría que Mayshoes usualmente contrata gente de fuera y por ello no promueve gente bien calificada de la misma compañía.

CONCLUSIONES

- La encuesta de clima laboral es una muy buena herramienta para diagnosticar qué está pasando al interior de una empresa, y saber qué opinan los empleados sobre su trabajo, sus jefes, la organización, los procedimientos, la capacitación, las oportunidades de desarrollo, etc.

- En Fábrica de Calzados Mayshoes hay una base positiva muy importante, ya que, entre otras cosas favorables, los empleados trabajan bien, el resultado de sus labores es bueno, reciben apoyo y reconocimiento de sus jefes, están bien informados de los temas que les afectan, los trabajos están bien distribuidos y organizados, y hay respeto entre jefes y subordinados.

- En los aspectos donde se aprecian áreas débiles, tales como entrenamiento, oportunidades de desarrollo de carrera y evaluación del desempeño, es necesario que Jaime, el gerente general, y Elizabeth, la gerente de gestión del capital humano, adopten medidas inmediatas para implementar soluciones.

- Estas medidas debieran implicar una mejor planificación de los procesos claves de gestión del capital humano. Las tareas de explicar, reforzar, mejorar los procesos y la comunicación de la evaluación del desempeño son lo primero y lo más urgente, por dos motivos. En primer lugar, porque una evaluación mal realizada genera sentimientos de injusticia y frustración, y puede llevar a futuros conflictos entre jefes y subordinados. En segundo lugar, porque es justamente a través de una eficaz evaluación del desempeño donde se genera un buen proceso de entrenamiento y capacitación, y también donde se originan los intereses de carrera de los empleados.

- Entonces, el tema clave por resolver para Mayshoes es mejorar prontamente el proceso de evaluación del desempeño, con un buen diseño, con una adecuada coordinación, con un cronograma definido, y mediante claras comunicaciones en todos los niveles de la empresa.

- A partir de allí, se originarán las necesidades específicas de entrenamiento y capacitación por empleado y por área, y además se tomará conocimiento de los intereses de carrera de cada empleado y de las opiniones de los jefes en cuanto al potencial de desarrollo de carrera de cada uno de sus subordinados.

- Con ambos insumos, la gestión del capital humano deberá formular un buen plan de entrenamiento y un esquema de desarrollo de carrera para los empleados que tengan potencial de desarrollo.

RESPUESTAS A PREGUNTAS PLANTEADAS EN EL CAPITULO 14

SOLUCION PROPUESTA PARA CASO DE COMPETENCIAS: HEADHUNTER SELEXPROM

CASO SELEXPROM - PAUTA DE EVALUACION	GERENTE FINANZAS
Liderazgo Estratégico en la Toma de decisiones	25
Capacidad en la Toma de Decisiones	25
Alinear el desempeño para lograr el éxito	25
Creación de relaciones estratégicas de trabajo	25
Coaching	12
Formar un equipo exitoso	12
Adaptabilidad	5
Innovación	5
Comunicación Escrita	5
Guiar a través de la Misión y Valores	3
Facilitar el cambio	3
Comunicación Oral	3
Enfoque en el Cliente	3
Capacidad de Empuje por lograr resultados	3

CASO SELEXPROM - PAUTA DE EVALUACION	JEFE DE VENTAS
Formar un equipo exitoso	25
Coaching	25
Comunicación Oral	25
Capacidad de Empuje por lograr resultados	25
Alinear el desempeño para lograr el éxito	12
Enfoque en el Cliente	12
Adaptabilidad	5
Innovación	5
Facilitar el cambio	5
Guiar a través de la Misión y Valores	3
Creación de relaciones estratégicas de trabajo	3
Comunicación Escrita	3
Liderazgo Estratégico en la Toma de decisiones	3
Capacidad en la Toma de Decisiones	3

CASO SELEXPROM - PAUTA DE EVALUACION	JEFE CAPACITACION
Coaching	25
Comunicación Oral	25
Comunicación Escrita	25
Enfoque en el Cliente	25
Formar un equipo exitoso	12
Adaptabilidad	12
Innovación	5
Guiar a través de la Misión y Valores	5
Alinear el desempeño para lograr el éxito	5
Facilitar el cambio	3
Creación de relaciones estratégicas de trabajo	3
Liderazgo Estratégico en la Toma de decisiones	3
Capacidad en la Toma de Decisiones	3
Capacidad de Empuje por lograr resultados	3

Comentarios al caso Compañía Minera Metalix S.A.

- Puede apreciarse que Roberto, recién designado como gerente de un área que él conoció bien como supervisor, no ha ejercido adecuadamente el rol de líder de su grupo.
- Un jefe debe mantener siempre abiertas las líneas de comunicación en ambos sentidos, y con ello creará confianza. Roberto oportunamente comunicó los objetivos a sus supervisores. Sin embargo, fue un monólogo, destinado a que los supervisores tomaran nota de las metas, pero no hubo diálogo ni aclaraciones. Un líder no solo debe comunicar con claridad y verdad, también debe facilitar la retroalimentación; es decir, es necesario que sus empleados también le hagan saber sus pensamientos, sugerencias y opiniones, lo cual permitirá al líder saber qué terreno pisa y también aprender de sus trabajadores.
- En este caso está claro que las metas cuantitativas eran demasiado exigentes desde el comienzo. Y que varios objetivos no fueron cabalmente entendidos por los supervisores. Al no haber retroalimentación, ni diálogo, ni espacio para consultas, Roberto se alejó sin quererlo del sentimiento de su gente y puso en riesgo desde la partida el lograr las metas.
- Por otra parte, Roberto no empoderó a sus supervisores, sino que les exigió que le transmitieran todos los problemas laborales a él, dejándolos sin iniciativa personal. Un líder debe delegar lo que sea posible y darle apoyo a su gente. Esto implica darles acceso a información relevante, entregarles reconocimiento por tomar la iniciativa, estimular la retroalimentación, mantener una comunicación abierta, y tener la autoridad para actuar en el nivel apropiado en la toma de decisiones. Un empleado empoderado debe tener la autoridad para implementar mejoras dentro de límites claros y obtener apoyo de la gerencia.
- A fin de cuentas, Roberto llenó su agenda con incontables temas que debían ser resueltos por sus supervisores y no por él. Un buen jefe se compromete a dar a la gente el apoyo necesario para trabajar dentro de los límites de la empresa, para que los empleados sepan que pueden

contar con su jefe para recibir apoyo. También les debe decir que respeta su capacidad para realizar el trabajo, así como sus ideas de cómo hacerlo.

- Es necesario que el líder de un grupo reconozca la iniciativa y la toma de riesgos controlados, destaque los resultados de su gente y estimule los logros de calidad.
- En otro ámbito, Roberto había reprendido a Joaquín, el supervisor más joven y con menos experiencia, por su desempeño insuficiente. En este tema, Roberto, en su rol de líder, debiera haber consultado frecuentemente a Joaquín sobre cómo podía ayudarle a desempeñar las tareas asignadas. También debería haberse encargado de verificar periódicamente el progreso de dicho supervisor, haberle dado los recursos o consejos que necesitaba, y haber estimulado a Joaquín a expresar con franqueza y con frecuencia sus preocupaciones acerca del logro de su parte del plan.
- En este caso específico de Joaquín, por tener menor experiencia que los otros supervisores, Roberto, al inicio del año, debiera haber establecido métodos para monitorear el progreso del joven supervisor y así hubiera detectado pronto la necesidad de darle apoyo o recursos adicionales.

Conclusiones

- Roberto está muy identificado y comprometido con la empresa. Él ha hecho una muy buena carrera como supervisor, y conoce bien el trabajo de su área, pero ahora como gerente debe ejercer un importante rol de líder de su área, con cinco supervisores a su cargo. Y en ese aspecto Roberto ha exhibido fallas en la comunicación, falta de retroalimentación desde y hacia sus empleados, falta de delegación, y también un apoyo insuficiente a un supervisor de menor experiencia. Todo ello puede producir falta de confianza y de compromiso entre su gente, lo cual puede debilitar su gestión como líder y poner en riesgo el cumplimiento de las metas.
- Un buen jefe debe promover el involucramiento, ya que él no lo sabe todo y necesita la cooperación de sus empleados, que sin duda poseen habilidades y sugerencias que pueden ser muy valiosas.

- En general, las personas están más dispuestas a comprometerse e involucrarse cuando se les pide ayuda en vez de darles instrucciones como hizo Roberto al informar los objetivos del año. Cuando se pide cooperación o sugerencias a la gente, esto también incrementa su autoestima.
- Un buen líder no solamente debe conocer bien los procesos y trabajos de otros, como es el caso de Roberto, sino también debe explorar ideas de sus empleados sobre proyectos, enfoques o soluciones.
- Algunos supervisores no habían entendido en detalle algunas metas. Roberto debería haber escuchado con empatía para comprender el alcance de lo que su gente pensaba. Si un jefe escucha las dudas de un empleado y responde con empatía, implica que entiende lo que está diciendo y sintiendo.
- Si Roberto hubiese sido más abierto a los sentimientos de los demás habría generado confianza, y siendo empático habría logrado mejor información para trabajar en forma positiva hacia los objetivos de la empresa.
- Para escuchar y responder con empatía, es necesario, antes de expresar sus propios sentimientos o ideas, entender los de los otros; mostrar un interés sincero por las preocupaciones, ideas y preguntas de los demás; preguntar a los otros cómo se sienten acerca de problemáticas específicas; y escuchar los mensajes subyacentes.
- Roberto además cortó toda delegación y solicitó tomar él las decisiones sobre problemas menores. Es un error, ya que un líder sabe que a la gente le gusta que sus capacidades e ideas sean valoradas y sentirse satisfechos con el trabajo que realizan.
- Como líder, buscará incrementar la autoestima de su gente, colaborando con las metas, reconociendo específicamente sus talentos y contribuciones, y pidiendo y escuchando opiniones ante los problemas que se presenten.

RESPUESTAS A PREGUNTAS PLANTEADAS EN EL CAPITULO 15

Análisis del caso Ferretal – Materix

- En este caso de adquisición de una empresa algo más pequeña por parte de una empresa más grande, puede apreciarse que, tras el acuerdo de venta, hubo un aspecto positivo que fue la comunicación simultánea e idéntica para los trabajadores de ambas compañías.
- Sin embargo, con dicho comunicado obviamente no bastaba, ya que solo se informaron aspectos generales y quedaron muchos puntos sin definir. Es decir, al no anticiparse el análisis organizacional y las decisiones estructurales, quedaron dudas y vacíos, y por ende hay aún mucho trabajo por hacer.
- Ferretal, antes del anuncio de compra, podría haber establecido un comité gerencial formal para acordar un plan detallado y concreto, con un cronograma realista, especificando cuál sería la nueva organización, cuál será la dotación de personal por área que a futuro existirá en la empresa posterior a la compra, quiénes concretamente permanecerán trabajando, quiénes deberán dejar la empresa y cuáles serán las condiciones que se ofrecerán a los desvinculados (compensaciones legales y posiblemente beneficios extralegales).
- El comité gerencial de Ferretal idealmente debería haber decidido, antes del anuncio al personal, cuál será la estructura organizacional, y haber evaluado, con la ayuda del equipo gerencial y de gestión del capital humano de Materix, cuáles son las mejores personas de cada área, es decir las más talentosas y valiosas de la empresa adquirida, para conservarlas en Ferretal, asegurándoles desde ya su continuidad.
- Es lógico que con la adquisición habrá duplicaciones de cargos, por lo cual es casi imposible que tras un proceso de adquisición permanezca el mismo número de empleados, pero sin duda Ferretal debe retener a los empleados de Materix que son más capaces y aportan a los logros de la empresa, y cuáles son los de Ferretal y de Materix que ya no seguirán en la empresa tras la compra. Una demora en definir este tema

puede llevar a que gerentes, profesionales y técnicos de Materix busquen otro empleo y dejen la empresa antes siquiera de recibir una oferta de Ferretal.

- Tras el comunicado único y simultánco que se hizo en las dos empresas, es necesario que en cada organización continúe el proceso de esclarecimiento y respuestas a consultas, el cual va a tener matices de diferencia entre ambas empresas.
- En Ferretal se enfatizará que la adquisición es un paso más en el crecimiento de la empresa, que se agregarán nuevos locales, clientes y territorios, y que se incorporará a la organización a gente talentosa, experimentada y/o con potencial proveniente de Materix.
- Ferretal también debe organizar reuniones individuales, o con grupos muy pequeños, con todos los gerentes, jefes, profesionales y operarios de Ferretal que permanecerán en el mismo cargo previo a la compra. Se les debe comunicar su continuidad, agradecerles su lealtad y compromiso, y solicitarles todo el esfuerzo para que esta adquisición sea exitosa.
- Del mismo modo, Ferretal debe reunirse a la mayor brevedad con los ejecutivos y empleados de la Materix que serán conservados en la nueva empresa post-adquisición, para explicarles que, por su talento y habilidades, serán conservados en la nueva empresa, donde tendrán nuevas oportunidades de desarrollo laboral.
- También el comité gerencial de Ferretal deberá reunirse con sus gerentes, jefes, supervisores y empleados en general que, tras la compra, serán desvinculados.
- Se les debe explicar la duplicación de cargos que se ha dado producto de la adquisición, comentar lo difícil que ha sido elegir a quienes permanecerán y a quienes serán desvinculados, e informar el cronograma de salida y los beneficios y compensaciones legales y extralegales que recibirán.
- Ferretal podría ofrecer, si es posible, cartas de recomendación y también la inscripción en empresas de "outplacement", para que reciban a las personas desvinculadas de ambas empresas, donde se les capacitará para enfrentar su futuro laboral.

- En Materix se debe informar honestamente que lo sucedido va a significar muchas desvinculaciones, que Ferretal tratará de retener a aquellos ejecutivos, jefes, profesionales y trabajadores de Materix que se estima serán de utilidad para Ferretal, y que existe un acuerdo con los compradores en cuanto a que aquellos trabajadores que deban desvincularse serán tratados respetuosamente y se les otorgarán los beneficios legales que correspondan y posiblemente los beneficios extralegales que se definan por parte de Ferretal.

CONCLUSIONES

- En el caso de Ferretal y Materix, además de la comunicación inicial, faltó diseñar previamente un plan más completo. La política adecuada es que la gerencia general, en conjunto con el área de gestión del capital humano, planifique oportunamente las actividades de reorganización y retención de talento que serán necesarias para cubrir las necesidades que surgirán de la adquisición, y todo ello debe ser previo a la información que se dará a jefes, gerentes y empleados.

- Es entonces necesario que el comité gerencial de la empresa compradora adopte decisiones criteriosas, con el apoyo de la gestión del capital humano, especialmente en decidir la nueva estructura organizacional, y en determinar cuáles empleados continuarán y cuáles deberán partir, especialmente por las duplicaciones de cargos.
- Habiendo definido la estructura organizacional, y determinado quiénes serán los empleados que continuarán en la nueva empresa, se requiere iniciar un programa efectivo de comunicación a todas las personas, tanto a nivel general como individual, que debe ser clara, amplia, detallada, veraz y oportuna, siendo ello fundamental para el éxito del proceso de adquisición.

- Para establecer este programa, se requiere satisfacer las necesidades de información de todos los involucrados y afectados por la adquisición.

- Después de implementada la adquisición surgirán algunos procesos difíciles de adaptación, especialmente en el personal de la empresa adquirida que fue conservado en la compañía compradora, y para ello se necesitarán esfuerzos de apoyo laboral, mentorías, entrenamiento, información, etc. para facilitar dicha adaptación.

RESPUESTAS A PREGUNTAS PLANTEADAS EN EL CAPÍTULO 16

CUESTIONARIO

Indique cuáles son los aspectos principales de la evaluación de la gestión de personas por parte de la alta gerencia.

- Precisar las funciones que desarrolla la Gestión de Personas
- Determinar la importancia de dichas funciones
- Analizar el desempeño actual de dichas funciones
- Definir qué se debe mejorar
- Verificar si utiliza bien sus recursos
- Estudiar cómo puede ser más eficaz la Gestión de Personas

Dar cinco ejemplos de Indicadores que se utilizan para evaluar gestión de personas.

- La proporción del staff de recursos humanos: se refiere al tamaño de éste en relación con el número de empleados. En USA se calcula en 4 por cada 1,000 ...pero es un dato relativo.
- Costo de la administración de recursos humanos por empleado: dividir costo total del staff por número de trabajadores.
- Costo de beneficios por empleado. Dividir costo total de los beneficios entre número de trabajadores.
- Capacitación: porcentaje que representa el costo total de capacitación sobre el valor total de la nómina de sueldos. En USA se calcula un promedio de 1,4% al año.
- Dividir los recursos destinados a Capacitación entre los empleados capacitados.
- Razón de Personal de Gestión de Personas versus Dotación: Tasa de empleados de GP que atienden las necesidades de todo el personal

- Razón de Reuniones de Evaluación de Desempeño/Dotación: Tasa de reuniones efectivas de desempeño respecto a la dotación de la empresa.
- Razón de Contratos de Trabajos Actualizados/Dotación: Tasa de contratos de trabajo debidamente regularizados respecto a la dotación de la empresa.

RESPUESTA A LA PREGUNTA EN EL CAPÍTULO 17

¿Qué debe contener un plan para lograr la excelencia en la gestión de personas?

- Debe focalizarse en atraer, desarrollar y retener a personas con alto nivel de competencias.
- Debe centrarse en definir claramente las competencias necesarias para que un empleado talentoso logre un desempeño destacado, y tener presentes las expectativas laborales que tienen personas de gran capacidad y alto potencial.
- Debe ser desarrollado para el personal clave, vale decir aquellos jefes y profesionales con competencias que una empresa considera indispensables para ser exitosa y cumplir sus fines.
- Un plan de excelencia establecerá el marco adecuado para que la empresa sea atractiva para trabajar y motivante para alcanzar los logros, por medio de estrategias, iniciativas y procesos bien estructurados para lograr el compromiso, lealtad y confianza del capital humano talentoso.
- El plan debe responder efectivamente, a lo que los empleados claves piensan y necesitan de la empresa (con políticas de calidad, un ambiente de respeto y confianza, programas de incentivos y recompensas, etc.).

BIBLIOGRAFIA

BIBLIOGRAFIA

- Administración de recursos humanos, R. Wayne Mondy, Prentice Hall Inc. / Pearson Education, décimo primera edición, 2010.
- Administración de recursos humanos, Idalberto Chiavenato, Mc Graw Hill, novena edición, 2009.
- Gestión del talento humano, Idalberto Chiavenato, Mc Graw Hill, tercera edición, 2009.
- Gestión estratégica del capital humano en el siglo XXI; Sergio Kirberg; Enero, 2016. Edición impresa en Autores Editores: http://www.autoreseditores.com/ y
  Edición electronica en Amazon - Kindle: http://www.amazon.com
- Comportamiento organizacional, Stephen P. Robbins y Timothy A. Judge, Prentice Hall Inc. / Pearson Education, décimo tercera edición, 2009.
- Supervisión, Stephen P. Robbins y David A. DeCenzo, Prentice Hall Inc. / Pearson Education, quinta edición, 2008.
- Evaluating Training Programs: The Four Levels. D. L Kirkpatrick & J.D. Kirkpatrick, (2009). (3rd edition). San Francisco: Berret-Koehler Publiserhs Inc.
- Comportamiento organizacional, Idalberto Chiavenato, la dinámica del éxito en las organizaciones, Mc Graw Hill, segunda edición, 2009.
- Administración, Stephen P. Robbins y Mary Coulter, Prentice Hall Inc. / Pearson Education, quinta edición, 2005.
- Guía de Hay – Método de Perfiles y Escalas; publicado por Hay Group, división global de asesoramiento organizacional y de personas de Korn Ferry.
- Comportamiento organizacional, Fred Luthans, Mc Graw Hill, undécima edición, 2008.
- Success Profiles, DDI, Development Dimensions International, 2014. Headquarters at Bridgeville, Pennsylvania, USA.

Copyright © 2021 Sergio Kirberg, All rights reserved.

ISBN : 978-956-402-566-7

Inscripción de Propiedad Intelectual de Chile: 2020-A-9854

- Autores Editores: http://www.autoreseditores.com/libro/
- Amazon (edición electrónica) : https://www.amazon.com

Made in the USA
Columbia, SC
15 January 2024

30345504R00254